바둑 新 사전 시리즈

승리의 확률을 높일 수 있는 끝내기의 핵심 비법을 공개한 끝내기사전!

끝내기新 사전 ⑪

KB144643

양재호 九단 해설

BM 성안당

머리말

한 판의 바둑은 크게 초반, 중반, 종반의 세 단계로 나눌 수 있다. 초반의 포석, 중반의 전투를 거쳐 종반의 마무리로 끝을 맺는다. 이 마무리 부분이 바로 끝내기이다.

그런데 이 끝내기를 아마추어들은 기피하는 경향이 짙다. 이것은 반상의 꿈을 펼치는 초반포석의 기민함도 없으며, 격렬한 중반전투의 화려함도 없기 때문일 것이다.

그러나 명인(名人)들은 바둑이 강해지기 위해선 사활과 끝내기에 밝아야 한다고 한다. 특히, 끝내기가 아마추어들에게는 승부의 키를 가지고 있다 해도 과언이 아니라는 것이다. 하급자로 내려갈수록 사활로 인해 승패가 갈리기 십상이지만, 상급자로 올라가면 갈수록 끝내기가 승부에 아주 중요한 역할을 한다. 미묘한 한 두집이 승패에 직접적인 영향을 미치는 것이다.

분명 끝내기에서의 수읽기는 귀찮은 게 사실이다. 또 실전에 맞닥뜨리면 일일이 집계산할 엄두도 나지 않는다. 그러나 차분하게 끝내기에 재미를 붙이면 종반전에 무리가 없고, 성급함이 줄어들 뿐 아니라 인내력까지 생긴다. 당연히 승률이 높아질 수밖에 없는 것이다. 더구나 요즘같이 속기를 요구하는 상황에서 끝내기의 비중은 승부에 더욱 영향을 미치는 것이다.

그러므로 승리의 확률을 높이기 위해서라도 끝내기에 대한 인식을 새로이 할 필요가 있는 것이다. 일단 끝내기에 흥미를 갖게 되면 지금까지 몰랐던 바둑의 매력에 빠지게 될 것이다.

이 책은, 제1부에서 간단한 끝내기의 유형과 파생형을 통해 끝내기의 기본을 맛볼 수 있도록 하였고, 제2부에서는 맥을 활용한 끝내기 수법에 대하여, 마지막 제3부에서는 끝내기의 계산법과 실전 수순에 대하여 구성, 체계화시켰다.

다만 이 책은 끝내기의 어려움을 감안해 가능한 한 재미있게 마스터할 수 있도록 '끝내기의 계산'보다는 '끝내기의 맥'에 대해 좀더 할애하였다.

부디 이 책을 통해 바둑을 보는 시각이 한 단계 상승할 수 있다면 그 이상 바랄 나위가 없다.

2001년 10월 양재호

머리말 ···3

🌑 제1부 끝내기의 기본형·································· 13

기본형1 선후수 관계·····································15
기본형2 후수라도···17
기본형3 최선의 삶은·····································19

기본형4 8궁이지만 ·······································21
기본형5 빅은 곤란 ·······································23
기본형6 5집의 수를·······································25

기본형7 모르면 하수·······························27
기본형8 주변 돌의 관계·························29
기본형9 공배가 막히면·························31

기본형10 1선 활용수···························33
기본형11 1선 활용수(2)·······················35
기본형12 사석의 활용·························37

기본형13 귀는 몇 집일까······················39
기본형14 4집의 차이··························41
기본형15 반발을 조심·························43

기본형16 단수는 손해·····················45
기본형17 선치중 후행마··················47
기본형18 쉬운 희생타······················49

기본형19 집속에 수가·····················51
기본형20 응징의 수단···················53
기본형21 저공침투·······················55

기본형22 삶을 위협하여··················57
기본형23 차단하면······················59
기본형24 자충 이용·····················61

기본형25 활용 수단······························63
기본형26 첫수는 뻔한데······························65
기본형27 활용의 요령······························67

기본형28 서둘면 곤란······························69
기본형29 일단 키우고나서······························71
기본형30 강력한 노림······························73

기본형31 재주 부리다간······························75
기본형32 날카로운 침입······························77
기본형33 후수 다음 선수······························79

기본형34 상용의 수단 ···································· 81
기본형35 비마 끝내기 ···································· 83
기본형36 맥점의 효력 ···································· 85

기본형 34

기본형 35

기본형 36

기본형37 단골손님 ···································· 87
기본형38 석점 중앙이 급소 ···································· 89
기본형39 응수타진 이후 ···································· 91

기본형 37

기본형 38

기본형 39

기본형40 귀의 실전형 ···································· 93
기본형41 콤비네이션 ···································· 95
기본형42 귀의 급소 ···································· 97

기본형 40

기본형 41

기본형 42

기본형43 귀의 허점 ·· ·99
기본형44 잡기는 어려우나 ································· 101
기본형45 귀의 약점을 찾아 ······························· ·103

기본형46 숨겨진 급소 ································· 105
기본형47 절호의 타이밍 ···························· ·107
기본형48 폐석을 움직여서 ························· 109

기본형49 붙이는 맥 ································· 111
기본형50 모양의 급소 ······························· 113

제2부 끝내기의 맥점형 ························· 115

맥점형1 삶을 위협하는 맥 ························· ·117

맥점형2 이중 효과의 맥·····································159
맥점형3 빅을 만드는 맥·······································179
맥점형4 응수타진의 맥·······································215

맥
점
형
2

맥
점
형
3

맥
점
형
4

맥점형5 버림돌의 맥···235
맥점형6 끊는 맥···261
맥점형7 붙이는 맥···283

맥
점
형
5

맥
점
형
6

맥
점
형
7

맥점형8 치중의 맥···313
맥점형9 자충을 노리는 맥·····································343

제3부 끝내기의 실전형·····································363

실전형1 양선수 끝내기·······································365

맥
점
형
8

맥
점
형
9

실
전
형
1

B A

실전형2 편선수 끝내기 ···375
실전형3 양후수 끝내기 ···399
실전형4 끝내기의 계산과 수순(1) ·· 429

실전형
2

실전형
3

실전형
4

실전형5 끝내기의 계산과 수순(2) ···435
실전형6 끝내기의 계산과 수순(3) ···441
실전형7 끝내기의 계산과 수순(4) ···447

실전형
5

실전형
6

실전형
7

실전형8 끝내기의 계산과 수순(5) ···453
실전형9 끝내기의 계산과 수순(6) ···459
실전형10 형세판단에 의한 선택 ···465

실전형
8

실전형
9

실전형
10

실전형11 절호의 삭감·····················471
실전형12 끝내기의 요령(1)·················477
실전형13 끝내기의 묘수···················483

실전형14 끝내기의 요령(2)··················489
실전형15 실전 감상 · 끝내기의 승리··············495

제 1 부

끝내기의 기본형

- 끝내기의 기본 테크닉과 급소에 대하여 -

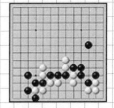

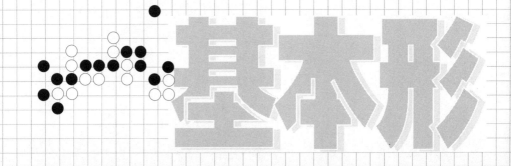

기본형

흑차례

선후수 관계

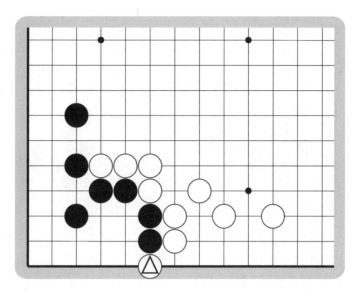

백이 ⓐ로 젖혀 온 장면이다. 이런 경우 응수법은 정해져 있는데 최선은?

피생형

백차례

순순히 응해서야

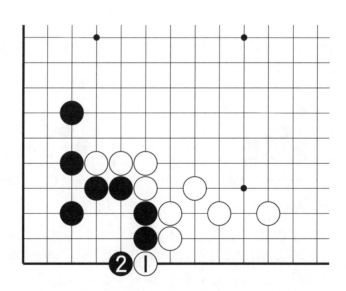

백1의 젖힘에 흑2로 막은 장면. 이것은 흑의 무리인데 백의 응징수단은?

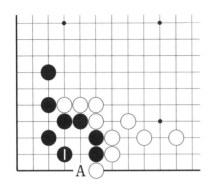

1도(정해)

흑1로 늦춰받는 것이 좋은 끝내기 수단. 다음 백이 A에 두면 선수여서 좋고, 백이 손빼면 A는 흑의 권리일 경우가 크다.

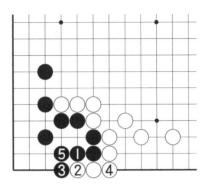

2도(손해)

얼핏 흑1로 꼬부리는 수가 이득일 것 같지만, 이것은 백2·4가 선수이다. 정해인 **1도**에 비해 2집이 줄어든 셈(**전도**의 흑A가 선수라는 가정).

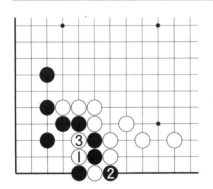

1도(정해)

백1의 끊음이 흑의 실착을 여지없이 집어내는 급소. 흑2로 따내면 백3으로 단수쳐서 크게 수가 난다. 흑이 이을 수 없는 모습.

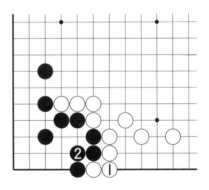

2도(한심)

단수 당했다고 하여 백1로 잇고 보는 것은 한심하기 그지 없다. 흑은 2로 이으면서 희희낙낙할 것이다.

기본형

흑차례

후수라도

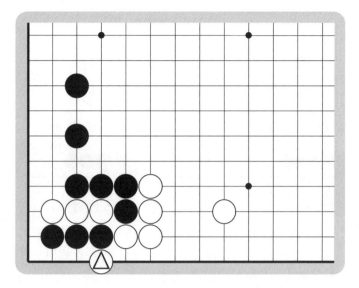

백이 △로 젖혀 온 장면. 흑은 어떻게 응수하는 것이 최선일까? 후수라도 최선의 수를!

피생형

백차례

단순하지 말아야

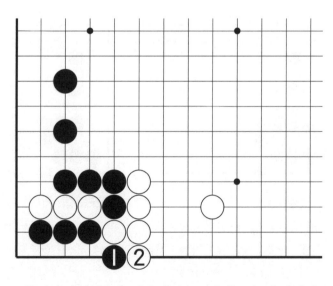

흑1로 하나 젖혀 선수해 두고 손을 뺀 장면이다. 그렇다면 백은 어떤 끝내기로 가야 할까?

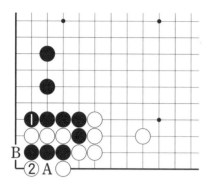

1도(단순)

흑A로 막는 것은 백B의 반격으로 패가 되기 때문에, 흑1로 잡기 쉬우나 이것은 잘못. 백2가 끝내기의 맥점으로 손해가 크다.

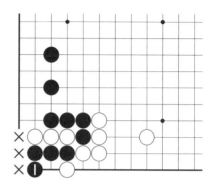

2도(정해)

흑1의 꼬부림이 이런 형태에서의 응수법. 이곳이 '2의 一'인 점도 의미심장하다. 결국 1도에 비해 ×의 곳 3집이 늘어난 셈.

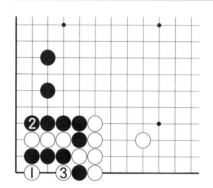

1도(정해)

백1의 붙임이 날카로운 끝내기의 맥점. 흑2로 잡는 것은 어쩔 수 없으며, 백3으로 따내 상당한 끝내기를 하였다.

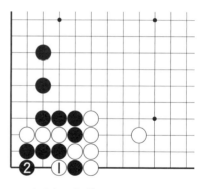

2도(3집 차이)

단순히 백1로 따내는 것은 흑2의 응수가 좋다. 이것으로 귀는 흑이 확실하게 지키고 있는 셈. 1도에 비해선 기본형과 마찬가지로, 3집 차이가 난다.

최선의 삶은

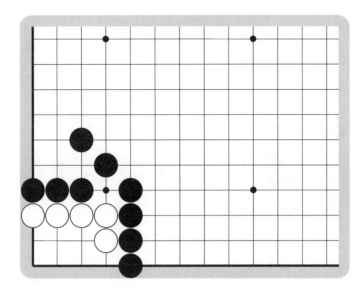

귀의 백이 살아야 하는데 어떻게 두는 것이 최선일까?

피생형

공배가 있다면

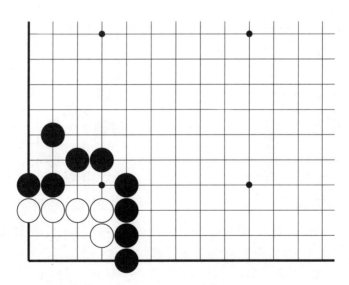

앞 문제와의 차이점은 공배가 하나 더 비어 있다는 점이다. 이 경우 최선은?

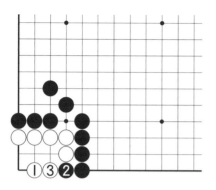

1도(정해)

백1로 한칸 뛰는 수가 모양
의 급소이며 최선의 수. 여기
에 대해 흑이 잡으러 가는 수
는 없다. 다음 흑2, 백3으로 된
다고 보면 귀는 4집.

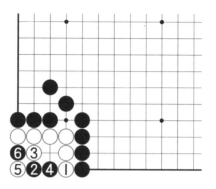

2도(욕심)

백1로 궁도를 최대한 넓혀 크
게 살려고 하는 것은 욕심이
다. 흑2가 통렬! 이하 6까지
패를 피할 수가 없다. 백1로 3
은 흑4로 역시 패.

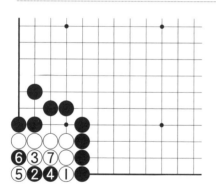

1도(정해)

백1로 한껏 넓히는 수가 최
선이다. 나중에 가일수한다고
보면 백은 5집. 흑2로 공격해
오는 것은 이하 7까지 살아버
린다. 공배의 효과!

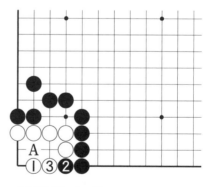

2도(1집 손해)

백1이나 A로 조심스럽게 사
는 것은 흑2가 선수. 이러면
귀는 4집밖에 되지 않는다. 공
배의 수에 따라서 사는 방법
도 다르다는 것을 알도록.

기본형

4 흑차례

8궁이지만

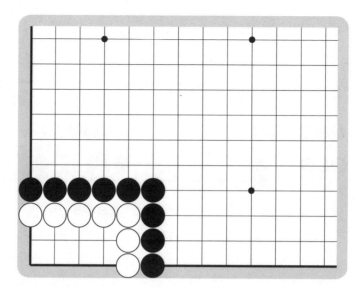

8궁이나 되므로 살아 있는 것이 확실하다. 그러
나 이곳은 요술램프의 귀. 어떤 수단이 없을까?

파생형

흑차례

공배의 차이

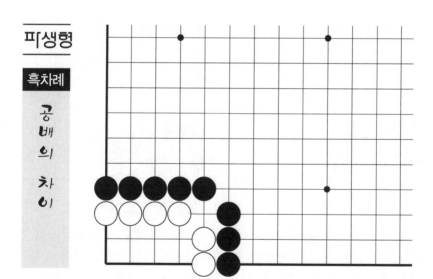

앞 문제와 비슷하지만 공배가 하나 비어 있다.
이것은 어떤 의미를 갖고 있는 것일까?

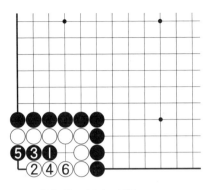

1도(정해 · 선수 빅)

흑1의 붙임이 맥점. 백2·4는 최선의 응수로 결국 백6까지 흑의 선수 빅이 된다. 백2로 3은 흑2로 패를 피할 수 없음에 주의!

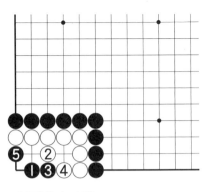

2도(후수 빅)

귀의 급소는 '2의 一'이라 하여 흑1로 치중하기 쉽지만 잘못이다. 흑5까지 이번에는 흑의 후수 빅. 선후수의 차이가 큼은 말할 것도 없다.

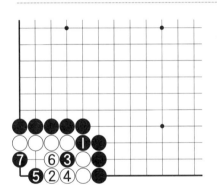

1도(정해)

잠자코 바깥쪽에서 흑1로 공배를 메우는 것이 착안하기 힘든 급소점. 백2는 최선의 응수이며 이하 7까지 빅이 된다. 백은 사석 한 개로 1집.

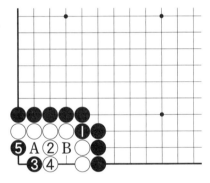

2도(백, 1집 손해)

흑1 때 백2도 마찬가지일 것 같지만, 흑3·5로 이것은 백집이 제로. 흑은 손을 빼도 된다. 백A라면 흑B로 두점을 잡을 수 있으므로 마찬가지.

흑차례

백은 곤란

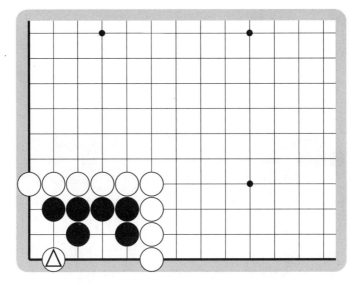

백이 △로 치중해 온 장면이다. 이런 경우 흑은 어떻게 응수하는 것이 최선일까?

피생형

흑차례

가장 큰 이득은

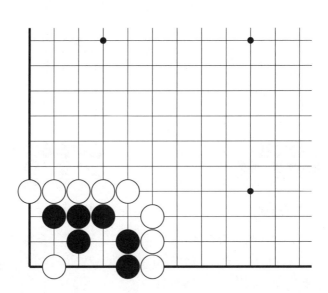

앞 문제와 유사하다. 여기서는 선후수에 관계 없이 가장 이득인 수를 찾아보자.

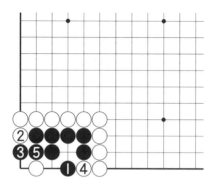

1도(정해)

흑1로 한 눈을 만드는 것이
최선이다. 다음 백2의 선수로
흑집은 5집. 백4는 지금 두지
않아도 결국 흑은 5에 이어야
한다.

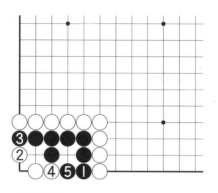

2도(빅)

흑1로 궁도를 최대한 넓혀 크
게 살려고 하는 것은 잘못. 백
2・4의 선수로 빅이 된다. 정
해인 **1도**의 삶에 비해 흑은 5
집이 손해인 셈.

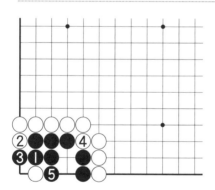

1도(정해)

모양은 사납지만 이렇게 흑1
로 눌러가는 수가 최선이다. 백
은 2로 들어오고 4를 선수할
수 있지만, 이것으로도 흑은 5
집이나 난다.

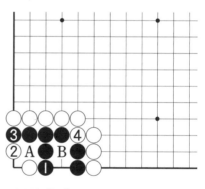

2도(제로)

흑1도 좋을 것 같지만 백2・4
가 호수여서 빅. 다음 흑A는
백B가 있어 득이 아니다. 또
한 흑1로 2는 백1로 들어가는
수가 있어 이것 역시 빅이다.

기본형

백차례

5
집
의

수를

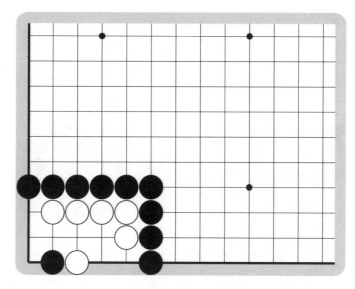

백은 어떻게 응수하는 것이 최선일까? 가장 이득이 되는 수를 찾도록.

파생형

백차례

횡
사

조
심

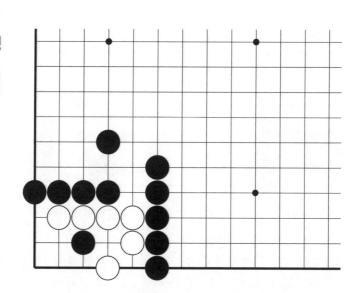

흑 한점이 백의 중심에 치중되어 있다. 백의 최선은? 욕심을 부리다간 횡사하게 되니 주의할 것.

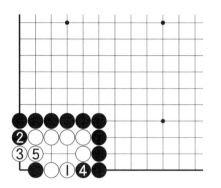

1도(정해)

발견하기 힘들었을지도 모르 겠으나, 백1이 침착한 수로 최 선. 다음 흑2·4는 선수가 되 겠으나 백5까지 귀의 백집은 5집이 된다.

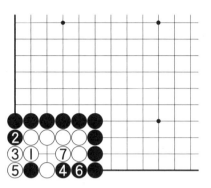

2도(2집 손해)

백1로 응수하기 쉬운 모양. 이것이라면 흑2 다음 4의 단 수가 통렬하다. 7까지 귀의 백 집은 3집. 이것은 **1도**보다 2 집이 부족하다.

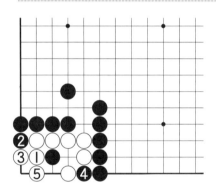

1도(정해)

백1로 꼬부려 흑 한점의 움 직임을 제어하는 것이 급소. 흑 2·4로 둘 수밖에 없는데 백5 까지 산다. 백집은 5집. 백5를 손빼면 흑5로 아웃이다.

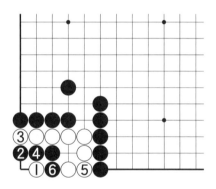

2도(백, 죽음)

언뜻 백1이 급소 같지만 형 태에 얽매인 악수. 흑2의 치중 이 통렬하여 아웃이다. 백5로 빅인 것 같지만, 흑6이 있어 '유가무가'의 죽음.

기본형

흑차례

모르면 하수

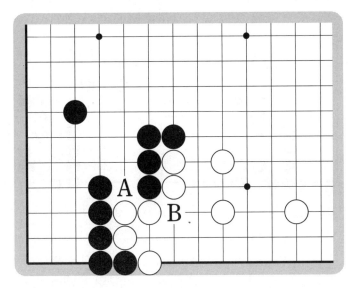

흑이 젖혀잇자 백이 손뺀 장면인데 여기에서 흑 A, 백B라면 너무 억울하다. 그렇다면?

파생형

백차례

강하면 위험

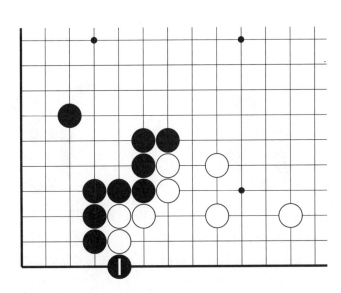

흑1로 젖혀온 장면. 여기에서 백은 어떻게 응수해야 할까?

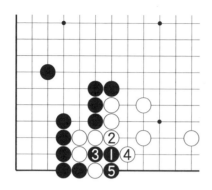

1도(급소)

흑1로 들여다보는 수가 끝내기의 맥점. 백2의 이음은 부득이한 응수이며, 흑은 3·5로 한점을 잡아 상당한 성과를 올렸다.

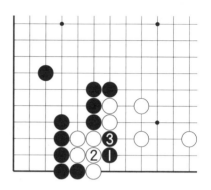

2도(백, 망함)

흑1의 치중에 백 한점을 끊어주기 싫어 2로 잇는 것은 대무리. 흑3에 끊겨 통째로 잡혀버린다. 가일수가 필요함을 기억해 두도록!

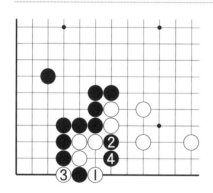

1도(백1, 무리)

백1로 덥썩 막는 것은 대무리. 흑이 3에 받아주면 백2로 마무리하겠다는 의도이나, 흑2로 끊겨 고스란히 잡혀버린다.

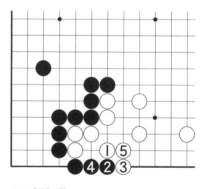

2도(정해)

이 때는 백1로 물러서는 것이 올바른 응수. 흑2·4를 선수로 끝내기하겠지만, 이 정도로 마무리할 수밖에 없다.

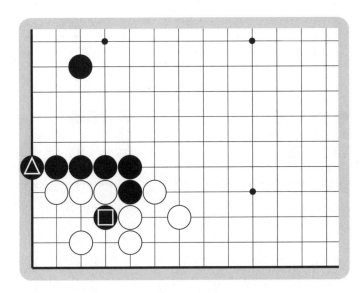

1선에 뻗어 있는 ▲와 잡혀 있는 ■가 콤비네이
션을 이루어, 귀의 백집을 줄이는 수단이 있다.

파생형

흑차례

귀의 주인은?

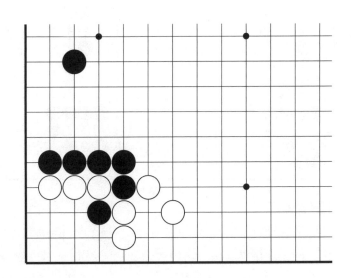

위의 문제에 비해 각각 돌 하나씩 생략되어 있
다. 이럴 경우 끝내기의 수순은?

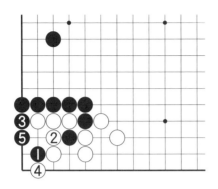

1도(정해)

흑1의 붙임이 날카로운 맥점이다. 여기에 백2는 어쩔 수 없는 응수. 결국 흑5까지 되는 정도이다. 백2로 3은 흑2로 자충이 되어 잡히므로 주의!

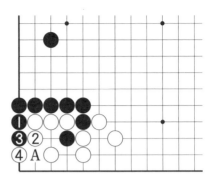

2도(단순하다)

흑1·3으로 밀고들어가는 것은 고지식한 끝내기. 백4까지 선수이긴 하나 정해인 1도에 비해 백집은 5집이나 많다. 또 흑1로 3은 백A가 있어 손해.

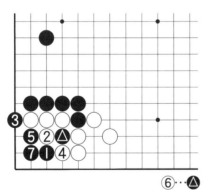

⑥…△

1도(정해)

흑1의 마늘모가 이 모양에서는 급소이다. 백2는 최선이며 거기서 흑3·5로 돌려치고 7에 이어 귀는 흑의 차지가 된다.

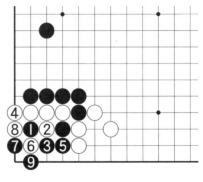

2도(흑1, 속수)

흑1로 붙이는 수는 속수. 백2, 흑3 때 백4로 버티는 수가 있어 9까지 이단패. 백에게 이런 버팀이 있는 만큼 손해인 것이다.

기본형

흑차례

공배가 막히면

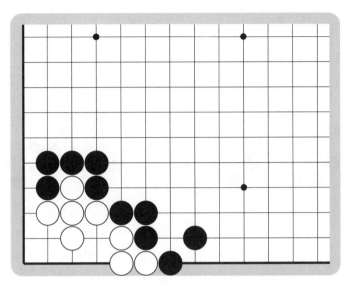

귀의 백은 살아 있지만 맥점을 구사하면 집을 제로로 만들 수 있다. 공배가 막혔으므로 가능!

파생형

흑차례

젖힘이 득(?)

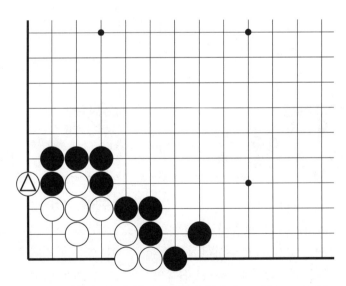

앞 문제에서 백이 가일수 한답시고 △로 젖혀온 장면이다. 이런 경우라면 어떨까?

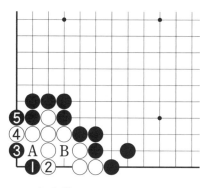

1도(정해)

흑1로 치중하는 수가 날카롭
다. 백2는 절대로 흑5까지 빅.
다음 백A로 잡자고 드는 것은
흑B로 백 석점이 떨어지게 되
므로 오히려 2집 손해이다.

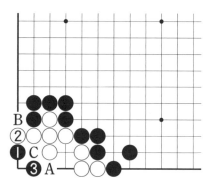

2도(감점)

흑1쪽부터 치중하는 수는 어
떨까? 백2는 당연하며 흑3. 여
기서 백A로 받아주면 흑B로
정해와 같으나 백은 상황에 따
라 C로 패를 할 여지가 있다.

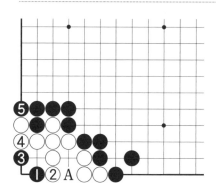

1도(정해)

역시 흑1의 치중이 올바르다.
백2면 흑3을 선수하여 이하 5
까지 빅. 그러나 흑1로 3쪽의
치중은 백A, 흑4, 백1로 사는
수가 있다.

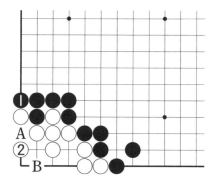

2도(백, 삶)

흑1로 단순히 막는 것은 좋
지 않다. 물론 백A로 잇는다
면 흑B의 치중으로 **전도**와 같
은 상황이 되지만, 백은 2로
물러서는 호수(好手)가 있다.

기본형

10 흑차례

1선 활용수

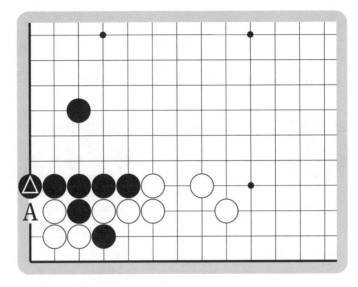

흑▲ 한점을 활용해 백집을 꽤 줄일 수 있다. 급소는? 단순히 흑A라면 하수 소리를 들을 것이다.

파생형

흑차례

역으로 당할 수야

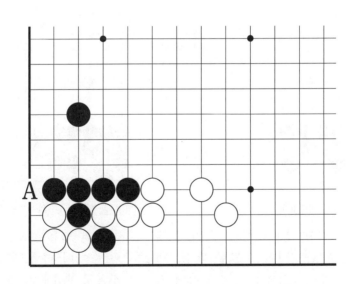

흑은 백A로 젖혀잇는 선수 끝내기를 방어하고 싶다. 어떻게 두는 것이 최선일까?

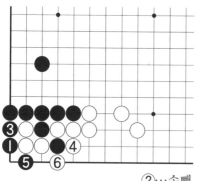

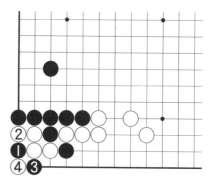

②…손뺌

1도(정해)

  흑1의 붙임이 끝내기의 맥점.
여기는 귀의 급소인 '2의 一'
이기도 하다. 백은 손을 뺄 것
이고 다음 흑3·5가 흑의 선
수권리.

2도(백, 무리)

  흑1의 붙임에 덥썩 백2로 차
단하는 것은 무리. 흑3으로 간
단하게 수가 난다. 백4로 패지
만, 이것은 흑의 꽃놀이패이므
로 백이 견디지 못한다.

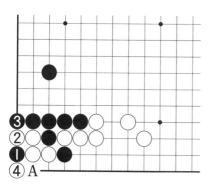

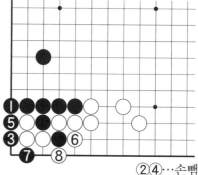

②④…손뺌

1도(정해)

  역시 흑1로 '2의 一'의 곳에
붙이는 것이 교묘한 맥점. 백
2에는 흑3으로 막아 흑에게 가
일수를 강요한다. 백4는 흑A의
패를 방비해 필요한 응수.

2도(백, 두 번 손뺌)

  흑1의 뻗음은 3의 맥점을 노
린 수이나 미흡. 백은 손을 뺄
것이고 흑3에 대해서도 또 손
을 뺀다. 두 번 손뺀 흑의 대
가는 겨우 6집(**전도**와 비교).

1선 활용수(2)

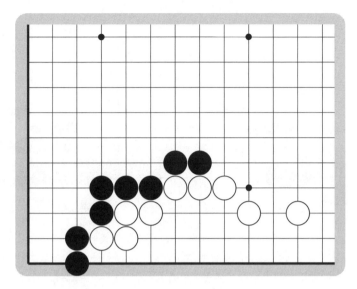

제1선에 놓여져 있는 흑 한점을 활용하는 끝내기의 맥점이 있다. 어디일까?

파생형

흑차례

1선 돌은 없으나

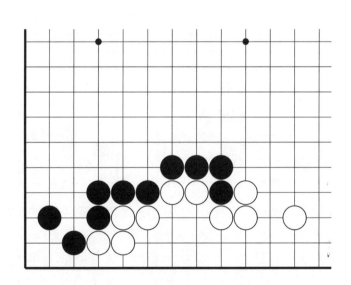

위의 문제에 비해 1선에서의 돌은 없으나 끝내기의 수단은 있다.

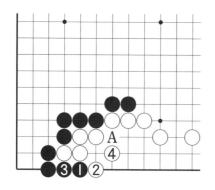

1도(정해)

흑1로 제1선에 붙이는 맥점이 날카로운 착상. 여기에 백3으로 차단하는 것은 흑A로 끊겨 곤란하므로, 백2·4로 물러설 수밖에 없다.

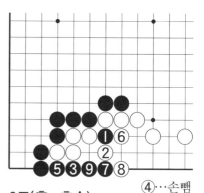

④…손뺌

2도(흑, 후수)

흑1로 끊고 백2에 흑3으로 붙이는 것도 훌륭한 수법이다. 그러나 흑3에 백이 손을 뺐을 경우 흑7·9가 또한 후수인 것. 이 차이는 크다.

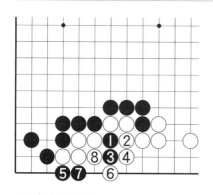

1도(키워버림)

흑1로 끊는 것이 올바르다. 백2 때 흑3으로 내려서서 두 점으로 키워버리는 것이 끝내기의 요령. 이러면 흑5·7까지 선수가 된다.

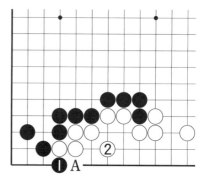

2도(흑, 2집 손해)

단순히 흑1로 젖혀가는 것은 백이 A로 막아주면 그때 끊어서 이득을 챙기자는 속셈이나, 백이 그리 호락호락 할지. 일단 백2면 정해와는 2집 차이.

기본형

12 흑차례

사석의 활용

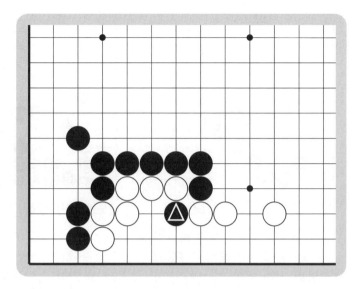

백을 끊고 있는 흑△의 한점을 최대한 활용하는
수를 생각해야 한다.

파생형

흑차례

평범이 최선

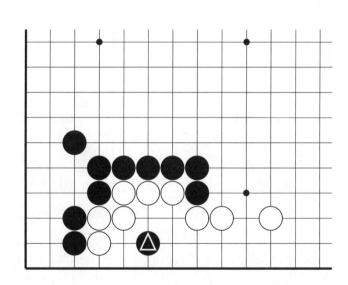

앞 문제의 응용이다. 백진 속에 있는 흑△의 한
점을 살려오는 수단이 있다.

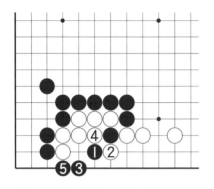

1도(정해 · 연속 마늘모)

흑1의 마늘모가 시발점. 백2
의 단수는 당연하며, 이때 또
한번의 마늘모가 발견하기 힘
든 절묘한 끝내기의 맥점이다.
백4로 5는 흑4로 양자충.

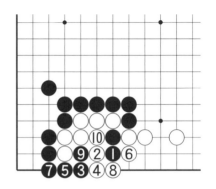

2도(2집반 손해)

흑은 1로 뻗는 수도 있으나
백2의 응수로 별무신통. 흑3부
터 백10까지, 정해와는 선후수
차이는 있으나, 집으로는 흑이
2집 반 정도 손해다.

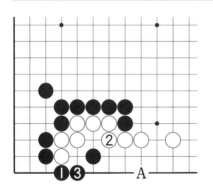

1도(정해)

평범하게 흑1로 제1선을 젖
히는 수가 맥점이다. 백2의 이
음은 어쩔 수 없으며 흑3으로
생환. 다음 백이 손빼면 흑A의
비마 끝내기도 적지 않다.

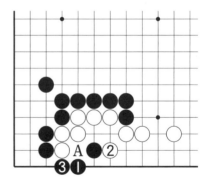

2도(흑, 손해)

흑1의 마늘모는 지금 상황에
선 잘못된 맥점. 백은 당연히
2로 받고 흑은 3으로 넘어갈
수밖에 없다. 능률상 흑1은 당
연히 A에 있어야 될 곳.

기본형

13 흑차례

귀는

몇

집일

까

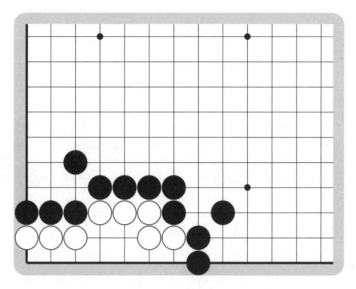

귀의 백은 몇 집으로 봐야 할까? 다시 말해 귀
의 백에 대해 어떻게 끝내기하는 것이 좋을까?

파생형

흑차례

1
집
이
라
도
더

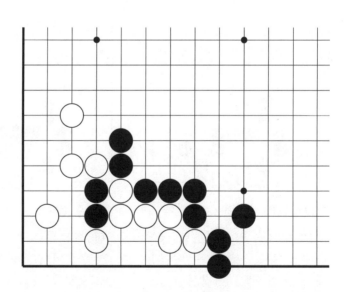

흑 두점이 잡혀 있다. 흑으로선 이 돌을 이용하
여 어떻게 끝내기하는 것이 가장 이득일까?

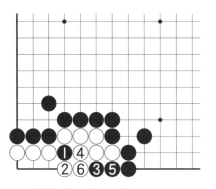

1도(정해 · 백 5집)

　흑1로 하나 끊어놓는 것이 섬세한 테크닉. 백2의 응수는 절대이며, 거기서 흑3으로 붙이는 수가 연이은 맥점. 6까지 백은 5집에 불과하다.

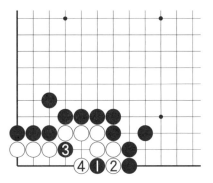

2도(수순착오)

　흑1로 먼저 붙이는 것은 중대한 실수. 백2로 차단하는 수가 성립해 뒤늦게 흑3으로 끊어도 수가 되지 않는다. 4까지 공연히 보태준 꼴.

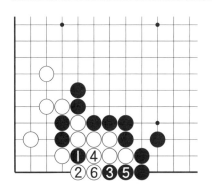

1도(끊음이 정해)

　여기에서도 역시 흑1로 끊어 응수를 묻는 것이 올바른 끝내기 맥점. 백2로 잡으면 흑3·5로 선수로 백집을 줄일 수 있다. 자충을 이용한 것.

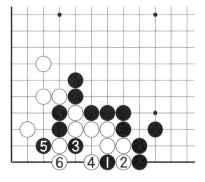

2도(수순착오)

　단순히 흑1로 뛰어 붙이는 것은 수순이 잘못되었다. 다음에 흑3으로 끊고 5에 몰아봐도 백6으로 빠지는 수가 듣고 있어 백은 살아 있는 것이다.

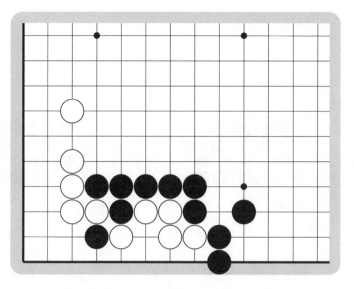

무심코 두는 것과 맥을 구사하는 것과는 무려 4
집의 차이가 난다. 백의 최선은?

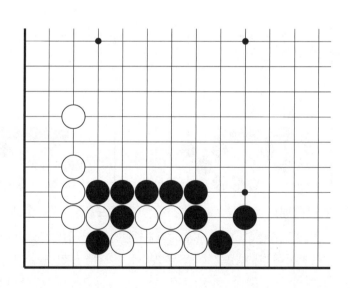

이 형태를 척 보고 맥을 정확하게 둘 수 있다면
상당한 실력이다.

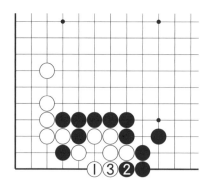

1도(정해)

백1로 한 집 모양을 만드는 것이 침착한 호수로서 끝내기의 맥에 해당한다. 다음 흑2는 선수가 되지만, 백3으로 흑 한 점은 이대로 잡혀 있다.

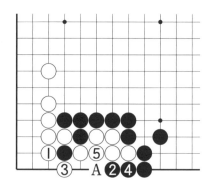

2도(4집 차)

백1로 평범하게 잡는 것은 잘 못. 흑2의 붙임을 당하면 백3·5가 어쩔 수 없고, 거기에다 흑A까지 선수가 된다면 **1도**에 비해 4집이나 차이가 난다.

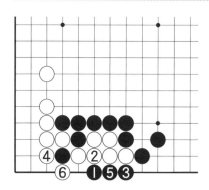

1도(정해)

흑1의 치중이 날카로운 끝내기 맥점이다. 백2의 이음은 부득이한 수. 결국 흑3·5가 선수된다. 이것이 흑1의 효과임은 두말할 나위가 없다.

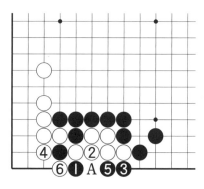

2도(흑, 2집 손해)

실전이라면 흑1의 단수 다음 흑3·5로 둘 가능성이 많다. 그러나 이 결과 **1도**와 비교해 볼 때 A에 잡히는 수가 있어 그만큼 손해이다.

기본형

15 흑차례

반발을 조심

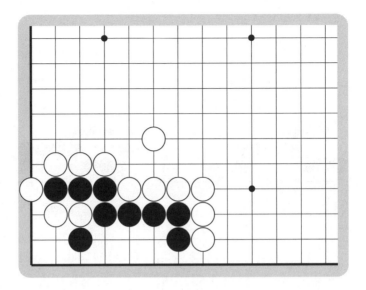

맥점을 아느냐 모르느냐의 차이는 엄청나다. 더구나 그것이 사활과 연관되었다면….

파생형

흑차례

이제는 상식

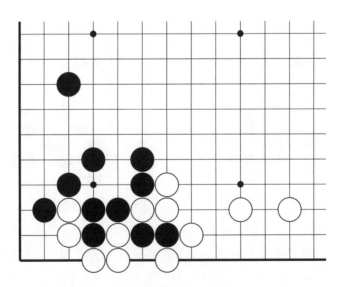

이것도 귀를 결정하는 방법을 묻는다. 위의 문제를 풀었다면 이제는 상식일 것이다.

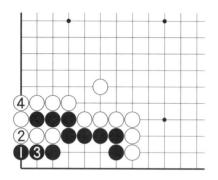

1도(정해)

흑1로 급소를 들여다보는 것
이 맥점. 다음 끊는 수를 노리
므로 단수와 같은 효과가 있
다. 백2면 흑3. 백은 달리 저
항할 길이 없다.

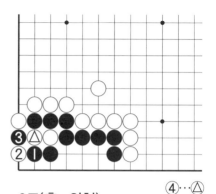

④…△

2도(흑, 위험)

얼핏 흑1로 단수해도 마찬가
지? 천만의 말씀! 백은 3에
잇지 않고 2로 젖힌다. 흑은
정해에 비해 1집 이상 손해이
며, 후수로 살아야 할 팔자.

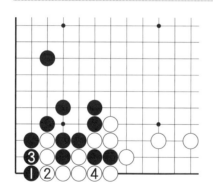

1도(정해)

역시 흑1의 치중이 끝내기의
맥점. 백2는 어쩔 수 없으며
흑3, 백4로 산뜻하게 선수로
귀를 마무리하였다.

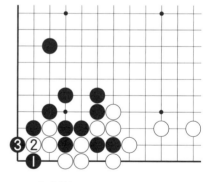

2도(자충)

흑1 때 백2로 찔러가는 것
은 한 치의 앞도 보지 못한 터
무니없는 수. 흑3으로 막으면
백은 촉촉수에 걸려 이을 수
도 없다.

단수는 손해

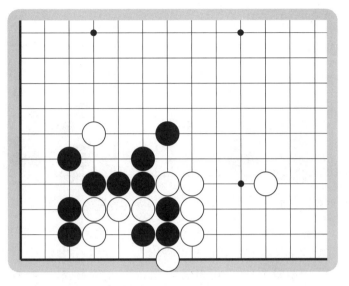

흑과 백이 서로 단수로 몰 수 있는 상황인데, 여기에 대해 백은 어떻게 끝내기하는 것이 좋을까?

파생형

흑차례

수순이 중요

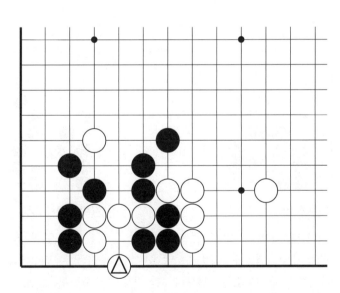

백△로 인해 흑은 수부족으로 잡혀 있다. 다만 어떻게 끝내기하는 것이 가장 이득일까?

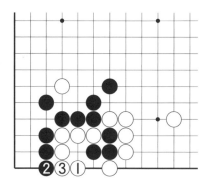

1도(정해)

백1의 마늘모가 멋진 끝내기의 수단. 흑2로 내려서면 백3이 안성맞춤이다. 이것으로 흑 석점을 꼼짝못하게 잡고 있다.

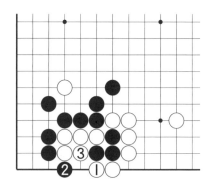

2도(2집 손해)

당장 성급한 마음에 백1로 단수치기가 십상. 이것은 흑2의 단수를 선수로 당해, 백은 **1도**에 비해 2집을 손해보게 된다.

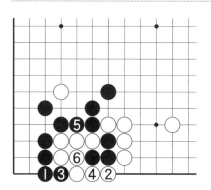

1도(정해)

흑1로 가만히 내려서는 수가 침착하다. 백2가 어쩔 수 없을 때 흑3·5가 모두 선수로 듣는 것이 자랑이다.

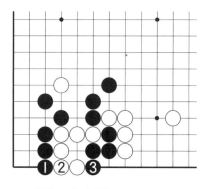

2도(백, 양자충)

흑1 때 **1도**와 같이 당하기 싫어 백2로 막는 것은 터무니없는 수. 흑3으로 막혀 백은 양자충으로 오히려 잡혀버린다.

기본형

흑차례

선치 중 후행마

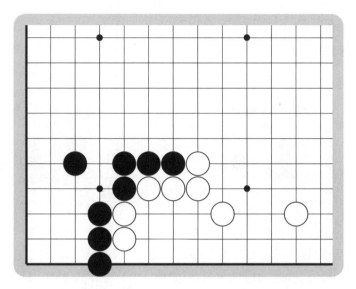

하변의 백에 대해 어떻게 끝내기하는 것이 좋을까?

파생형

흑차례

끊은 돌을 활용

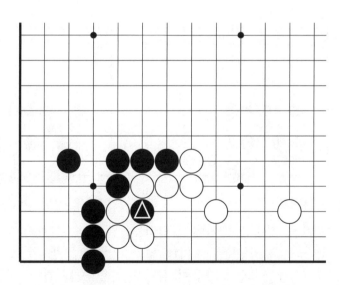

잡혀 있는 흑▲ 한점을 활용해 백집을 줄이는 수단을 찾아보자.

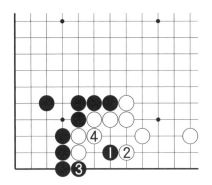

1도(정해)

흑1의 치중이 맥점. 백2로 응
수하면 흑3으로 넘는 수가 4
의 끊음을 보아 선수가 된다.
기분좋은 선수 끝내기.

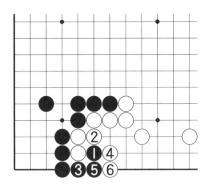

2도(붙임은 악수)

흔히 흑1로 붙이는 경우를 많
이 보는데 이것은 악수. 흑5까
지 선수지만, **1도**에 비해 백은
3집 이상 늘어난다.

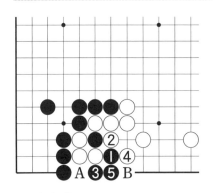

1도(정해)

흑1로 젖히는 맥점이 성립하
는 곳. 백2로 따낼 수밖에 없
으며, 흑은 3으로 유유히 건넌
다. 흑5 다음 A와 B는 흑의
권리.

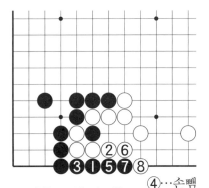

④…손뺌

2도(흑, 2집 손해)

흑1도 일종의 맥점이지만 미
흡하다. 백2가 호수. 흑3에 백
은 손을 뺀다. 흑5·7이 선수
지만, 정해인 **1도**보다 백집이
2집 많음에 주목!

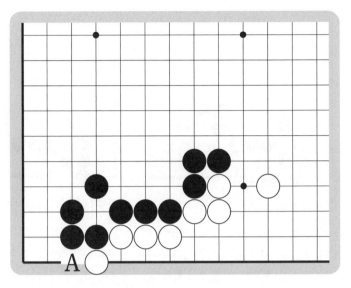

백A로 밀고들어오기 전에 처리하고 싶다. 흑은 이 경우 어떻게 끝내기하는 것이 좋을까?

파생형

흑차례

미끼를 던지면

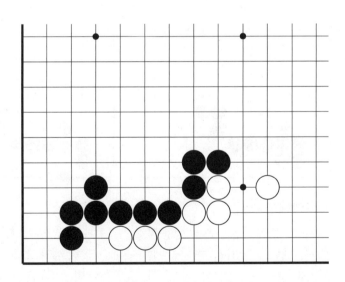

이 경우 흑은 어떻게 끝내기하는 것이 가장 이득일까? 위의 문제가 도움이 될 것이다.

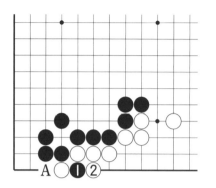

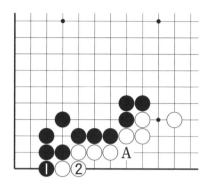

1도(정해)

흑1로 먹여치는 것이 희생타의 맥. 이 자체 최소한 1집 이상 득이라는 걸 알도록. 백A로 밀고나가는 수가 없기 때문이다.

2도(하수의 끝내기)

흑1로 막는 것은 백2로 이어 이 부근 백집이 완전무결한 상태. A의 곳에 손질할 필요도 없다.

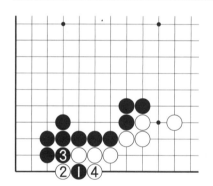

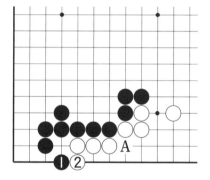

1도(정해)

흑1로 붙여가는 것이 상용의 맥점. 백2로 잡기를 기다려 흑3으로 끊으면 이것이 바로 위 문제의 정해와 같다.

2도(보리선수)

이 같은 경우 흑1로 두는 것은 끝내기라고 볼 수 없다. 백2로 막고 나면 A의 손질이 필요없는 모양. 흑1은 보리선수나 다름없다.

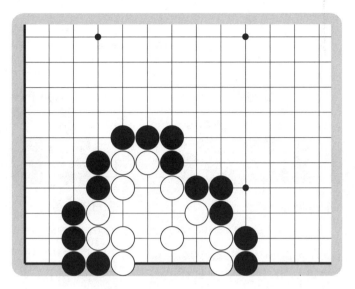

이대로 상황종료하면 백집은 무려 9집. 그러나
수단을 구한다면….

파생형

흑차례

급 소 다 음 이 문 제

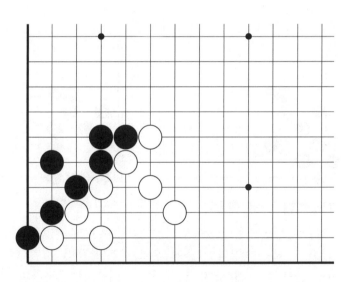

급소가 눈에 뻔하다. 그러나 중요한 것은 이후의
수순에 있다.

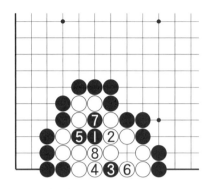

1도(정해)

흑1의 치중수가 있다. 백2 때 흑3의 붙임이 절묘. 백4가 불가피할 때 흑5·7로 석점을 잡는 득을 보게 된다.

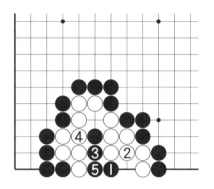

2도(백, 몰살)

흑1 때 백2로 잇는 것은 무리. 흑3이면 백4인데, 다음 흑5로 단수치면 몰아떨구기를 방어할 수가 없다.

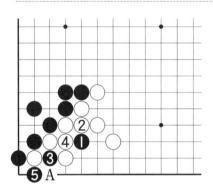

1도(정해 · 흑3 절묘)

흑1로 치중하는 것은 당연한 급소. 문제는 백2의 이음에 후속수단을 마련해 놓지 않으면 헛일인 것. 흑3이 절묘. 백4로 A면 흑4로 패가 기다린다.

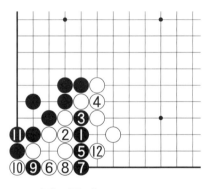

2도(백, 무리)

흑1 때 백2쪽으로 잇는 것은 NO. 흑3·5면 백으로서 당장 수상전이 곤란한 모습이다. 백6으로 눈모양을 만들어 겨우 패를 유도할 뿐.

기본형

20 흑차례

응징의 수단

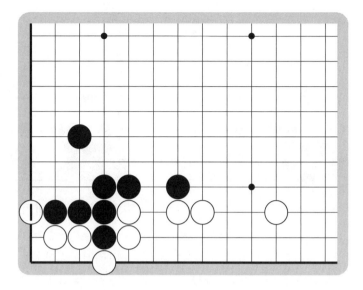

백1로 젖혀온 장면이다. 이 수는 악수인데 흑은 어떻게 응징해야 할까?

피생형

흑차례

허술함을 찔러

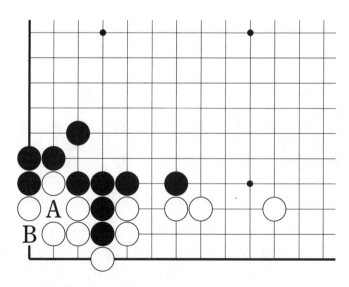

귀쪽의 허술함을 찔러 이득을 올리고 싶다. 흔히 흑A, 백B로 되기가 쉬운데….

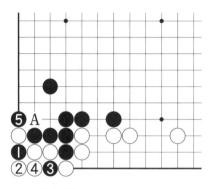

1도(정해)

흑1로 먹여치고 다시 3으로 먹여치는 수순이 좋다. 흑5 때 백A로 끊어 패를 하는 것은 백의 무리.

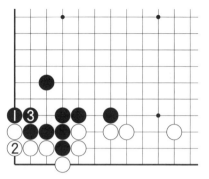

2도(하수 끝내기)

흑1로 단순히 막는 것은 엉터리. 이렇게 두는 사람은 끝내기 기초부터 다시 시작해야 할 것이다.

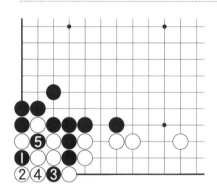

1도(정해)

흑1쪽에서 먹여치는 것이 기발한 맥점. 바로 '2의 一'의 급소이기도 하다. 백2 때 흑3에 먹여치고 5로 따내면 이 패는 백이 굴복할 수밖에 없다.

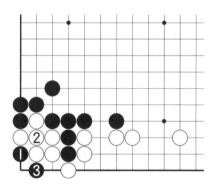

2도(꽃놀이패)

흑1 때 백2로 잇는 것은 무리이다. 흑3으로 간단하게 패. 이것은 흑의 꽃놀이패이므로, 팻감이 많지 않은 한 백쪽이 견딜 수 없는 것이다.

기본형

21 흑차례

저 공 침 투

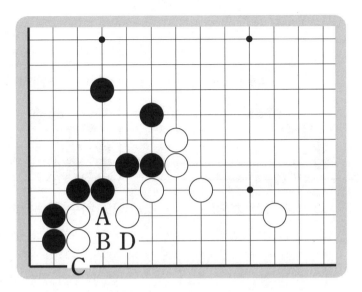

상당한 기술을 요하는 문제. 흑A, 백B, 흑C, 백
D로는 끝내기 초보라고 할 수밖에….

파생형

백차례

모 양 의 급 소

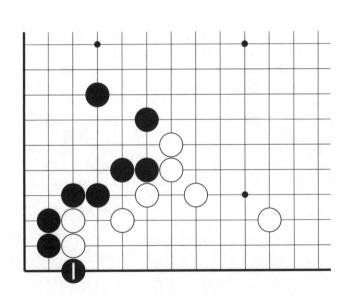

위의 문제에 이어지는 것으로 흑1의 젖힘은 완
착. 이럴 경우 백은 어떻게 두는 것이 최선일까?

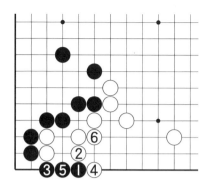

1도(정해 · 1선 치중)

흑1로 깊숙히 침입하는 수가 날카로운 끝내기의 급소. 백2의 응수는 최선이며, 흑3·5로 선수 끝내기를 한다.

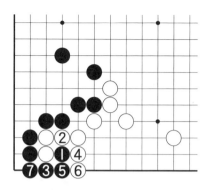

2도(하수 끝내기)

흑1로 단순히 붙여넘는 것으로는 도무지 성이 차지 않는다. 후수일 뿐만 아니라 **1도**에 비해 1집이 손해.

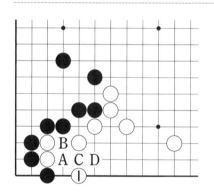

1도(정해)

백1로 받는 것이 안성맞춤. 상대의 급소가 바로 나의 급소인 셈이다. 계속해서 흑A, 백B, 흑C는 백D의 단수로 그대로 추락.

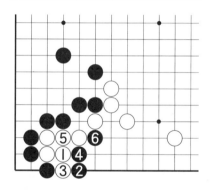

2도(몰아떨구기)

백1의 응수가 좋을 듯하나 여기에는 흑2로 뛰는 수가 있다. 백3의 차단은 무리로 흑4·6으로 몰아떨구기가 작렬한다.

기본형

22 흑차례

삶을 위협하여

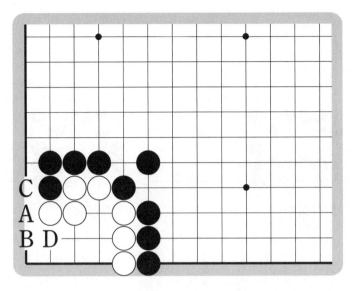

흑A, 백B, 흑C, 백D면 귀의 백은 7집. 백의 자충에 주목하여 좀더 교묘한 끝내기를 연구해 보자.

파생형

흑차례

귀의 유사형

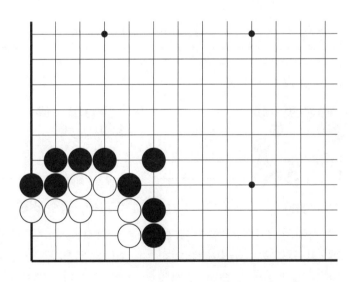

위의 문제와 유사하다. 이것 역시 백을 잡을 수는 없으나 어떤 수단의 여지는 있다.

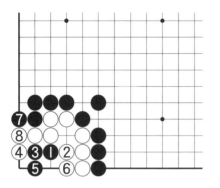

1도(정해)

관자보(官子譜)에서의 정해가 잘못된 문제. 흑1로 붙이는 수가 급소이다. 백2는 유일한 삶의 길이며 흑3~7로 선수 빅.

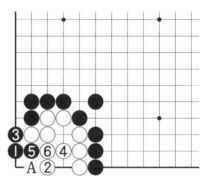

2도(미흡)

관자보에선 흑1의 치중이 정해로 되어 있다. 백2는 최선이며 이하 6까지. 그러나 흑A로 두어야 **1도**와 같으므로 미흡.

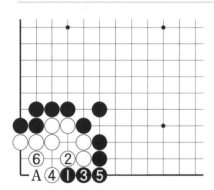

1도(정해)

여기에선 흑1의 치중이 정해. 백2의 응수는 최선이며 이하 6까지. 이것이 단순히 젖혀잇는 것보다 2집 득이다. 백6을 손빼면 흑A의 수로 빅.

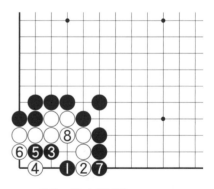

2도(백, 응수잘못)

흑1 때 백2로 차단하면 흑3의 붙임으로 인해 8까지 빅. 이 수순이 「관자보」에선 정해로 되어 있다. 물론 잘못이다.

기본형

23 흑차례

차
단
하
면

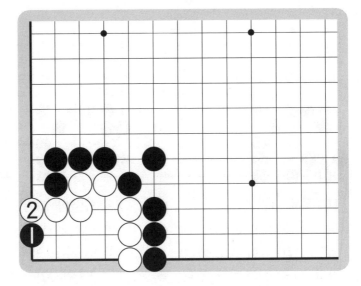

기본형22에서의 변화이다. 흑1 때 백2로 차단하
면 어떻게 될까?

파생형

흑차례

교
묘
한

수
단

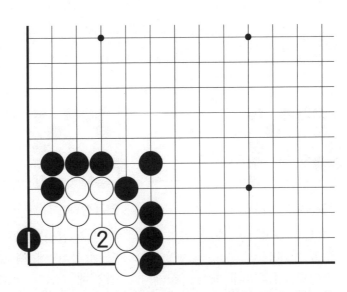

흑1 때 백2로 한 집을 만든 상황. 여기에서 흑
의 최선은? 백이 간과한 교묘한 수단이 있다.

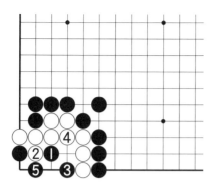

1도(정해·패)

흑1의 붙임이 날카로운 맥점. 백2는 절대이며 흑3, 백4를 교환한 다음 5로 패가 된다. 흑의 꽃놀이패.

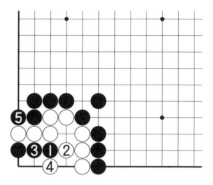

2도(통렬한 자충)

흑1 때 패를 피하기 위해 백2로 둘 수는 없다. 흑3이면 백은 자충이 되어 있어 수부족. 허무한 종말을 가져온다 흑3으로 4라도 패가 된다..

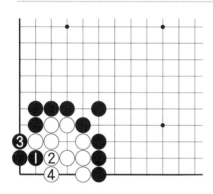

1도(흑의 속수)

흑1로 들어가는 수는 위의 2도를 기대한 것. 그러나 백2로 순순히 양보하여 백4로 살게 되면 흑은 헛물만 켠 꼴이다.

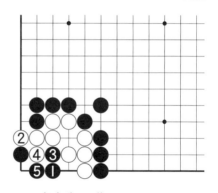

2도(정해·패)

흑1로 날일자하여 안형을 빼앗는 것이 이 형태에서 급소. 백2 때 흑3이 파호의 급소여서, 흑5까지 한 수 늘어진 패가 된다.

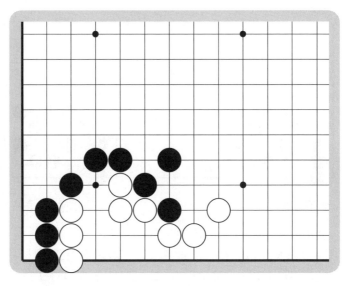

맥점활용의 기본이라고 할 수 있다. 어떻게 두어
야 할까?

피생형

흑차례

붙
이
는

맥

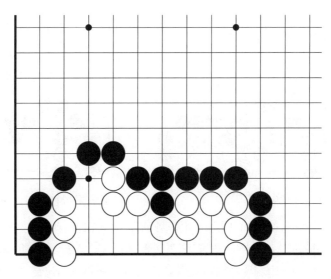

급소 한방으로 큰 이득을 본다. 역시 붙이는 맥
이 크게 활용된다.

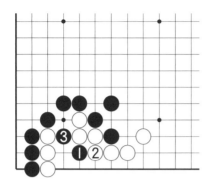

1도(정해)

흑1로 붙이는 수가 맥점. 백
2로 잇는 수가 절대일 때 흑3
으로 백 석점을 자충으로 잡
게 된다.

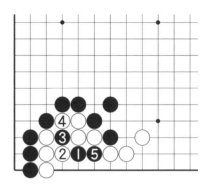

2도(백, 걸려듦)

흑1 때 백2의 응수가 있을 듯
하나, 이 때에는 흑3으로 먹여
치는 수가 묘수. 백4로 때려봐
도 흑5의 단수로 그만이다.

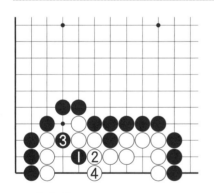

1도(정해)

흑1의 붙임이 맥점. 백2·4로
사는 것은 어쩔 수 없으며, 흑
은 선수로 백 석점을 잡은 격
이다.

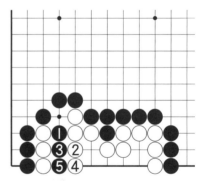

2도(이삭줍기)

흑1로 끼우는 수부터 두는 것
은 백2·4로 양보하여 **전도**에
비해 2집 손실. 더구나 흑은
후수여서 이삭을 줍는데 불과
하다.

활용 수단

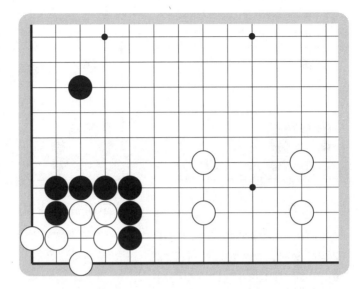

이것은 쉬운 문제. 오른쪽 백진영을 한 발이라도 더욱 삭감하고 싶다.

파생형

백차례

같은 값이라도

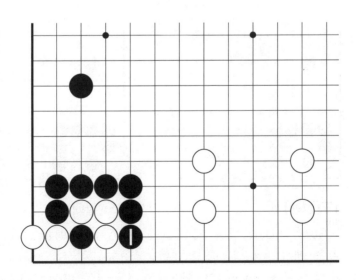

위의 문제가 성립되기 전에 흑1로 백 석점을 단수친 장면. 백은 어떻게 응수하는 것이 좋을까?

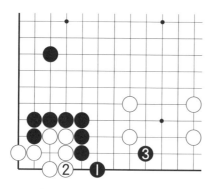

1도(정해)

　흑1로 마늘모하는 수가 끝내기의 묘수. 백2로 살 수밖에 없을 때 흑3까지 적진 깊숙히 침투하는 것이 요령이다.

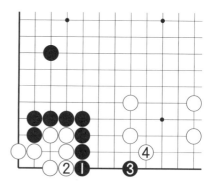

2도(하수 끝내기)

　흑1로 뻗는 것은 끝내기로선 별무신통. 흑3까지 달려갈 수는 있지만, **1도**에 비해 백의 수습이 용이하게 된다.

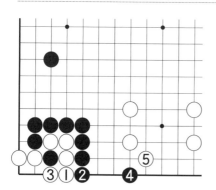

1도(정해)

　가만히 백1로 뻗는 것이 오른쪽 백모양의 피해를 최대한 줄이는 수로 정착이다. 백5까지 이런 정도. 기본형과 연계되므로 비교해 볼 것.

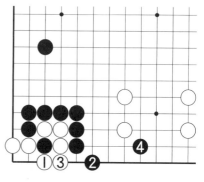

2도(실패)

　무심코 백1로 흑 한점을 따내기 쉬운데 이것은 실패. 흑2·4를 허용해 오른쪽 백모양이 크게 무너진다.

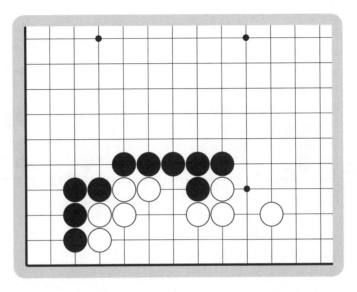

기본형12와 같은 맥락. 백의 허술함을 찔러 이득
을 올리고 싶다. 일단 젖히는 것은 당연한데….

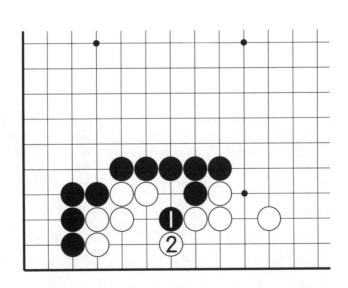

흑1 때 백2의 젖힘이 그럴 듯하다. 그러나 이것
은 엄청난 손해수. 어떤 수가 있을까?

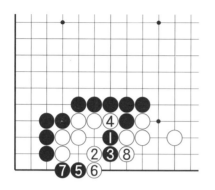

1도(정해)

흑1로 젖히는 수는 당연. 이 때 백2의 응수가 올바르다. 흑은 3으로 키워 5·7을 선수하는 것으로 만족.

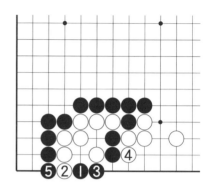

2도(백, 욕심)

흑1의 치중 때 백2로 차단하는 것은 좋지 않다. 흑3이면 백4로 막는 것이 절대인데 흑5로 빅. 백이 선수이지만 **1도**에 비해 5집 손해다.

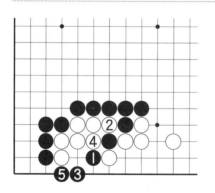

1도(정해)

흑1의 젖힘이 듣는다. 백2로 끊으면 흑3으로 마늘모하는 수가 기민한 수. 흑5까지 상당한 끝내기 득이다.

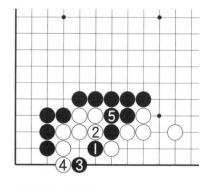

2도(백, 망함)

흑1 때 백2로 단수쳐도 흑3의 마늘모로 마찬가지. 만약 백4의 차단은 대무리로, 흑5로 잇는 수로 왼쪽의 백이 잡혀 버린다.

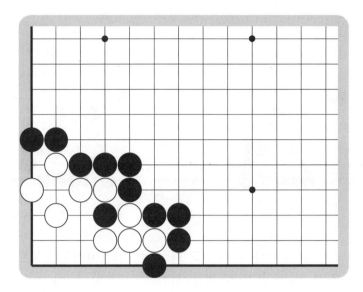

흑 한점을 활용하여 끝내기를 해 본다. 또한 흑 은 백의 응수에 따라 강수도 둘 수 있다.

파생형

흑차례

환경의 차이

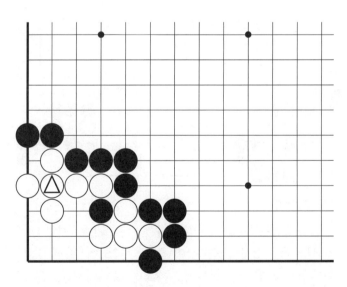

위의 문제와는 백△가 놓여져 있다는 것. 이것이 끝내기에서 어떤 역할을 할까?

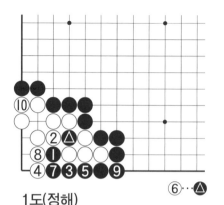

1도(정해)

흑1·3으로 젖혀 넘는 수가 기민하다. 백4는 배워둘 만한 맥점. 이하 10까지 쌍방 최선이다.

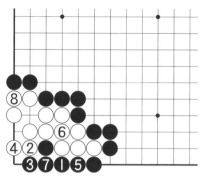

2도(2집 차이)

흑1 때 백2로 단수치기 쉬운데, 이것은 흑3으로 버티는 수가 있다. 백은 전체 사활이 걸려 있으므로, 양보하여 8까지 삶. 백은 **전도**에 비해 2집 부족.

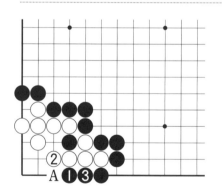

1도(정해)

이 경우는 흑1로 붙이는 수가 맥. 백은 2로 느는 것이 최선이며 흑3으로 연결하는 정도이다. 백2로 A는 흑2로 끊겨 위험!

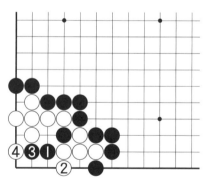

2도(1집 손해)

흑1은 백2가 제격. 그렇다면 **1도**에 비해 1집 손해. 지금은 1집이라도 줄이는 것이 목적이므로 흑은 이렇게 손해를 자처해서는 안 된다.

기본형

28 흑차례

서둘면 곤란

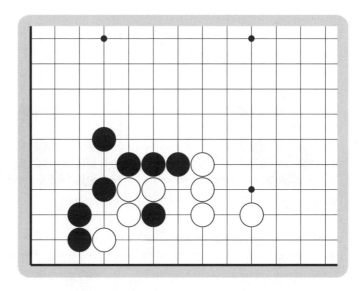

흑 한점을 살리는 문제. 만일 백이 반발한다면
상당한 전과를 올릴 수 있다.

파생형

흑차례

악수 응징

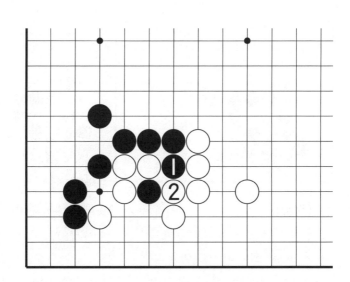

위의 문제와는 전체적으로 한 줄이 올라가 있다.
흑1 때 백2는 악수인데 여기에서의 끝내기는?

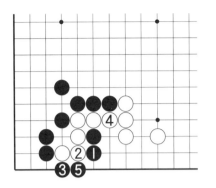

1도(정해)

일단 흑1로 넘자고 한다. 백
2가 당연할 때 흑3으로 젖혀
가는 것이 기민한 수순. 백은
4로 물러설 수밖에 없다.

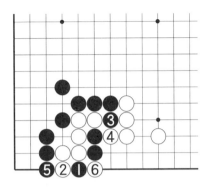

2도(방향착오)

흑1쪽으로 젖히는 것도 마찬
가지라고 생각하면 큰일. 이때
는 백2의 차단수가 성립한다.
백6까지 흑은 보태준 꼴.

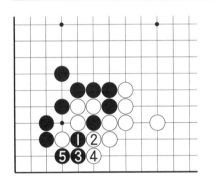

1도(정해)

흑1로 단수치는 수가 날카로
운 응징수. 백2 때 흑3으로 빠
진다. 흑5까지면 백은 한점까
지도 잇지 못하는 꼴.

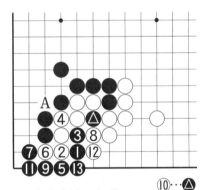

⑩…△

2도(상당한 차이)

모양상 흑1이 눈에 띄지만 백
2의 차단으로 실패. 흑3·5로
자충시켜 13까지 넘어간 형태
지만, 1도에 비해 손해이며
A로 끊기는 맛까지 있다.

기본형

흑차례

일단 키우고 나서

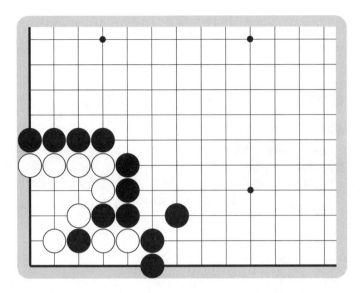

관자보(官子譜)에 나온 유명한 문제. 상당한 끝내기가 숨어 있다.

파생형

흑차례

돌 하나의 차이

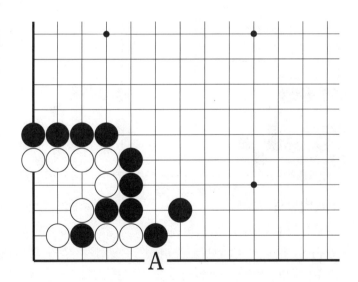

A의 곳에 돌이 없다는 것이 위의 문제와 차이점이다. 이런 경우 어떤 결과가 나올까?

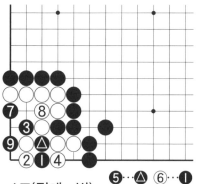

1도(정해 · 빅)

⑤…△ ⑥…❶

흑1 이하로 키워버리는 수순
이 좋다. 흑9까지면 빅이 되
며, 백으로선 흑돌 3개를 잡은
것이 전부.

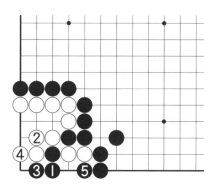

2도(백, 3집 손해)

흑1 때 백2로 이으면 살 수
는 있으나, 흑3이 선수로 들으
므로 전혀 득이 없다. 오히려
집수가 같은 만큼 **전도**보다 백
은 3집 손해.

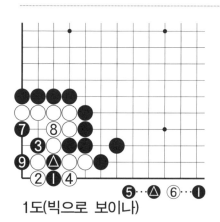

1도(빅으로 보이나)

⑤…△ ⑥…❶

일단 흑1 이하로 키워버리는
수순이 손해는 아니므로 좋다.
흑9까지면 빅처럼 보인다. 그
러면 백으로선 흑돌 3개를 잡
은 것이 전부.

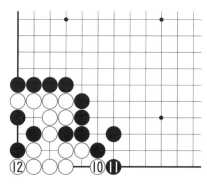

2도(결론은 양패)

그런데, **전도** 다음 백10으로
젖히는 수가 있었다. 흑11 때
백12로 단수. 즉, 양패의 형태
로 흑 석점을 잡고 있는 것이
다.

기본형

강력한 노림

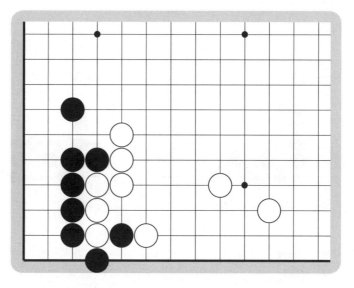

흑은 패맛을 이용하는 강력한 노림이 있다. 어떤
수가 있을까?

피생형

흑차례

패를 노림으로

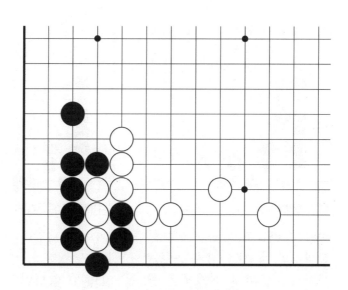

팻감이 풍부하다면 흑은 패를 이용해 크게 끝내
기할 수가 있다. 어떻게 두어야 할까?

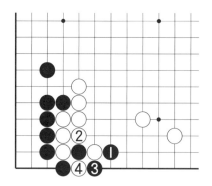

1도(정해 · 꺼붙임)

흑1로 꺼붙이는 것이 좋은 수. 백2의 단수에 흑3으로 넘어 패가 된다. 이런 형태는 실전에서 자주 나오므로 암기하도록!

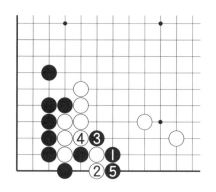

2도(환격)

흑1 때 백2로 반발하는 것은 무모한 짓이다. 흑3 · 5의 수단에 의해 환격. 하변 백집도 자연스럽게 초토화가 된다.

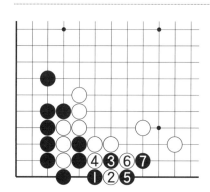

1도(호수순)

흑1의 마늘모가 패를 이용한 끝내기의 맥. 백2 · 4의 응수는 무리로, 흑7까지 백집에서 큰 패가 발생한다. 원래 백2로는 6에 물러서는 것이 최선.

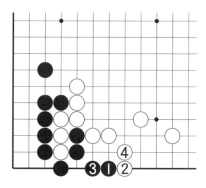

2도(팻감에 따라)

흑에게 팻감이 없을 때는 흑1의 날일자가 좋은 수단. 백2가 최선의 방어수단인데, 흑3, 백4로 지키기까지 정해보단 못하지만 상당한 끝내기를 했다.

기본형

31 | 흑차례

재주 부리다간

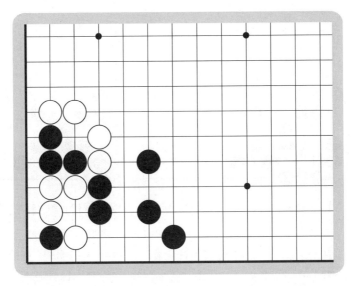

귀쪽에 잡혀 있는 흑 한점을 움직여서 이득을 꾀해 보자. 귀삼수의 재주를 부리다간 오히려 곤란.

파생형

흑차례

사활 문제라면

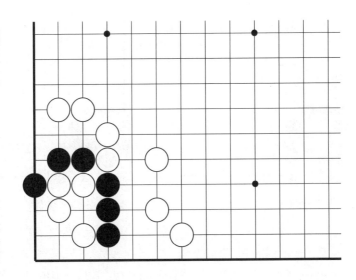

흑 석점이 양쪽으로 잡혀 있다. 흑은 이 돌을 이용하여 어떻게 끝내기하는 것이 가장 이득일까?

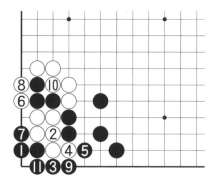

1도(정해)

흑1로 느는 수가 급소. 백2면
흑3으로 젖혀 수상전인데, 흑
7이 좋은 수로 11까지 교묘히
백집 유린에 성공한다.

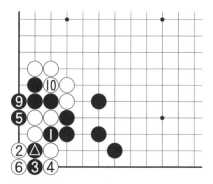

2도(귀삼수 결과는?)

흑1로 끊어 백2 때 흑3 이하
는 귀삼수의 모양. 그러나 백
10에 의해 흑이 자충이 되어
실패이다.   ❼…▲ ⑧…❸

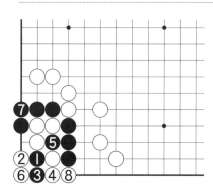

1도(정해)

흑1로 찝는 수가 유일한 수
습책. 백2 이하는 귀삼수의 흐
름이나 백6 때 가만히 흑7에
잇는 수가 묘(妙). 백8로 나가
면 −

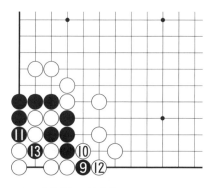

2도(결론·흑삶)

흑9로 막는 수가 백을 자충
으로 유도하는 좋은 수. 백10
때 흑11·13이면 귀의 백 두
점도 자충으로 잡혀 있다.

기본형

흑차례

날카로운 침입

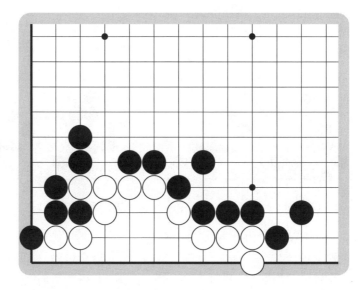

백집 속에서 수를 낸다. 일단 단점이 많아 보이
지만….

피생형

흑차례

교환의 차이

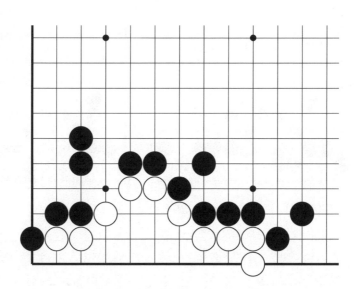

위의 문제와는 백이 끼워이은 수가 없다는 점이
다르다. 이 차이점의 효력은?

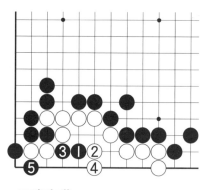

1도(정해)

흑1로 치중하는 수가 급소.
백2·4로 살 때 흑5로 잡는다.
흑5를 생략하면 백이 5의 곳
에 두어 수상전은 역전.

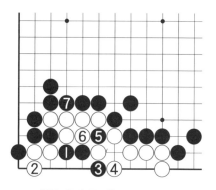

2도(몰아떨구기)

흑1 때 당장 백2로 두는 것
은 위험하다. 흑3의 젖힘이 절
호의 타이밍이어서 백4면 흑5
·7로 몰아떨구기로 전멸.

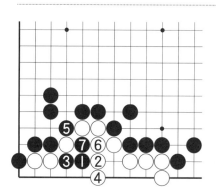

1도(정해)

역시 흑1로 치중하는 수가 급
소이다. 백2·4로 살 때 이번
에는 흑5로 몰아 백 한점을 잡
는다. 귀의 백 두점은 자동사.

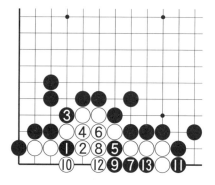

2도(다른 방법)

흑1로 끊을 수도 있다. 백2
때 흑3의 단수가 수순. 백4면
흑5 이하로 넉점을 잡는다. 그
러나 **전도**에 비해선 2집 반 정
도의 손해.

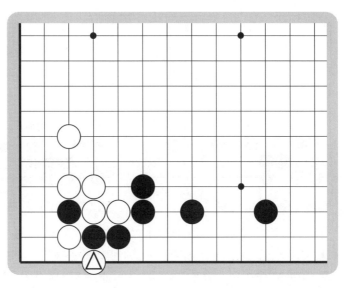

실전에서 흔히 놓치기 쉬운 형태. 백△ 때 흑은 어떻게 응수해야 할까?

파생형

흑차례

위의 수단

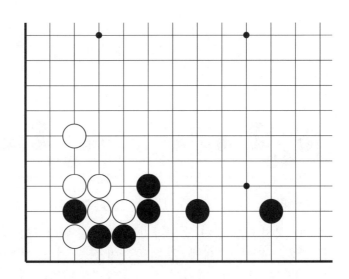

위의 문제에서 백이 젖혀오기 전이다. 흑은 어떻게 끝내기해야 할까?

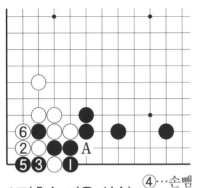

④…손뺌

1도(후수 다음 선수)

흑1로 막는 수가 급소. 백2가
교묘한 수로 선수를 잡지만, 흑
도 5가 선수이다. 물론 백2로
백3이면 흑A로 흑이 선수를
잡는다.

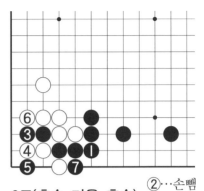

②…손뺌

2도(후수 다음 후수)

흑1로 잇는 수는 느슨하다.
백이 손빼면 흑3으로 키운 다
음 5의 맥점이 있으나, 흑은
또다시 후수인 셈.

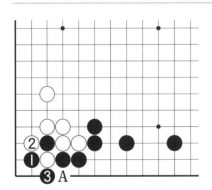

1도(정해)

흑1로 젖혀모는 것이 통렬하
다. 백2로 따낼 수밖에 없을
때 흑3으로 넘는다. 백이 A로
젖혔을 때와 비교하면 확연한
차.

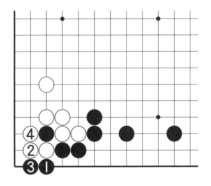

2도(흑, 손해)

흑1로 단수치는 것은 손해수.
이것은 위의 문제의 해설(위
의 1도)처럼, 백이 먼저 활용
한 것과 같은 형태이다.

기본형

34 흑차례

상용의 수단

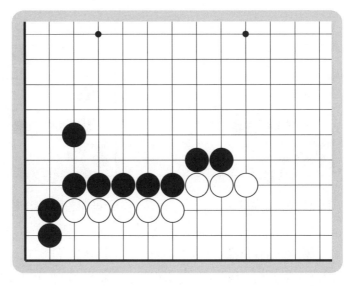

이 모양에서는 상용의 끝내기 수단이 있다. 선수
로 처리하는 것이 중요.

파생형

흑차례

한 발 멀리 가다간

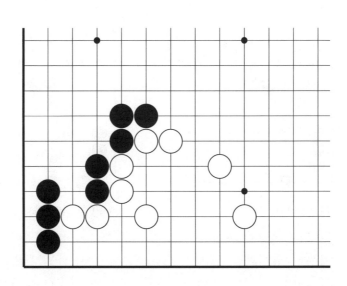

역시 선수로 처리해야 한다. 한 발 멀리간다고
해서 꼭 좋은 것만은 아니다.

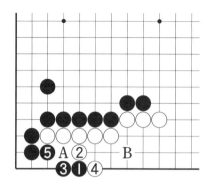

1도(비마 달리기)

흑1로 눈목자(비마)달리는 것
이 올바르다. 백2·4에 흑5면
후수지만 다음 A가 흑의 권리
(백B의 가일수가 필요하므로).

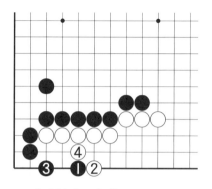

2도(상황에 따라)

흑은 상황에 따라 선수를 취
하려면 흑1·3도 생각해 볼 수
있다. 흑1·3은 발빠른 착상인
것이다.

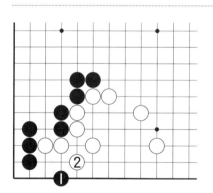

1도(정해)

흑1로 날일자하는 수가 여기
에서는 올바른 끝내기. 백2를
강요하여 선수를 잡는다. 백2
를 생략하면 백집이 아래로부
터 망가지므로 논외.

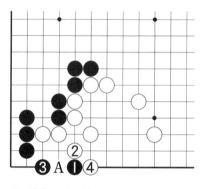

2도(흑, 손해)

흑1로 비마(飛馬) 달리는 것
은 이 경우 백2로 악수. 흑3
이면 선수지만, A로 잡히는 수
가 있어서 **1도**에 비해 손해이
다.

기본형

35 **백차례**

비
마

끝
내
기

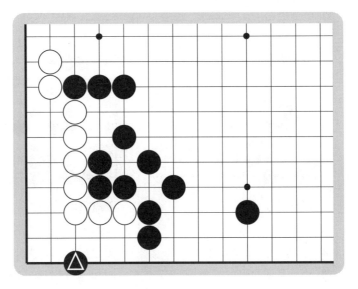

흑▲의 비마 달리기에 대한 백의 응수를 생각해
보자.

피생형

백차례

뒷
맛
을

고
려
해
야

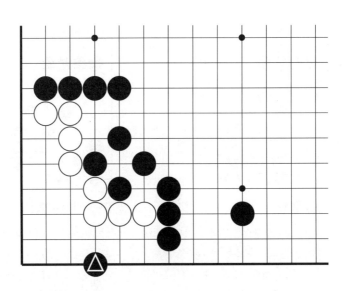

흑▲의 비마 달리기에 대한 백의 응수를 생각해
보자. 단, 귀의 백이 뒷맛이 나쁘다는 점을 고려.

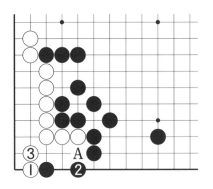

1도(정해)

백1로 바로 막는 수가 최선
이다. 흑2면 다음 백3이 중요
한 수. 후일 백A가 절대 선수
이기 때문이다.

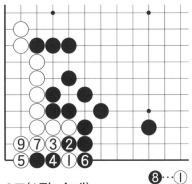

2도(1집 손해)

백1로 한칸 뛰어 이하 9까지
처리하는 수단이 이런 형태에
서의 끝내기이지만, 이 경우는
1도에 비해 1집 손해이다.

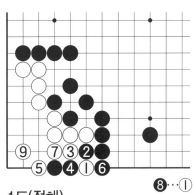

1도(정해)

위의 문제에선 손해였지만 백9
까지 백1의 한점을 이용, 모양을
결정하는 것이 좋은 수순으로 꼭
기억해 둘 만하다.

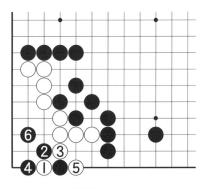

2도(백, 위험)

이번에는 백1로 바로 막는 것
은 무리. 흑2의 반격으로 이하
6까지 귀에서 수가 난다. 백
전체가 위험한 상황.

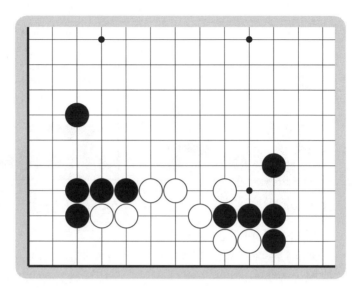

백집이 전혀 이상없어 보이지만, 맥점의 효력을 잘 알면 상당한 득을 볼 수가 있다.

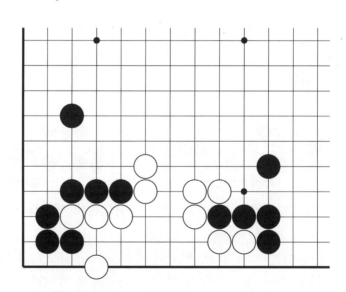

이런 경우라면 어떻게 될까? 여기서도 수순과의 콤비네이션이 결정타가 된다.

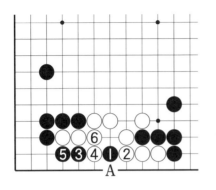

1도(정해)

　'선치중 후행마'라는 말처럼 흑
1로 치중한 다음 백2 때 흑3·5
로 붙여 넘는다. 이후 사활이 문
제라면, 흑은 A로 파호하는 수
가 노림.

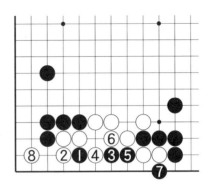

2도(득이 없다)

　흑1쪽으로 먼저 붙이면 흑3
때 백4로 바꿔치기할 가능성
이 높다. 흑7로 두점은 잡지
만, 백8로 귀가 파괴되어선 오
히려 흑이 손해.

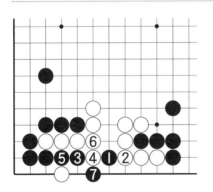

1도(정해 · 콤비네이션)

　역시 흑1로 치중한 다음 3으
로 붙이는 수가 맥점. 백4에는
흑5로 단수치고 7로 넘게 되
어 백은 곤마(困馬)의 신세이
다.

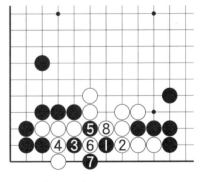

2도(백, 무리)

　흑3 때 백4로 잇는 것은 무
리. 흑5로 끊겨 대책이 없다.
백6에 먹여치고 8로 죄어보지
만, 흑이 잇게 되면 백은 자충.

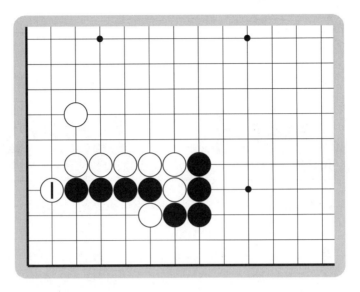

접바둑에서 자주 겪는 형태. 백1의 젖힘에 하수들은 상당수 걸려든다. 흑의 최선은?

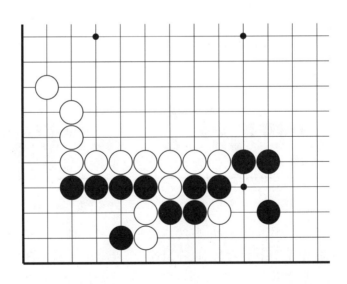

백으로선 어떻게 끝내기하는 것이 좋을까? 또한 흑의 최선은?

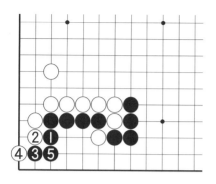

1도(정해)

빈삼각이어서 두고 싶지 않지만 흑1로 물러서는 수가 최선. 백2면 흑3으로 막고 백4, 흑5로 되는 정도이다.

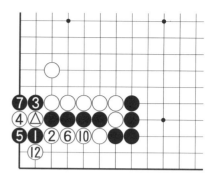

2도(흑, 걸려듦)

흑1로 막는 것이 당연해 보이지만, 이것은 백2의 끊음에 걸려든다. 흑3에는 백4로 키워 버려 12까지. ⑧⑪…ⓐ ❾…④

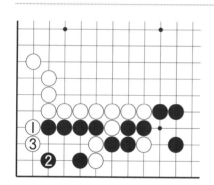

1도(정해)

백1로 젖혀가는 수에 흑은 2로 한칸 뛰어 후퇴할 수밖에 없다. 백3으로 귀는 파괴되지만, 손을 빼 선수를 잡는다는 것이다.

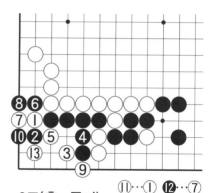

2도(흑, 무리)

⑪…① ❷…⑦

백1 때 흑2로 막는 것은 백3·5가 묘수순. 흑6에 끊어도 이하 13까지 흑이 곤란하게 된다.

기본형

38 흑차례

석점 중앙이 급소

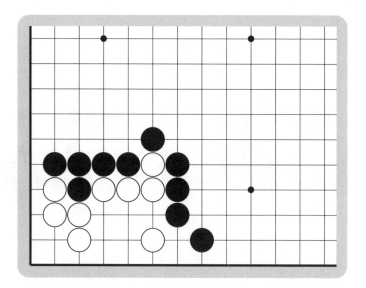

급소는 한눈에 보일 것이다. 문제는 상대의 약점을 어떻게 추궁할 것인가인데….

파생형

흑차례

한 줄이 높다 한들

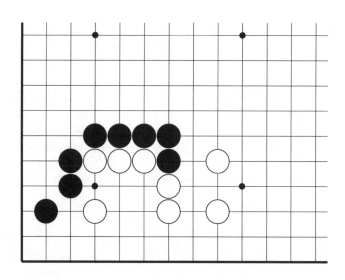

위의 문제에서 한 줄 위로 자리잡고 있다. 이럴 경우에는 어떻게 끝내기해야 할까?

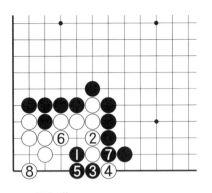

1도(정해)

흑1로 붙이는 수가 급소. 바로 석점 중앙에 해당하는 곳이다. 백2면 흑3·5로 젖혀이음이 선수. 백8까지 겨우 살아야 한다.

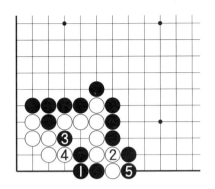

2도(환격)

흑1 때 백2로 잇는 것은 생각하기 힘들다. 흑3으로 끊기면 바로 환격에 걸려들기 때문. 귀는 귀대로 후수로 살아야 한다.

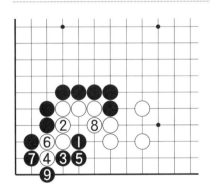

1도(상당한 끝내기)

역시 흑1의 붙임이 급소. 백2를 기다려 흑3·5로 젖혀잇는다. 백6이면 흑7로 죄어 9로 넘는다.

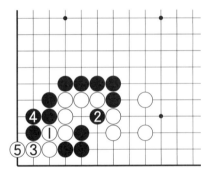

2도(흑, 파멸)

백1 때 흑2로 끊는 것은 상당한 욕심. 위 문제의 상황과는 달리 백3으로 나가는 수가 있다. 흑4에 백5면 흑은 수부족.

기본형

39 **흑차례**

응수타진 이후

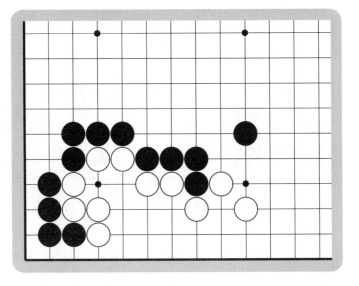

그냥 젖혀잇는 것으로는 불만. 백의 약점을 최대
한 찝어보자.

피생형

흑차례

약점을 파악하여

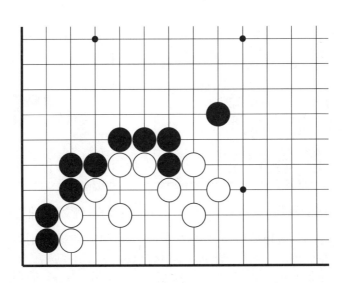

위의 문제와 같은 맥락. 그러나 이후는 상황이
다르다. 우선 약점을 파악해야 한다.

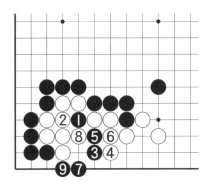

1도(정해)

흑1로 단수쳐 응수를 묻는 수
가 좋다. 백2면 흑3의 치중이
급소. 백4·6 때 흑7이 묘수
로 9까지 건너가게 된다.

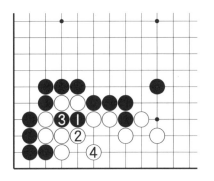

2도(감점요인)

흑1 때 집계산상, 백2로 두점
을 포기하는 것이 **1도**에 비해
2집 이상 득이다. 그러나 후수
라는 점과, 흑의 외곽이 튼튼
해진 것이 백의 감점요인.

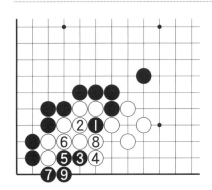

1도(정해)

역시 흑1로 단수쳐서 응수를
묻는다. 백2면 흑3의 붙임이
맥점. 백은 4로 물러설 수밖에
없고 이하 9까지 득을 본다.

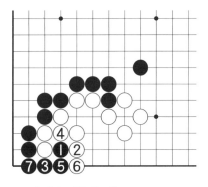

2도(하수 끝내기)

흑1로 붙여넘는 것은 하수의
끝내기. 백6까지 깨끗하게 마
무리되어선 **1도**에 비해, 흑은
최소한 3집 이상은 손해이다.

기본형

40 흑차례

귀의 실전형

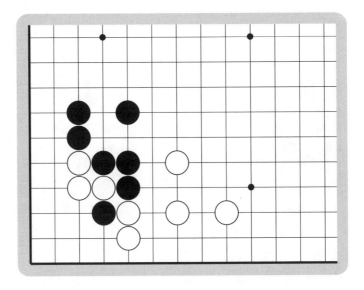

귀에서 흔히 나올 수 있는 형태. 백이 젖혀 잇기 전에 먼저 끝내기를 하고 싶다.

파생형

흑차례

젖혀 놓아도

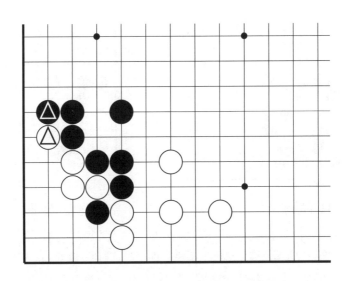

위의 문제에서 백△와 흑●가 교환되어진 장면이다. 이 경우, 백집을 최대한 줄이는 끝내기는?

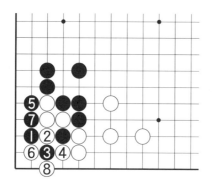

1도(정해)

흑1로 한칸 뛰는 수가 끝내기의 맥. 백2의 단수에 흑3 이하 죄임수가 성립하여 귀의 흑집을 깨게 된다.

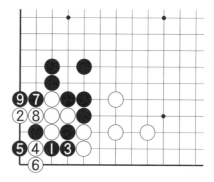

2도(백, 무리)

흑1 때 백2로 잡자고 드는 것은 무리. 흑3에 백4로 끊어도 흑5로 몬 다음 7·9의 수단에 의해 환격(還擊)이다.

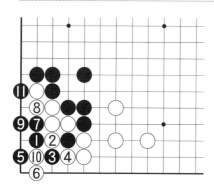

1도(정해)

역시 흑1로 한칸 뛰는 수가 좋은 맥점. 백2·4로 잡을 때 흑5의 호구침이 탄력있다. 11까지 넘는 형태.

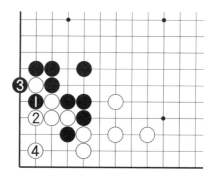

2도(단순 끝내기)

흑1로 한점을 잡고마는 것은 백의 술책에 넘어간 꼴. 흑3 때 백4로 지킨 이 형태는 흑의 선수이지만, **1도**에 비해 4집 가량 차이가 난다.

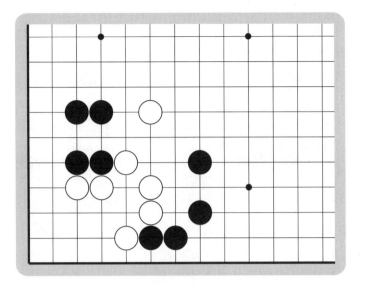

귀의 백집을 파헤치는 맥점은? 원투 콤비네이션
이 필요하다.

파생형

백차례

빈
도
높
은

형

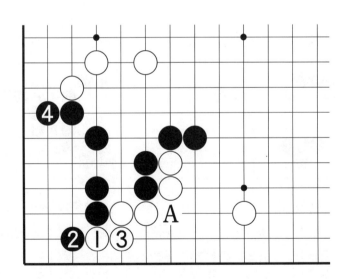

실전에서 하수들이 흔히 당하는 형태. 흑A를 방
지, 백1·3으로 젖혀잇자 흑4로 넓힌 장면이다.

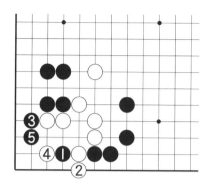

1도(정해)

흑1로 껴붙이는 수가 준비공
작. 백2로 차단하면 흑3으로
젖힌다. 백으로선 4로 물러서
는 것이 피해를 줄이는 격.

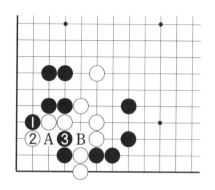

2도(맞보기)

흑1 때 백2로 강하게 젖혀오
면 흑3으로 가만히 올라서는
수가 묘수. A의 단수와 B의
끊음을 맞본다.

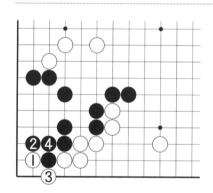

1도(정해)

백1로 껴붙이는 수가 급소.
흑2라면 백3으로 단수쳐 넘는
수가 선수이다. 흑의 집은 보
잘 것 없는 모습.

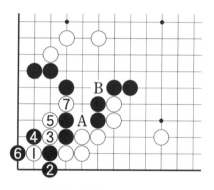

2도(상전벽해)

백1 때 흑2로 빠지는 것은 백
3으로 끊겨 위험. 흑4·6으로
귀를 사는 동안 백7로 두점이
잡힌다. 흑A면 백B.

기본형

42 흑차례

귀의 급소

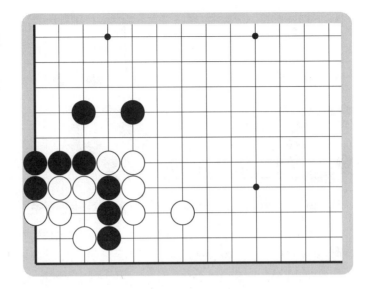

흑은 수부족으로 보이나 날카로운 맥 한방으로
백을 궁지로 몰아넣을 수 있다.

파생형

흑차례

급소는 매한가지

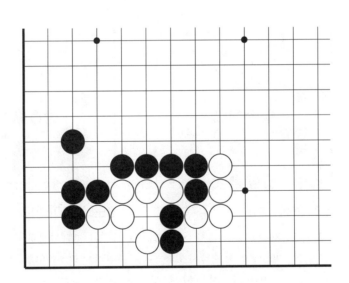

흑 두점이 잡혀 있는 형태. 그러나 아직 포기하
기에는 이르다. 아직 숨통은 남아 있으므로….

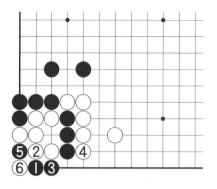

1도(정해·패)

'귀의 급소는 2·一'이라고 했다. 따라서 흑1의 치중이 좋은 공격의 요령. 백2는 최선의 응수이며 흑3·5로 패가 된다.

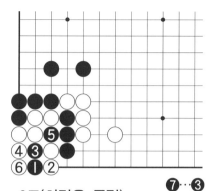

7…3

2도(차단은 곤란)

흑1 때 백2로 차단하는 것은 무모한 짓. 흑3으로 키워버리는 수가 좋아 백의 한 수 부족이 된다.

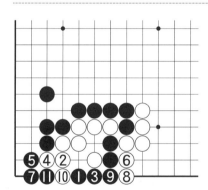

1도(정해·빅)

흑1로 치중하는 수가 모양의 급소점. 백2가 버팀수이나 흑3 이하로 빅이다. 미세한 승부에선 엄청난 효과일 터.

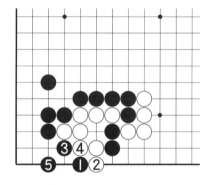

2도(꽃놀이패)

흑1 때 백2로 차단하는 것은 흑3으로 젖히는 수가 있다. 백4의 응수가 절대인데, 흑5로 버티는 수가 있어 패. 이래선 흑의 꽃놀이패.

귀
의

허
점

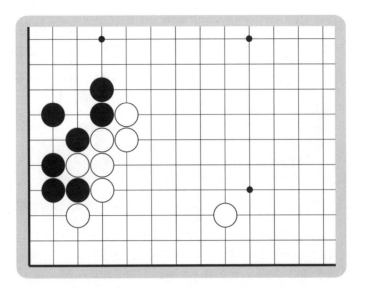

기본적인 화점정석에서 나온 모양. 초반에는 잘
두지 않으나 귀에서의 최선의 끝내기는?

파생형

보
강
이

있
는
데
도

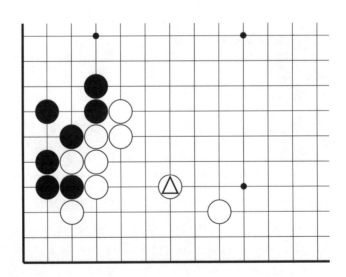

위의 문제에서 백△가 보강되었다. 이럴 경우 흑
으로서 최선의 끝내기는?

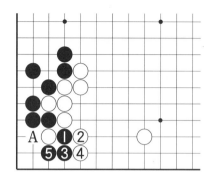

1도(정해)

흑1로 끊는 수가 강타. 백2·4의 응수는 어쩔 수 없다. 흑5까지 후수지만, 애초 백이 A에 보강하는 것과는 20집 정도의 큰 끝내기.

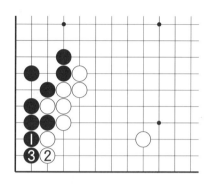

2도(하수 끝내기)

단순히 흑1·3으로 밀어가는 것은 상대의 약점을 스스로 없애주는 이적수. 이런 터무니없는 수로는 기력이 늘 수가 없다.

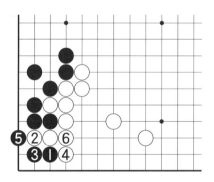

1도(정해)

이 때는 흑1로 껴붙이는 수가 맥점. 백2로 한번은 반발할 수 있지만, 흑3이면 도리가 없다. 백6까지 흑은 귀를 넘어가며 백집을 최대한 줄인다.

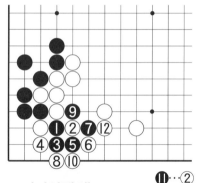

⑪…②

2도(자살행위)

백의 보강이 있는 상황에서 흑1로 끊는 것은 위험천만. 흑3 때 백4 이하의 반격수단에 의해, 오히려 흑돌이 고스란히 잡혀버린다.

잡기는 어려우나

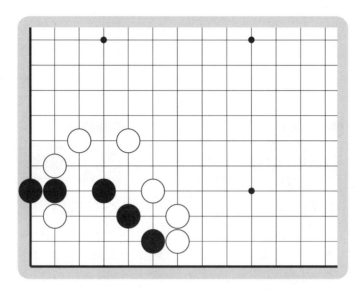

얼핏 흑이 상당히 위험해 보이지만 잡을 수는 없다. 최선의 끝내기를 하자면?

파생형

테크닉 발휘

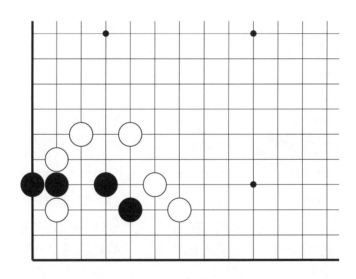

기본 형태는 같으나 밑이 터져 있는 것이 다르다. 이 경우의 급소는? 테크닉을 발휘해야 한다.

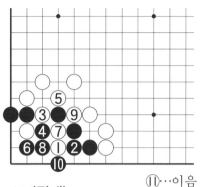

1도(정해)

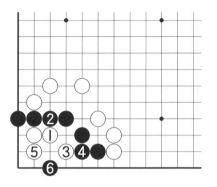

⑪…이음

2도(무모한 시도)

흑1의 날일자가 묘수. 흑2 때 백3~7이 좋은 수순으로 흑8 로 패를 피하면 11까지 상당 한 이득을 취한다.

백1·3을 선수하여 전체를 잡 자고 드는 것은 악수. 흑4면 백5 정도인데, 흑6으로 치중하 여 아웃이다. 흑의 뒷공배가 너 무 많아 수상전이 안 된다.

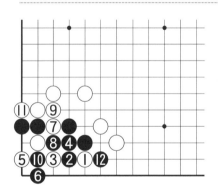

1도(정해)

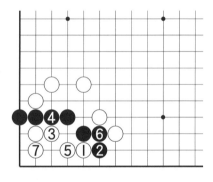

2도(흑, 망함)

백1의 붙임이 날카로운 급소. 흑2면 백3·5가 절묘한 수순 이어서 이하 11까지 흑 두점 을 잡는 수가 성립한다.

백1 때 흑2쪽을 젖히는 것은 위험한 발상. 백3·5를 선수한 다음 7로써 살아버린다. 흑은 졸지에 부평초같은 신세.

백차례

귀의 약점을 찾아

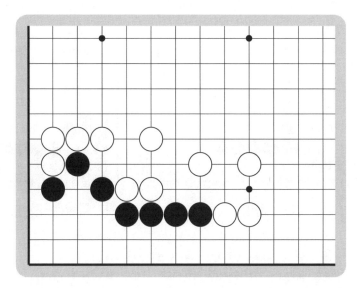

귀의 흑집을 어느 정도 지울 수 있을지. 최선의 수를 찾아보자.

파생형

백차례

모양은 닮았으나

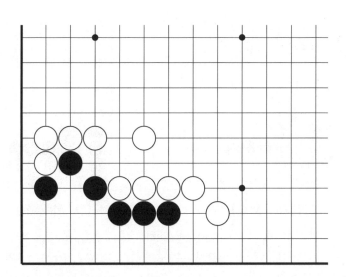

위의 문제와 닮았으나, 약간의 차이로 풀리는 경로가 전연 다르다.

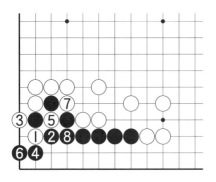

1도(정해 · 붙임)

백1의 붙임이 급소. 흑은 2로 양보할 수밖에 없으며, 백3 때 흑4 이하로 두점을 사석으로 귀를 지키는 것이 최선이다.

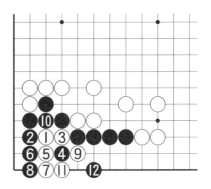

2도(치중은 곤란)

백1의 치중은 흑2의 응수로 무리. 기세상 백3으로 끊겠지만, 흑4 이하의 수순에 의해 백은 수부족이 된다.

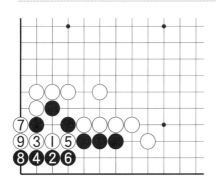

1도(정해 · 치중)

여기선 백1의 치중이 통렬하다. 이에 대해 흑2가 수습의 맥점으로, 이하 9까지 흑 석점을 버리고 사는 것이 최선.

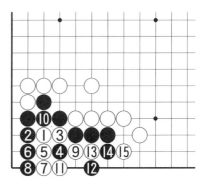

2도(흑, 수부족)

백1 때 흑2로 막는 수는 어떨까? 앞서 나온 바처럼 백3이면 이하 11까지는 절대수순. 흑12라면 백13 · 15로, 이번에는 흑의 수부족이다.

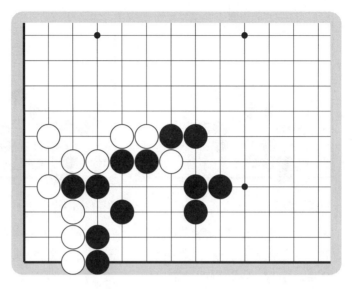

흑 두점을 잡는 수가 당장 눈에 띄지만, 최선의 수는 따로 있다.

파생형

백차례

벽이 있음에 유의

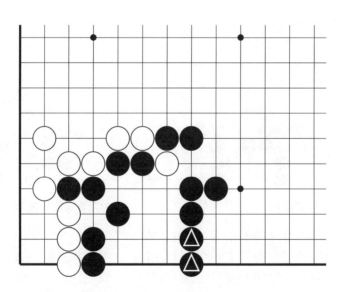

위의 문제와는 골격은 같으나 풀리는 수순은 전연 다르다. 흑▲의 벽이 있음에 유의한다.

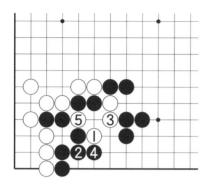

1도(정해)

백1의 붙임이 날카로운 급소. 흑으로선 2·4의 응수가 최선으로, 흑 몇 점을 떼어주고 선수를 잡는다.

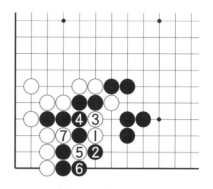

2도(몰아떨구기)

백1 때 흑2로 젖히는 것은 백3의 단수로 손해. 만일 흑이 5에 두지 않고 4로 이으면, 백5·7로 몰아떨구기에 걸린다.

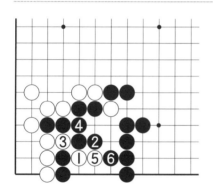

1도(정해)

여기서는 백1로 찝는 수가 묘수. 흑은 2로 물러서는 것이 최선이며, 백3·5로 크게 득을 본다. 더구나 백은 선수.

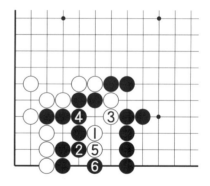

2도(통하지 않는 맥점)

앞서 정해였던 백1은 성립되지 않는다. 백3·5 때 흑6으로 넘어가기 때문. 이렇게 되선 **1도**에 비해, 백은 무려 11집이 손해이다.

기본형

백차례

절호의 타이밍

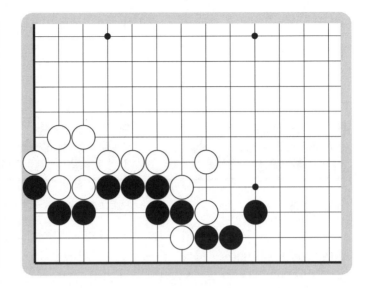

귀쪽에서 흑이 젖혀놓고 잇지 않은 장면. 여기서
백은 흑의 약점을 이용해서 귀를 유린할 수 있다.

파생형

백차례

자충을 노려서

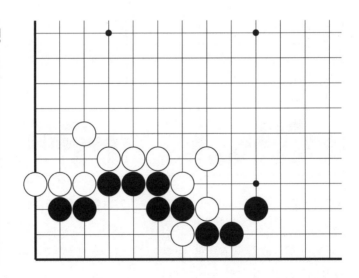

위 문제와 비슷하다. 백 한점은 활용가치가 있는
돌. 최대한 이용하여 끝내기해 보자.

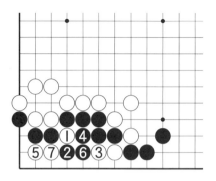

1도(정해)

백1로 끊는 수가 절호의 타이밍. 흑2 때 3으로 하나 몰아두고 5가 적시타로, 7까지 상당한 득을 보게 된다.

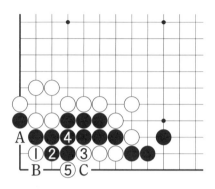

2도(흑, 위험)

백1의 맥점에 흑2로 버티는 것은 위험. 백3, 흑4 다음 백A라면 흑B 다음 C로 젖히는 수가 있으나, 그냥 5로 젖히는 수로 흑은 아웃이다.

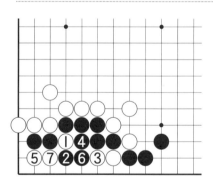

1도(정해)

역시 백1·3 다음 5의 붙임이 절호의 맥점. 흑6으로 받을 수밖에 없을 때 백7로 들어간다. 흑은 자충이어서 도리없다. 귀는 백의 차지.

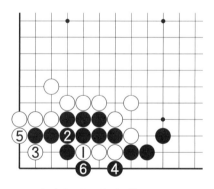

2도(단수를 아껴야)

위의 문제도 마찬가지이지만 백1로 몰아버리는 것은 끝내기로서는 손해. 다음 백3이 성립하여 선수를 잡지만, 이미 1도에 비해 손해를 본 것.

기본형

흑차례

폐석을 움직여서

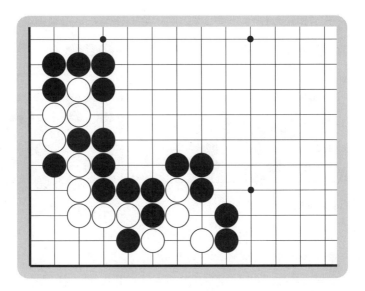

백진 속에 각각 한점씩 끊겨 있는 돌을 활용하
여 수를 내 보자.

파생형

흑차례

같은 테크닉

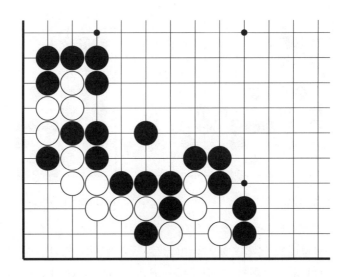

위 문제와 거의 닮은 꼴이지만, 풀리는 과정에는
미묘한 차이점을 가지고 있다.

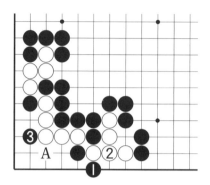

1도(정해)

흑1로 아낌없이 몬 다음 3으로 붙여가는 수가 고도의 테크닉. 흑3으로는 A쪽으로 붙여도 마찬가지이다. 이어—

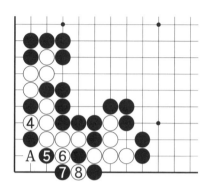

2도(정해 계속)

백4로 단수치면 흑5로 젖힌다. 백6이면 흑7로 받아 패. 백6으로 A면 흑6이 선수되어 오른쪽 백 5점이 잡힌다.

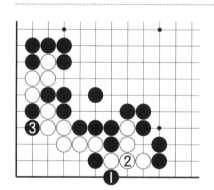

1도(정해)

역시 흑1로 단수쳐 두는 것은 절대의 수순. 백2로 잇기를 기다려 흑3으로 밀어간다. 이것이 위 문제와의 차이점.

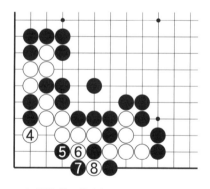

2도(정해 계속)

백4의 젖힘이 당연한데 이때 흑5로 붙여간다. 결국 백8까지 패. 끝내기 단계에서 이런 패가 나온다면 참담할 것이다.

붙이는 맥

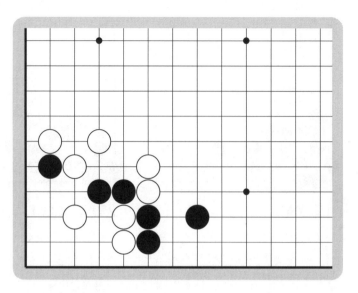

여기에서 무슨 수가 있으리라곤 상상도 못할 터.
날카로운 맥을 구사하여 보자.

파생형

공배 하나 차이

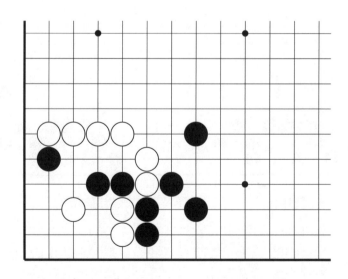

위의 문제와 닮은 꼴이나, 공배 하나 차이가 또
다른 수를 성립시킨다.

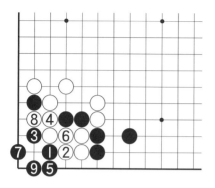

1도(정해)

흑1로 붙여가는 수가 날카로운 맥점. 백2에는 흑3·5가 좋은 수순으로, 9까지 귀에서 삶을 얻는다.

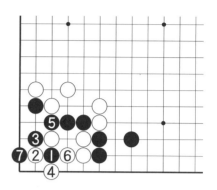

2도(꽃놀이패)

흑1 때 백2로 응수하면 흑3으로 맞끊는 맥이 있다. 백4·6이 어쩔 수 없을 때 흑7로 젖혀가면 패가 불가피한 모양. 흑으로선 꽃놀이패..

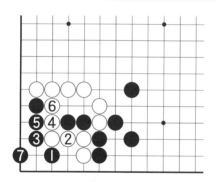

1도(정해1)

역시 흑1로 붙여가는 수가 급소. 백2면 흑3으로 젖혀 백4의 응수를 강요한다. 그런 다음 여유있게 7까지 삶.

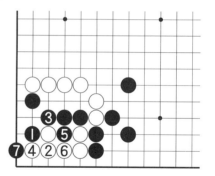

2도(정해2)

흑1로 붙여가는 것도 정해. 백3이면 흑2로 **1도**와 같은 형태이며, **본도**처럼 백2면 흑3～7로 수상전에서 백이 한 수 부족이 된다.

모양의 급소

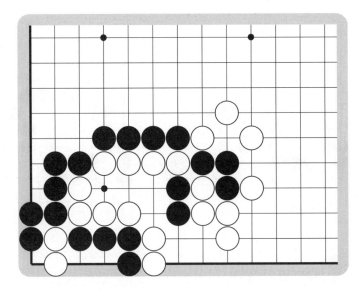

흑을 잡고 있는 백모양이 별로 좋아 보이지 않는다. 최선의 끝내기는?

파생형

흑차례

자충을 조심

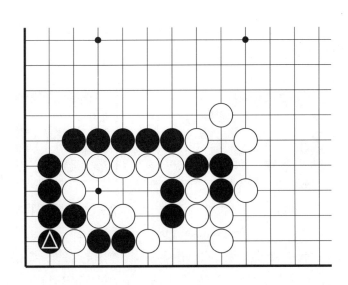

위의 문제와 닮았으나 흑△로 단수된 형태. 이런 약간의 환경 차이로 풀리는 요령은 전연 다르다.

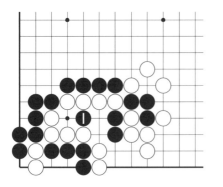

1도(정해)

흑1로 끼우는 수가 자충을 노리는 날카로운 일착. 이 수를 당해선 백은 위든 아래든 한쪽을 떼어줄 수밖에 없다.

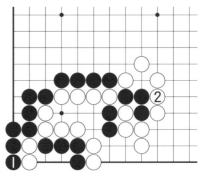

2도(안타깝다)

흑1로 덥썩 두점을 잡아버리는 것은 안타깝기 그지 없다. 한번쯤 상대의 모양을 유심히 살펴볼 필요가 있는 법.

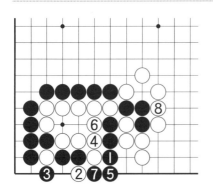

1도(정해)

이번에는 흑1로 가만히 나가는 수가 좋다. 백2·4 때 흑5가 좋은 수. 백은 흑을 선수로 넘겨줄 수밖에 없다.

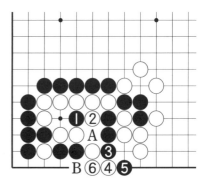

2도(잘못된 맥점)

흑1로 끼우는 것은 이 경우 백2로 불발. 흑3으로 내려서도 백4·6이면 A·B의 곳이 모두 자충이어서 망하고 만다.

제 2 부

끝내기의 맥점형

- 실전 맥을 활용한 끝내기 수법과
선후수 관계에 대하여 -

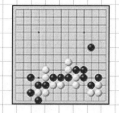

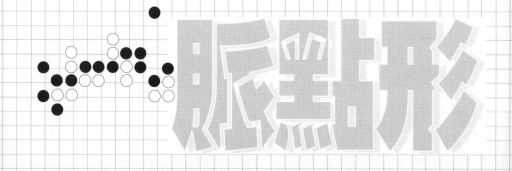

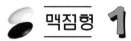

삶을 위협하는 맥

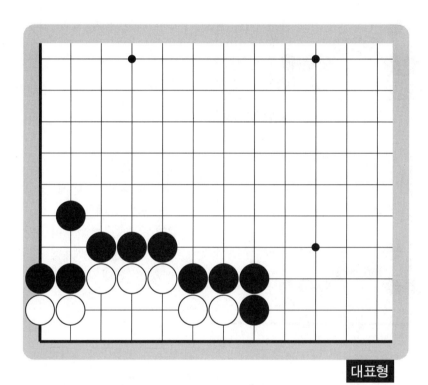

대표형

끝내기에는 생사의 문제를 빌미로 득을 보는 경우는 얼마든지 있다. 물론 사활문제와는 달리 상대가 올바르게 응수한다면 별 탈없이 지나가지만, 더러는 끝내기중에 돌발사고가 생기게 마련. 여기에선 그러한 것들을 모아보았다.

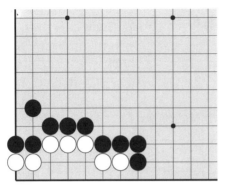

제1형(흑차례)

【제1형】

실전에서 흔히 나오는 형태. 물론 백을 잡을 수는 없다. 다만 어떻게 끝내기하는가에 따라 2집의 차이가 난다.

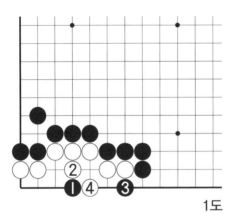

1도

1도(정해)

흑1로 석점 중앙에 치중하는 수가 끝내기의 급소. 백2의 응수는 최선이며 흑3으로 젖혀간다. 백4는 절대. 이것이 끝내기 득이다.

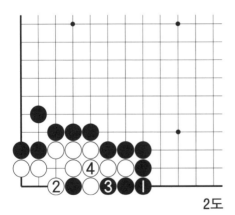

2도

2도(결론 · 백 5집)

1도에 이어 이 모양은 흑1이면 백2, 흑3, 백4로 되는 정도. 자! 귀의 백은 5집이 나는 모양임을 확인하기 바란다.

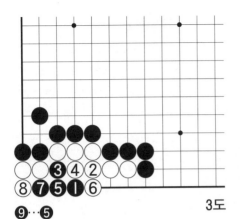

3도

3도(비명횡사)

흑1에 백2로 저항하는 것은 흑3으로 끊겨 전체 사활이 이상해진다. 백4면 흑5·7로 키워버림이 호수순. 결국 흑9의 치중을 당해 비명(悲鳴)에 간다.

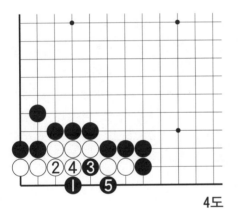

4도

4도(백, 응수잘못)

흑1 때 백2쪽을 이어도 곤란하다. 흑3으로 끊으면 백4의 단수인데 흑5로 패. 흑의 끝내기수단에 백은 쓸데없이 생사를 걸고 있는 것이다.

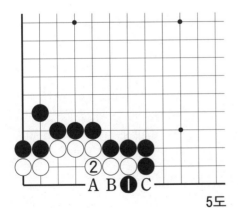

5도

5도(백 7집)

단순히 흑1로 젖히는 것은 백2로 이어 안심케 한다. 이후 백B, 흑C로 보아 귀의 백은 7집으로 산 형태이다. 따라서 정해보다 백이 2집이 많다.

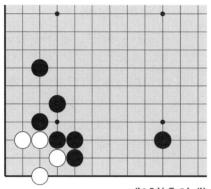

【제2형】

역시 실전에서 빈번하게 나오는 형태. 귀의 백을 위협하여 집을 최소로 만들어 보자.

제2형(흑차례)

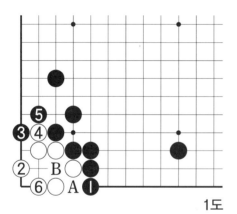

1도

1도(정해·백 2집)

흑1로 1선에 내려선 수가 냉정한 끝내기의 맥점이다. 백2는 유일한 삶의 묘수이며 흑3·5로 마무리. 흑A, 백B가 흑의 절대권리로 볼 때 백은 겨우 2집이다.

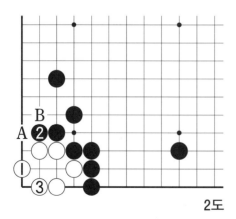

2도

2도(흑, 2집 손해)

백1 때 흑2로 바로 막는 것은 좋지 않다. 백3으로 살 수밖에 없는 것은 마찬가지이나, 백A 때 흑B로 물러설 수밖에 없어 손해이다.

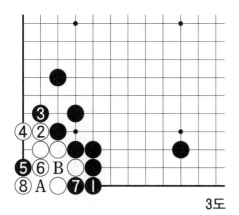

3도

3도(백, 양패로 죽음)

흑1 때 백2·4로 나가는 것이 좀더 삶에 도움을 주는 것 같지만 위험천만. 백4면 흑5의 치중에 백6·8로 버텨봐도 A·B의 곳, 양패이다.

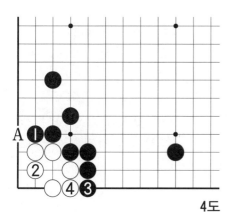

4도

4도(백, 2집 득)

단순히 흑1로 막기 쉬운데 이것은 백2로 살게 해 주어 손해. 다음 백A로 선수로 젖혀잇게 되면, 백은 정해인 1도에 비해 2집이나 늘어난 셈.

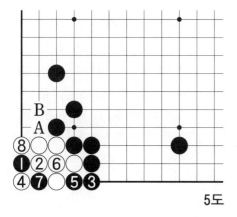

5도

5도(눌러잡기)

귀의 급소는 '2·─'이라고 해서 흑1로 치중하는 것은 의문. 백A, 흑B의 교환이 없는 이 상황에서는 백8까지 눌러잡기의 수단이 있다. 흑이 더욱 손해임은 물론이다.

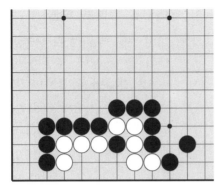

제1형(흑차례)

【제3형】

이것은 흑의 끝내기 묘(妙)
보다도 백의 응수가 중요.
무심코 손따라 두다간 "악"
소리가 날 것이다.

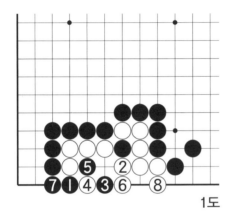

1도

1도(정해 · 백 2집)

흑1로 젖히는 수가 백의
사활과 연관된 멋진 끝내기
수법. 백은 2 이하로 살 수
밖에 없으니 집은 고작 2집
뿐(사석이 각각 1개씩이므
로).

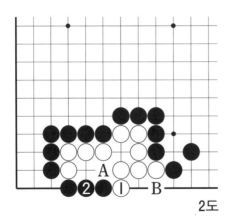

2도

2도(백, 죽음)

백이 2의 곳에 먹여치는
수를 등한시하다간 큰 일난
다. 단순히 백1로 막으면 흑
2에 잇는 수로, 다음 흑A와
B를 맞보아 잡히게 된다.

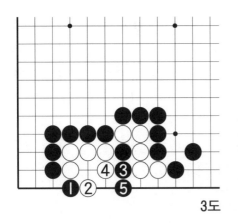

3도(백, 양자충 죽음)

흑1 때 백2로 덥썩 받다
가는 큰일난다. 흑3이 백의
과수를 응징하는 통렬한 한
수. 백4에 흑5로 빠져 백은
졸지에 횡사하고 만다.

3도

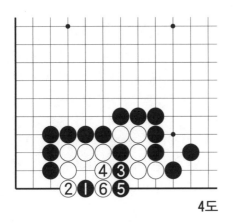

4도(흑, 보태주다)

맥점을 발휘한답시고 흑1
로 치중하는 것은 백2로 오
히려 보태주는 꼴. 계속해
서 3으로 나와봤자 백4로
몰아 아무 것도 안 된다.

4도

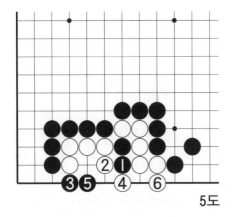

5도(백, 5집 삶)

흑1, 백2를 먼저 교환하고
나서 3으로 젖히는 것은 명
백한 수순착오. 6까지 백은
무려 5집을 내고 살았다.흑
이 정해보다 3집 뒤짐은 말
할 필요가 없을 것이다.

5도

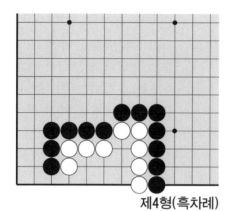

제4형(흑차례)

【제4형】

앞의 문제가 참고가 될 것이다. 유심히 풀어봤다면 이제는 식은 죽먹기일 터.

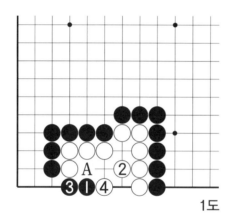

1도

1도(정해 · 백 3집)

앞에서와 같이 흑1로 백집 속에 뛰어드는 수가 날카롭다. 백2는 이것이 최선의 응수. 흑은 유유히 3으로 건넌다. 물론 흑의 선수. 다음 A는 백의 권리라고 보고 백 3집.

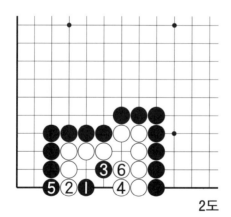

2도

2도(백, 3집 손해)

흑1 때 백2로 차단하는 것은 잘못이다. 흑3의 마늘모 붙임이 통렬한 맥점. 백4·6의 굴복은 살기 위해선 어쩔 수 없다. 결국 빅. 백4로 6은 흑4의 패를 불러 곤란하다. 이 결과, 백은 3집이 날라가버렸다.

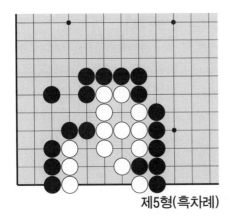

제5형(흑차례)

【제5형】

이미 눈모양 2개를 확보하고 있는 백을 잡을 수는 없을 것이다. 다만 확실한 삶을 담보로 끝내기하는 수단은 있다.

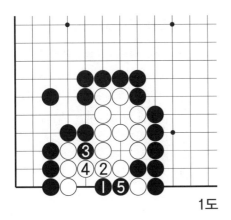

1도

1도(정해 · 가감 1집)

흑1로 치중하는 수가 날카로운 끝내기 맥. 다음 2로 파호하는 수가 있으므로 백2는 절대이다. 흑3 · 5에 한 점을 희생하고 겨우 사는 모습. 가감하면 백은 1집에 불과하다.

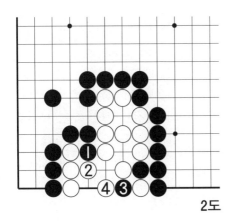

2도

2도(하수 끝내기)

단순히 흑1 · 3으로 끝내기하는 것은 속수. 1도와 비교해 보면 2집 이상(반패가 있으므로)의 차이로 백집이 많다. 흑이 선수이지만, 선수잡기 위한 끝내기는 아니므로 흑의 실격.

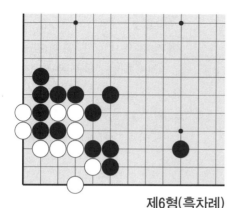

제6형(흑차례)

【제6형】

이러한 형태는 실전에서 빈번하게 보았을 것이다. 그런데도 사활문제라면 모를까, 끝내기에서는 상당수가 실패하고 있다.

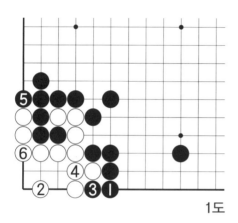

1도

1도(하수 끝내기)

가장 평범한 끝내기라면 흑1로 내려서고 백2면 흑3·5로 단수치는 것이다. 이것이라면 귀의 백은 무려 5집이 난다.

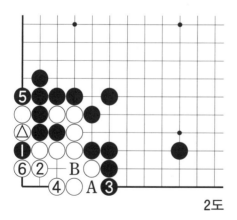

2도

2도(정해·가감 1집)

흑1의 먹여침이 상용의 맥점. 백2의 후퇴는 부득이하다. 다음 흑3이면 백6까지 되는 정도인데 흑A, 백B로 볼 때, 백은 두점이 잡혔으므로 1집에 불과. 백△의 1집 자리는 반반의 권리이므로 무시.

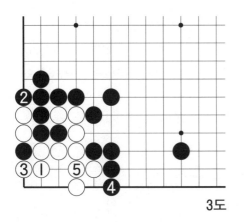

3도

3도(흑, 1집 손해)

백1 때 먼저 흑2로 따내는 것은 수순착오. 백3에 흑4로 내려서면 마찬가지 같지만, 백5의 호수가 성립한다. 정해인 **2도**보다 백이 1집 많음에 주목할 것.

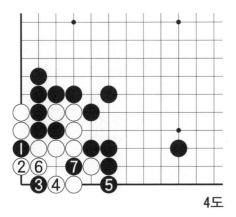

4도

4도(백, 걸려듦)

흑1 때 흔히 백2로 따내기 쉬운데 이것은 위험천만. 흑3의 치중이 비수같은 급소여서 백4에는 흑5·7로 파호되어, 백은 불귀(不歸)의 객이 되고 만다.

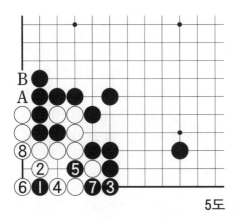

5도

5도(흑, 2집 손해)

흑1은 귀의 급소인 '2·一'이지만 이 경우는 실패. 백2가 호수여서 이하 8까지, 귀는 가감 2집이 나게 되지만 백A, 흑B가 권리여서 백 3집의 가치. 흑은 정해보다 2집이 손해이다.

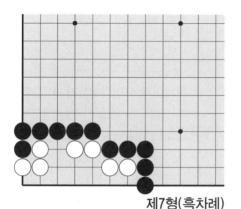

제7형(흑차례)

【제7형】

귀의 백을 잡을 수가 있으면 좋겠지만 백은 삶의 형태. 다만 최선으로 백집을 줄이는 연구를 해 보자.

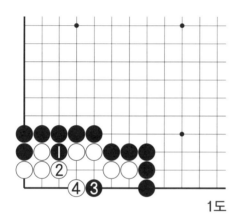

1도

1도(정해)

흑1로 하나 찔러두고 나서 흑3으로 치중하는 수가 절묘한 맥점. 백은 살기 위해서는 4로 받을 수밖에 없다. 계속해서—

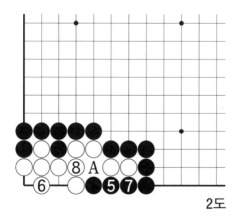

2도

2도(결론 · 가감 제로)

흑5로 나가면 백은 6으로 살아야 한다. 흑7에 백8도 절대. 이후 흑A로 백 두점을 잡는 권리가 반반(흑 2집)이므로 귀의 백집은 제로나 다름없다.

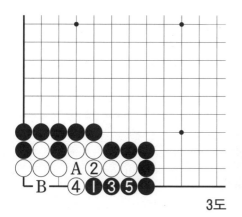

3도

3도(백, 죽음)

흑1 때 자칫 백2로 잇기 쉬운데 이것은 위험천만의 수. 흑3이면 백4로 막을 수밖에 없는데, 흑5로 연결하는 동시에 A·B의 곳이 맞보기가 되어 횡사하고 만다.

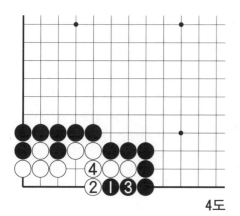

4도

4도(백, 상당한 득)

단순히 흑1로 붙이기 쉬운데, 이것은 백2로 살게 해주어 손해. 다음 흑3, 백4로 볼 때 무려 5집이 난다. 이것은 정해에 비해 백이 5집이 늘어난 셈.

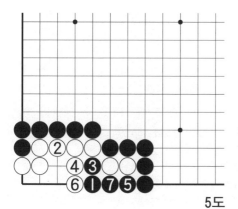

5도

5도(흑, 후수)

정해에서 흑1의 찔러두는 수를 아껴 그냥 1로 치중하는 수가 고수다운 행마같으나 실착. 백2가 상대의 실착을 응징하는 수로, 흑7까지 득실은 같으나 선후수의 차이가 있다.

맥점형1 삶을 위협하는 맥 *129*

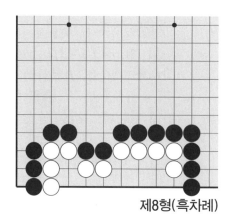

제8형(흑차례)

【제8형】

이것도 백의 생사를 묻는 것이 아니다. 백집을 어떻게 하면 최소로 줄일 수가 있을까? 출제는「관자보」이다.

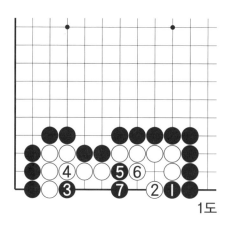

1도

1도(혼자만의 수읽기)

흑1로 들어가 백2 때 흑3으로 단수. 다음 백4로 이으면 그때 흑5로 끊어 양자충으로 몽땅 잡는다. 글쎄! 과연 백이 그렇게 쉽게 둬줄까?

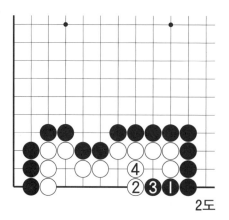

2도

2도(백의 응수)

흑1에는 백2로 한칸 뛰는 수가 급소. 흑3으로 두는 정도인데, 백4로 6집이나 내고 산다. 다음의 정해와 비교해 보면 3집이나 손해를 본 것.

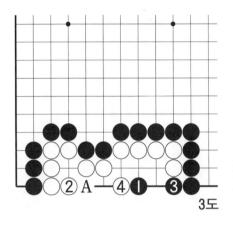

3도

3도(정해 · 백 3집)

'적의 급소는 나의 급소'인 것처럼 흑1의 치중이 매섭다. 백2는 최선의 응수로 흑3, 백4로 될 곳. 자칫 백2로 4의 곳을 먼저 두면 흑A의 치중수로 큰 손해를 본다. 결론은 백 3집뿐.

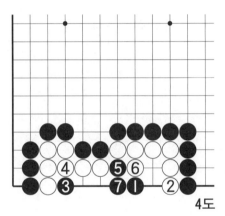

4도

4도(백, 욕심)

흑1의 치중에 대해 백2로 차단하는 것은 욕심이 지나친 수. 흑3, 백4를 교환하고 흑5에 끊으면 백은 대책이 없다. 7까지 백 전멸. 물론 백4로 7이면 왼쪽 넉점을 희생하며 후수로 살아야 한다.

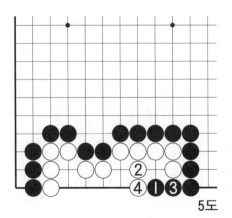

5도

5도(실패)

흑1로 뛰어드는 것도 맥점의 일종이지만 이 경우는 미흡하다. 백2가 침착한 응수. 4까지 되면 백집은 무려 6집, 2도로 환원된다. 백은 역시 정해보다 3집이나 많다.

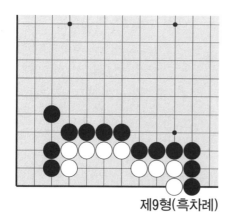

제9형(흑차례)

【제9형】

 평범함 속에 비범함이 있다. 백이 젖혀잇기 전에 먼저 백의 삶을 위협하여 끝내기를 해 보자.

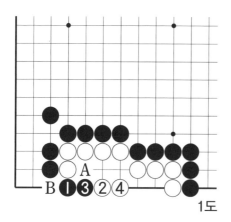

1도

1도(정해 · 백 4집)

 흑1로 가만히 젖혀가는 수가 평범을 가장하면서 칼날을 드리대는 맥점. 백2는 최선의 응수이며 흑3, 백4도 최선이다. 다음 백A, 흑B가 백의 권리이므로, 백은 4집이 난 셈.

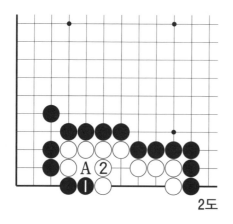

2도

2도(백, 1집 손해)

 흑1 때 대개의 경우 백2로 받는 것이 보통. 그러나 이것은 후일 A의 곳에 공배가 메워졌을 때 가일수를 해야 하므로, 백은 결국 3집인 셈이다. 그렇다면 백은 정해보다 1집 손해.

3도(백, 걸려듦)

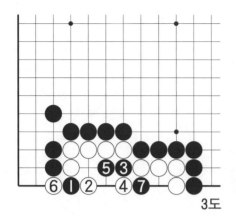

3도

흑1 때 덥석 백2로 막는 것은 위험천만. 흑3의 끊음이 통렬하여 백은 응수가 없다. 백4면 흑5 다음 7로 잡히며, 백4로 5면 흑4로 양자충이 된다.

4도(실패)

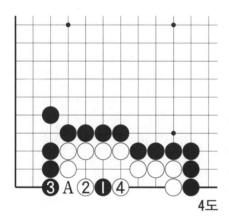

4도

언뜻 흑1의 치중이 급소처럼 보인다. 그렇지만 백2의 마늘모가 좋은 응수여서 아무 것도 안 된다. 흑3이면 백4 정도인데, 다음 A가 선수여도 백 6집이므로, 정해인 **1도**에 비해 흑은 2집이나 손해.

5도(흑의 바램이지만)

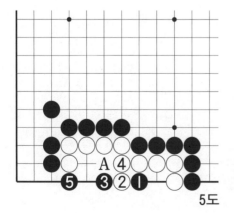

5도

흑1로 붙여가는 수도 생각된다. 만일 백2로 받아준다면 흑3의 단수 다음 5로 넘어가 백은 자충이어서 죽음이나, 이것은 혼자만의 생각. 백은 2로 A에 두게 되면, 흑은 아무 것도 안 된다.

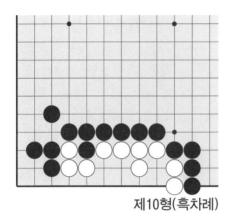

제10형(흑차례)

【제10형】

 평범하게 두어서는 아무 묘미가 없다. 좀더 백에게 타격을 주기 위해선 백집에 뛰어들 수밖에 없는데….

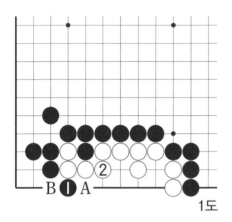

1도

1도(단순하다)

 단순히 흑1로 젖혀 백2로 잇게 하는 것은 초보자나 두는 수법이다. 다음 백A, 흑B가 백의 권리이므로 결국 백집은 6집이 나는 셈.

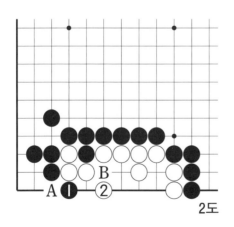

2도

2도(백, 1집 손해)

 흑1 때 백2로 호구치는 사람을 많이 보게 되는데 이것은 잘못. 후일 흑A면 백B로 물러설 수밖에 없어 **전도**에 비해 1집 손해이다.

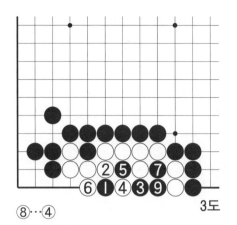

8…④

3도

3도(정해)

흑1로 치중하는 수가 날카로운 급소. 백2는 어쩔 수 없으며, 흑3의 맥점으로 이하 9까지 두점을 잡는 수단이 생긴다.

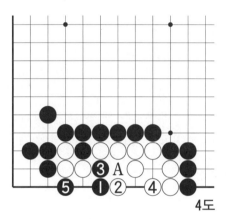

4도

4도(백, 석점 잡힘)

흑1 때 백2로 응수하는 것은 흑3으로 끊겨 곤란하다. 백4로 살 수밖에 없어 석점이 잡혀서는 큰 손실. 백4로 A는 흑4로 전멸이다.

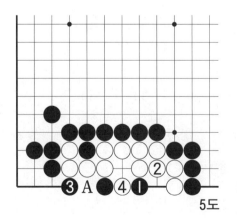

5도

5도(백2, 무리)

흑1 때 백2로 잇고 버티는 것은 무리. 흑3으로 젖히면 사활이 문제된다. 백4로 패를 들어가는 것은 어쩔 수 없는 노릇. 백4로 A면 흑4로 전멸이다.

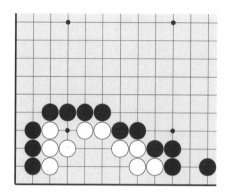

제11형(흑차례)

【제11형】

백집 안에서 수단을 구해 백집을 최대한 줄여본다. 그 러려면 일단 치중하는 수뿐 인데, 핵심은 흑의 두 번째 수에 있다.

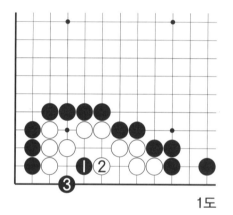

1도

1도(정해)

급소가 두 군데이므로 수 읽기의 밑받침이 필요하다. 이 경우는 흑1쪽의 치중이 옳은 맥. 백2면 흑3의 마늘 모가 멋들어진 행마이다.

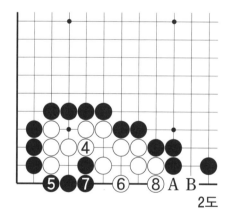

2도

2도(정해 계속)

마늘모에 백은 바로 막지 못하고 4로 이어야 하는 것 이 괴롭다. 백6·8의 삶은 절대. 흑7로 8에 두고 싶지 만, 백7의 먹여침으로 몰아 떨구기에 걸린다. 백8 다음 백A, 흑B는 백의 권리임을 기억해 둘 것.

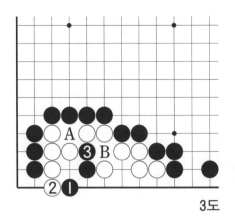

3도(맞보기)

흑1 때 백2로 건넘을 차단하는 것은 무리. 흑3으로 찔러들어가면 A, B의 끊는 수가 맞보기가 된다.

3도

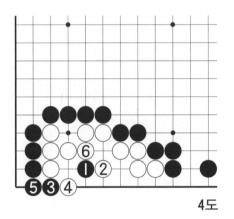

4도(흑3, 무기력)

흑1의 치중은 잘 두어 놓고 백2 때 단순히 흑3으로 젖혀버리는 것은 아쉽다. 백집은 무려 9집이나 난 셈. 정해보다 6집이 틀려진다. 물론 흑의 6집 손해.

4도

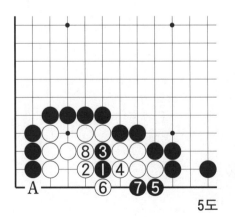

5도(백, 7집 삶)

흑1로 한 발 오른쪽에 치중하는 것은 백2로 막아 실패. 흑3에 끊고 나서 5·7을 선수하는 정도인데, 백은 7집이나 된다. 정해와 비교해 A의 끝내기 맛도 남는다.

5도

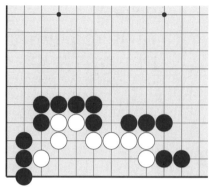

제12형(흑차례)

【제12형】

백의 궁도가 넓어 잡을 수가 없는 모양. 핵심은 최대한 추궁해 조그맣게 살도록 하면 되는 것이다.

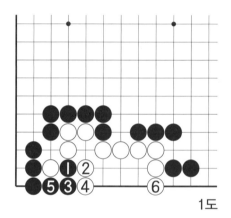

1도

1도(정해1)

흑1로 껴붙이는 수가 맥으로 백은 2·4로 몬 다음 6으로 내려 사는 것이 최선이다. 흑의 선수 끝내기.

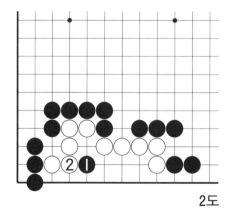

2도

2도(4집 손해)

흑1의 치중이 제일감으로 보이나 막상 백2로 잇고 나면 더 이상 후속수단이 없다. **1도**에 비해, 흑의 4집 손해.

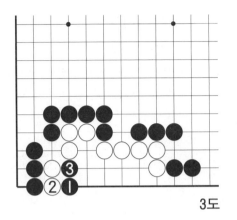

3도

3도(백, 죽음)

흑1의 치중도 제일감으로 보이는 곳. 여기에 대해 덥썩 백2로 차단하는 것은 흑3으로 단수당해 전체가 잡혀버리고 만다.

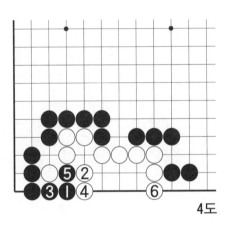

4도

4도(정해2)

흑1에는 백2로 응수하는 것이 최선. 이것은 흑3 이하 6까지 **1도**의 정해로 환원된다.

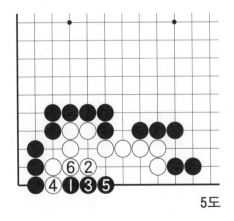

5도

5도(흑, 욕심)

백2 때 흑3으로 나가는 것은 백4로 차단당해 무리. 흑5로 나가보지만, 백6이면 아무 것도 안 된다.

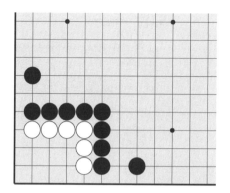

제13형(흑차례)

【제13형】

백의 삶을 위협하여 집을 최소로 만든다. 그러려면 단순한 방법으로는 곤란할 터. 방법을 연구해 보자.

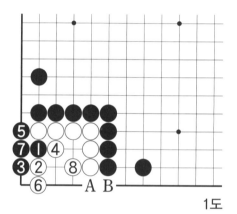

1도

1도(정해·백 4집)

흑1로 붙이는 수가 날카로운 끝내기 맥점. 여기에 대해 백2는 최선의 응수이며, 이때 흑3이 또한 묘착이어서 8까지 되는 정도이다. 백A, 흑B로 보고 백 4집.

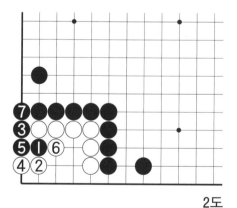

2도

2도(저항 부족)

백2 때 단순하게 흑3으로 넘는 것은 저항 부족이다. 백4가 기막힌 급소여서 흑7까지. 백은 선수일 뿐만 아니라 집도 많다.

3도(백2, 위험한 응수)

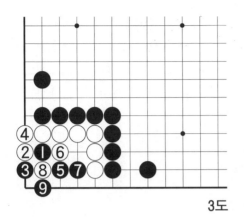

3도

흑1 때 백2로 젖혀 버티는 것은 위험. 백6의 단수에 흑7이 좋은 수여서, 9까지 패가 나서는 견딜 수 없을 것이다.

4도(최소 빅)

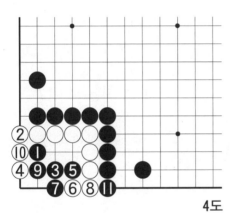

4도

흑1 때 백2로 응수하는 것도 잘못. 흑3이면 백4로 치중하는 정도인데, 이하 11까지 최소한 빅의 형태. 늘어지긴 해도 패는 백의 부담이다.

5도(백, 10집 삶)

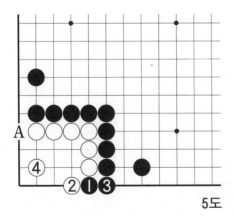

5도

단순하게 흑1·3으로 젖혀 잇는 것은 수읽기가 다소 부족. 백4로 지키는 수가 급소(흑A의 선수젖힘을 방지)여서, 백은 무려 10집이나 난 형태이다.

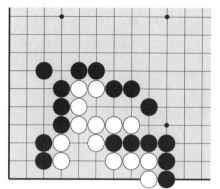

제14형(흑차례) •

【제14형】

 이러한 형태는 사활문제에서 자주 보게 되는데, 여기서는 중앙에서 후수 1집이 있어 살게 된다. 최선의 끝내기는?

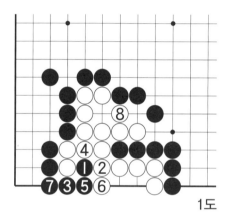

1도

1도(정해 · 백 3집)

 흑1로 붙이는 수가 백의 사활과 관련된 끝내기의 맥점. 백2로 이을 때 흑3~7로 건너 백에게 두 눈의 삶을 강요한다. 흑의 선수 끝내기.

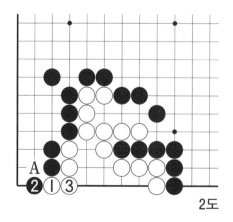

2도

2도(역끝내기)

 어물어물 하다가는 백에게 1·3으로 젖혀이음을 당한다. 다음 흑A로 후수로 잇는다면, **전도**와 비교하여 흑은 가만히 앉아서 6집이나 도둑맞은 셈이다.

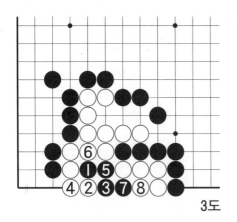

3도

3도(백, 무리)

흑1 때 백2로 젖혀 저항하는 것이 일감이지만 악수이다. 백6의 단수에 흑7로 들어가는 수가 준엄. 백8로 따내지만―

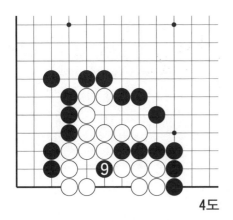

4도

4도(후절수)

그 따낸 모양에서 흑9로 끊어잡는 후절수가 있는 것이다.

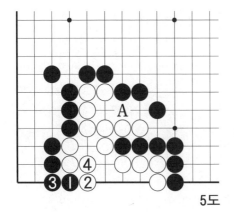

5도

5도(단순한 끝내기)

흑1·3으로 젖혀잇기가 십상인 곳. 이러면 백은 5집 반을 얻고 산 결과(A의 곳은 쌍방 절반의 권리이므로 백이 반집을 확보한 것)이다. 정해와는 2집 반의 차. 물론 흑의 손해.

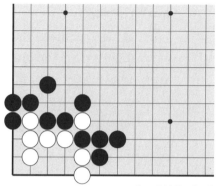

【제15형】

이런 모양에서 급소는 한 눈에 발견할 수 있을 것이다. 그러나 그 전에 해 두어야 할 수순이 있는데….

제15형(흑차례)

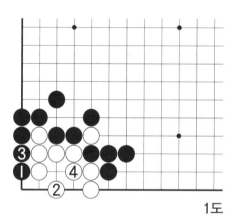

1도

1도(정해 · 백 2집)

흑1로 1선에 붙이는 수가 기발한 끝내기 맥점. 실전이라면 그냥 지나치기 쉬운 형태일 것이다. 백2의 후퇴는 어쩔 수 없으며 흑3, 백4로 삶.

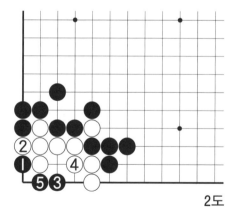

2도

2도(패)

흑1 때 백2로 차단하면 어떻게 될까? 그러면 흑3에 치중하는 수가 통렬하다. 백4의 이음에 흑5면 패의 형태. 늘어진 패지만, 이것은 백의 부담이 크다.

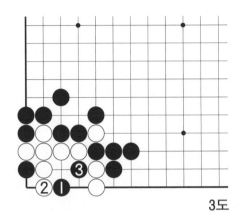

3도

3도(백, 횡사)

 그렇다고 흑1 때 패를 피해 백2로 두는 것은 위험천만의 수. 흑3으로 끊는 순간 백은 양자충으로 횡사하고 만다.

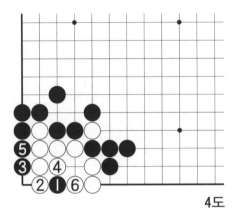

4도

4도(성급하다)

 흑1로 바로 치중하는 것은 수순착오. 백2로 막게 되면 흑3으로 둔다 해도 백4로 몰기 때문이다. 흑5에 백6이면 애꿎게 흑 한점만 보태준 꼴이다.

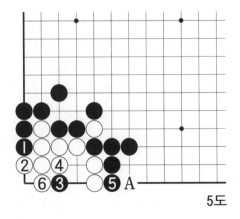

5도

5도(단순한 끝내기)

 흑1로 단순하게 밀고들어가는 것은 하수의 끝내기. 흑3에 치중해도 백4·6으로 살게 된다. 정해에 비해 백이 2집 이득(정해와 비교, A의 곳이 흑집임을 감안).

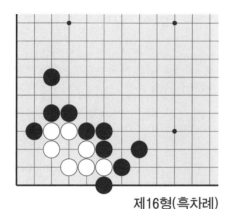

제16형(흑차례)

【제16형】

실전이라면 단순히 밀고 들어가기 쉬운데 이것은 예외. 매서운 공격수단으로 백을 위협하여 득을 취해 보자.

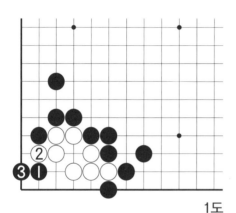

1도

1도(정해)

흑1로 한칸 뜀이 끝내기의 급소. 백2로 찔러가는 수는 당연한데, 이때 흑3으로 뻗는 수가 냉정한 일착이다.

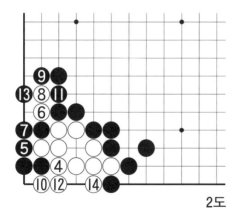

2도

2도(정해 계속)

백4로 일단 후퇴할 수밖에 없음이 아픔인데 흑5로 넘게 된다. 백은 6·8을 사석으로 하여 이하 14까지 겨우 2집을 내며 살아갈 수밖에 없다.

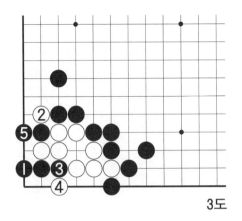

3도

3도(백, 저항은 위험)

흑1 때 백2로 단수치는 것은 흑3으로 넘는 수를 보아 선수. 백4로 차단하면 흑5로 빠져 간단하게 백을 잡는다.

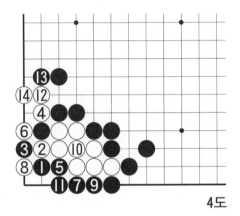

4도

4도(흑, 손해)

백2 때 흑3으로 넘기 쉬운데 이것은 악수. 백4의 단수에 흑5 이하로 넘어갈 수 있지만, 이하 백14까지 살게 되어선 정해에 비해 손해가 막심하다.

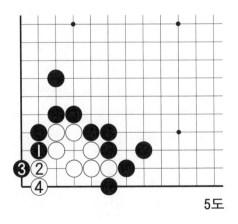

5도

5도(묘미가 없다)

흑의 바깥쪽이 모두 집이 될 수 있다면 흑1·3으로 밀고 들어가는 방법도 있을 것이다. 다만 흑이 엷어 묘미가 없는 것이 흠.

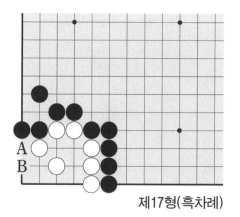

제17형(흑차례)

【제17형】

언뜻 귀의 백은 완벽하게 보인다. 흑A, 백B라면 백은 8집이 확정적. 선후수에 관계없이 좀더 끝내기를 하는 방법이 없을까?

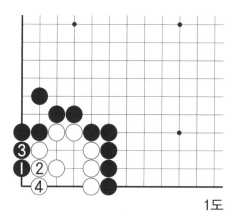

1도

1도(정해 · 백 5집)

흑1로 뛰어드는 수가 날카로운 맥점. 백은 2로 후퇴해야 한다. 그러면 흑3이 선수. 백4는 생략할 수 없다. 이렇게 되면 귀의 백은 5집.

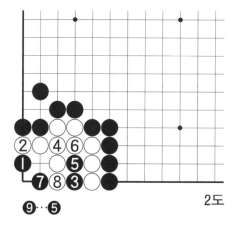

⑨…❺

2도

2도(백, 2집 손해)

흑1 때 백2로 차단하면 흑3의 붙임이 절묘하다. 백4가 최선일 때 흑5 다음 흑7·9로 빅. 흑의 사석 3개로 백은 3집. 정해보다 백이 2집 손해. 흑의 후수이긴 해도, 끝내기만의 문제임을 감안한다.

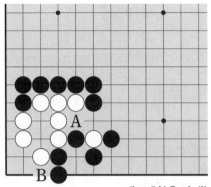

【제18형】

흑A면 백B의 보강은 절대이다. 이 선수로 흐뭇해 한다면 심히 걱정스럽다. 좀 더 이득을 보는 수는 없을까?

제18형(흑차례)

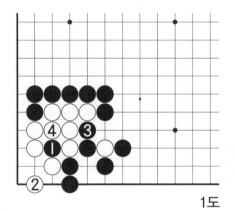

1도

1도(정해)

흑1로 희생타를 던져 백의 응수를 살피는 것이 절묘한 맥점. 백2는 최선의 응수로, 그러면 흑3을 선수하여 귀의 백집은 6집 그대로인데, 흑의 바깥 라인을 깨끗히 정리할 수 있다.

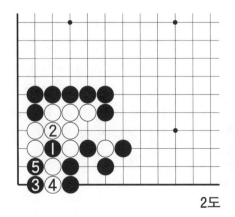

2도

2도(백, 죽음)

흑1에 대해 백2로 한점을 따내는 것은 위험. 흑3의 통렬한 치중을 당해 졸지에 횡사하고 만다.

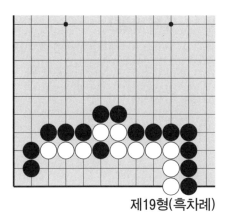

제19형(흑차례)

【제19형】

 최선의 끝내기는? 흑 한 점이 움직이는 것은 아무래도 안될 터. 활용하는 수단을 강구해야 할 것이다.

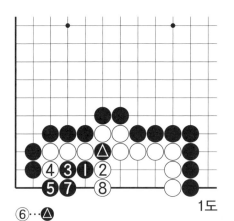

⑥…❹

1도

1도(정해)

 흑1로 젖히는 수가 성립한다. 백2면 흑3으로 생환. 백으로서는 4로 하나 찔러두고 8까지 사는 것이 최선이다.

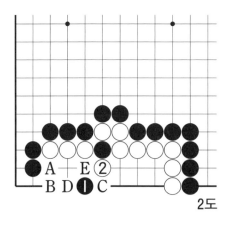

2도

2도(반집 손해)

 흑1을 떠올리기 쉽지만 지금은 백2로 따내면 약간 손해이다. 이후 백A부터 D까지 예상할 때 E의 곳을 반반의 권리로 보고 반집 정도 흑이 손해인 것이다.

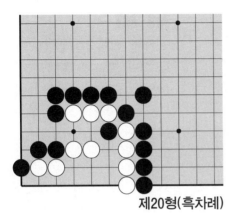

제20형(흑차례)

【제20형】

뭔가 백의 형태가 이상하다고 느낀다면 반쯤은 푼 셈. 기막힌 수가 있어서 큰 득을 볼 수 있다.

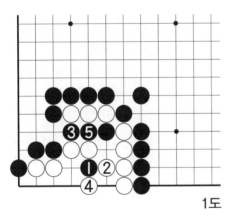

1도

1도(정해)

흑1로 붙이는 수가 실로 절묘한 맥점이다. 백2의 응수는 절대일 때 흑3으로 단수친다. 백은 석점을 희생하고 사는 수뿐.

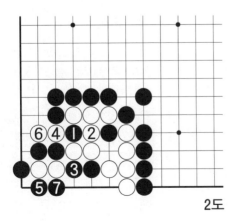

2도

2도(백, 횡사)

흑1 때 백2로 막는 것은 흑3의 끊음이 선수로 들어 무리. 백4·6으로 뚫어보지만 기분일 뿐이다.

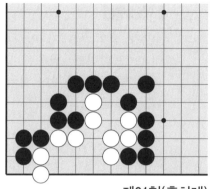

【제21형】

백진에 대한 끝내기를 본다. 흑의 공략에 대해 백이 어떻게 응수하느냐에 따라 상당한 소득을 올릴 수도 있는데….

제21형(흑차례)

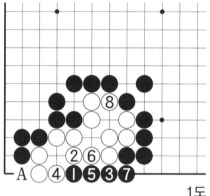

1도

1도(정해)

흑1로 치중하는 수가 매섭다. 백2는 부득이한 응수이며, 그러면 흑은 3으로 유유히 건넌다. A가 흑의 절대권리로 보아 백은 고작 2집의 삶.

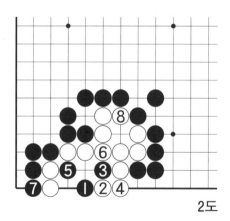

2도

2도(백, 무리)

흑1 때 백2로 차단하는 것은 무리. 흑3으로 몰고 5에 끊는 수가 성립한다. 백은 자충으로 6에 둘 수밖에 없으며, 흑7로 두점을 잡아 망외의 소득을 올렸다.

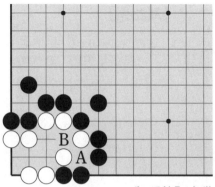

제22형(흑차례)

【제22형】

귀의 백모양이 확실하게 보여 흑A, 백B로 단순하게 처리하는 것은 무려 5집이 난다. 그러나 맥점을 발휘한다면….

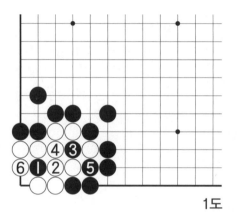

1도

1도(정해)

흑1로 끼우는 수가 맥. 여기에 대해 백2가 최선의 응수인데, 흑3·5로 삶을 강요하는 수가 끝내기의 요령이다. 백집은 3집 반 정도로 줄어든다.

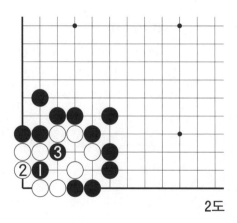

2도

2도(백, 곤란)

흑1 때 백2로 응수하는 것은 잘못. 흑3으로 양단수가 되어 백으로선 두점을 희생해야 할 처지이다.

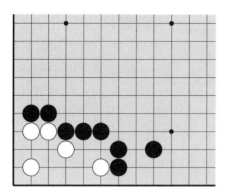

제23형(흑차례)

【제23형】

한눈에 봐도 귀의 백모양
은 어설퍼보인다. 최선으로
추궁하는 끝내기 수단은?

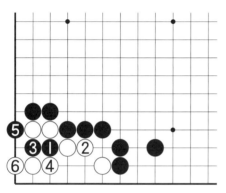

1도

1도(정해)

흑1로 끊는 수가 날카로운
끝내기 맥점. 여기에 대해
백2가 최선의 응수로서 백
두점을 희생하고 산다.

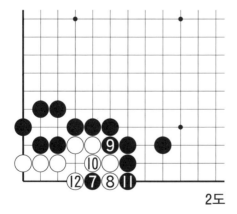

2도

2도(마무리)

정해에 이어 백11의 젖힘
을 방지, 흑이 이곳을 마무
리 하고 싶다면 흑7로 치중
하는 수가 급소. 이하 12까
지 선수로 처리할 수 있다.

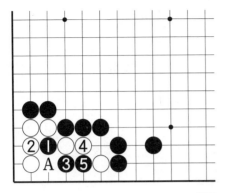

3도(백, 무리)

흑1 때 백2로 잡는 것은 욕심. 흑3으로 젖혀가는 수가 있어 전체 사활이 문제가 된다. 또한 백2로 A도 흑3에 끊겨 마찬가지.

3도

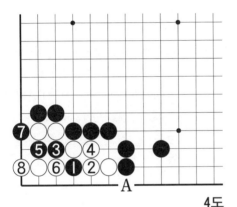

4도(흑, 2집 손해)

흑1의 붙임은 제일감. 그러나 이것은 백2의 응수가 좋아 다소 손해이다. 백8까지면 A의 권한만큼 유리. 따라서 **2도**에 비해, 흑이 2집 손해. 백이 선수를 잡고 싶으면 백8을 손뺄 수도 있다.

4도

5도(단순한 끝내기)

흑1·3으로 백 한점을 잡는 것은 최악의 끝내기. 이렇게 후수까지 잡아서는 끝내기를 했다고 볼 수가 없다.

5도

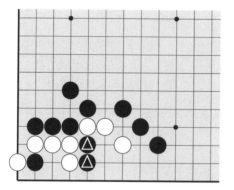

제24형(흑차례)

【제24형】

 귀의 불확실한 삶을 추궁하여 흑⚫ 두점을 살리는 수를 연구한다. 「관자보」에서 출제.

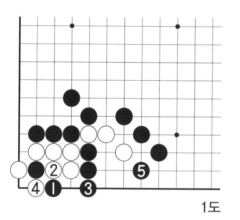

1도

1도(정해)

 흑1로 마늘모하는 수가 재미있는 수단. 백2로 몰 수밖에 없을 때 흑3이 기민한 수여서 5로 넘어간다. 백 석 점까지 잡은 것은 엄청난 득.

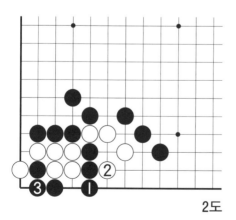

2도

2도(백, 전멸)

 흑1 때 백2로 넘는 수를 방지하는 것은 무리한 발상. 흑3으로 잇는 수가 성립하여선 백은 전멸하고 만다.

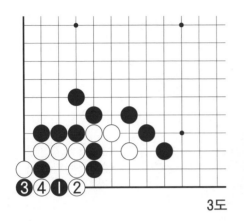

3도

3도(백, 무리)

흑1 때 백2로 차단하는 것은 흑3으로 패. 이것은 전체 사활이 걸려 있는 만큼 백의 무리라고 봐야 할 것이다.

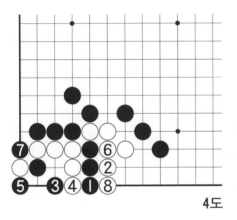

4도

4도(수순착오)

흑1을 먼저 선수하는 것은 좋지 않다. 백2 때 흑3으로 두면 마찬가지로 보이지만, 이번에는 백이 패를 포기해도 살게 되어, 흑으로선 큰 손해가 아닐 수 없다.

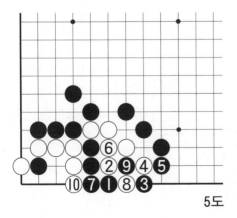

5도

5도(몰아떨구기)

흑1의 마늘모도 생각되는 장면. 그러나 백2로 두어오면 흑3으로 뛰는 정도인데, 백4 이하 10까지 몰아떨구기가 성립하게 된다.

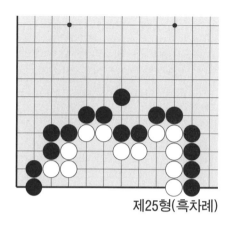

제25형(흑차례)

【제25형】

백이 주위 공배가 모두 메워져 있어 맛이 나쁘다. 어떻게 두면 백을 난처하게 만들 수 있을까?

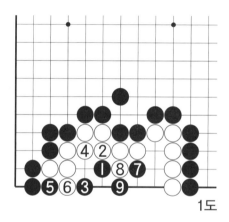

1도

1도(정해)

흑1로 치중하는 수가 통렬하다. 백2 때 흑3의 마늘모가 묘수. 이하 9까지 쌍방 최강의 응수로 빅이 된다.

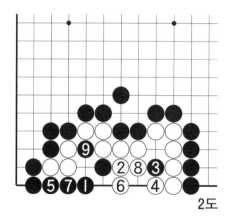

2도

2도(흑, 2집 이득)

흑1 때 백2로 막는 수가 있을 듯하나 여기에는 흑3이 급소 치중으로, 이하 9까지 백 석점을 잡는 만큼 **전도**보다 2집 이득이다.

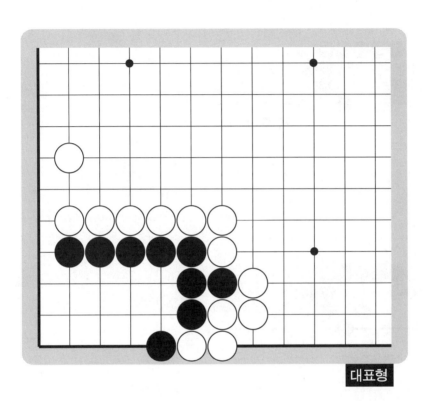

대표형

 한 수로 두 가지 효과를 보는 맥으로서, 상대의 약점을 한 수로 두 곳을 노리는 수라던가, 아니면 거꾸로 자신의 약점이 두 곳인 경우 한 수로 지키는 형태를 말한다. 바둑은 착점의 효율을 다투는 게임인 만큼 한 수로 두 가지 구실을 겸한다면 더 바랄 것이 없을 것이다.

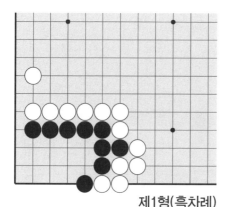

제1형(흑차례)

【제1형】

백이 젖혀이은 장면이다. 여기에서 흑이 두 가지 효과를 보기 위해선 어떻게 돼야 할까? 예부터 전해오는 끝내기의 기본형이다.

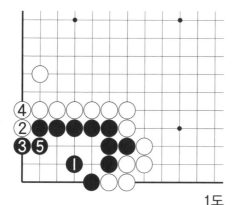

1도

1도(하수라면)

이중효과를 모른다면 **본도**와 같이 흑1로 단순하게 이어 백2·4를 선수당할 것이다. 그리고 조금도 이상할 것이 없다고 생각할 지도 모른다.

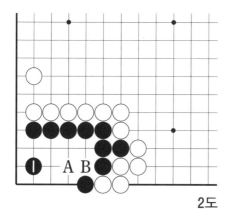

2도

2도(정해)

흑1로 지키는 수가 이중효과의 맥. 즉, 일거양득(一擧兩得)이라고 할 수가 있다. 이것으로 A나 B의 응수보다 무조건 2집 이득이다.

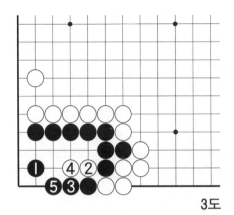

3도

3도(수가 없다)

 흑1 때 백2로 끊어봤자 흑 3으로 나가면 그만인 것이 다. 백4, 흑5면 흑1의 한점 과 연결되기 때문.

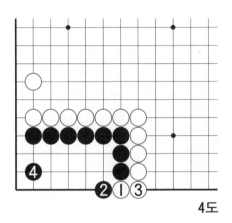

4도

4도(참고)

 기본도에 비해 흑의 공간 이 1줄 늘어났다. 이 경우 라면 어떨까? 백의 젖혀이 음에 흑이 과연 4로 받아도 괜찮을지….

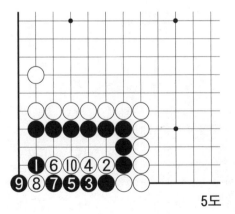

5도

5도(흑1, 무리)

 결론은 흑의 무리이다. 백 2로 끊는 수가 성립하기 때 문. 흑5 때 백6의 장문이 묘수여서 10까지 몰아떨구 기가 된다. 조심!

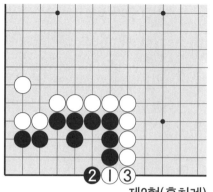

【제2형】

　역시 백1·3으로 젖혀이은 장면이다. 여기에서도 흑이 두 가지 효과를 보기 위해선 어떻게 둬야 할까? 앞 문제를 생각한다면 어렵지 않을 것이다.

제2형(흑차례)

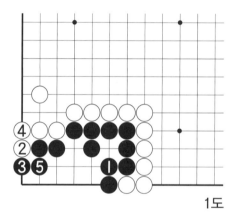

1도

1도(하수라면)

　앞에서도 설명했듯이 일거양득의 수를 모른다면 흑1로 잇기가 십상이다. 백2·4를 선수 당해 괴롭지만, 모른다면 할 수 없는 일.

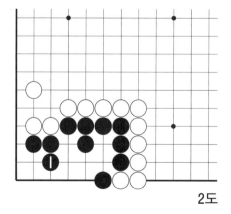

2도

2도(정해)

　흑1로 지키는 수가 이중효과의 맥. 이러한 맥점을 이해하더라도 흑1과 같은 수를 두려면 상당한 용기와 다소의 수읽기를 요한다. 이것으로 흑은 **전도**보다 2집 이득을 본다.

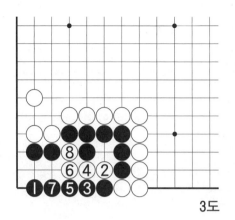

3도

3도(흑, 망함)

제1형의 정해와 같이 흑1로 지키는 것은 이 경우 위험천만의 수. 백2 이하로 몰고 나가 8에 끊는 수로 윗쪽의 흑이 잡혀버린다.

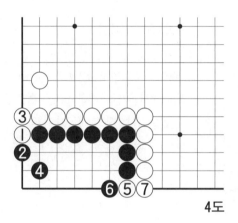

4도

4도(참고)

제1형-4도의 연속된 변화형이다. 백1·3으로 먼저 젖혀잇는 것은 어떨까? 흑4 다음 백5·7의 젖혀이음도 선수로 들을 것인가?

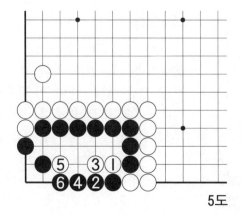

5도

5도(백의 손해)

결론은 백이 후수를 잡게 되어 손해. 흑은 손을 빼도 된다는 것이다. 백1·3 다음 5로 씌워도, 이번에는 6으로 넘어가서 그만.

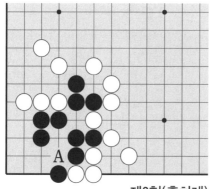

【제3형】

이것 역시 앞의 두 문제와 같은 유형이다. A의 단점을 어떻게 지킬 것인지…. 사활이 걸려 있으므로 조심해야 할 것이다.

제3형(흑차례)

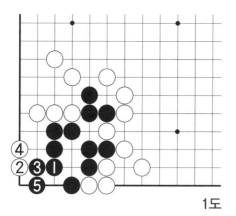

1도(하수라면)

정직하게 흑1로 잇는 것은 백2의 눈목자 달림. 즉 비마 끝내기를 당한다. 흑3·5로 살 수밖에 없어, 흑은 겨우 3집이 난 모습.

1도

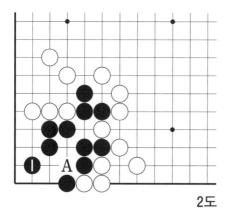

2도(정해)

흑1로 마늘모한 수가 A의 끊음을 방지하면서 귀의 지킴을 겸한 맥점. 실로 '일석이조'의 수라 할 만하다.

2도

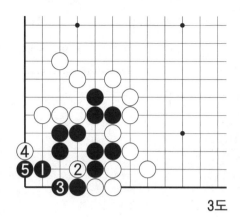

3도(결론·흑 6집 확정)

흑1 때 백2·4로 두어봐도 흑5로 막은 데까지 귀는 6집이 확정적. 돌의 효율을 최대한 높인 성과로 봐도 좋을 것이다.

3도

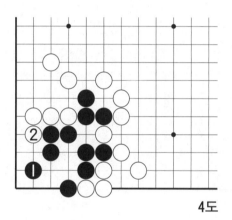

4도(흑, 선수)

흑1에 대해 백2로 꼬부리면 흑은 손빼도 된다. 흑1의 수가 탄력있어 특별한 공격수단이 없는 것이다.

4도

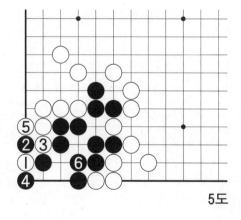

5도(삶의 형태)

전도에 이어 백이 공격한다면 1로 붙이는 정도. 흑2에 백3·5로 공격해 보지만 흑6으로 살아 그만이다.

5도

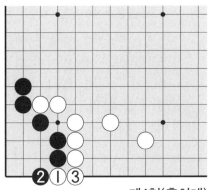

【제4형】

백1·3으로 젖혀왔을 때 흑이 사활에 관계가 없다면 어떤 응수가 최선일까?

제4형(흑차례)

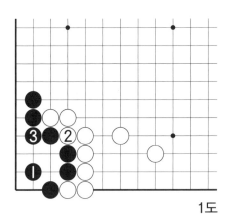

1도(하수라면)

흑이 사활에 불안을 느낀다면 1로 받고 나중에 백2의 선수 1집 끝내기를 감수할 도리밖에 없다.

1도

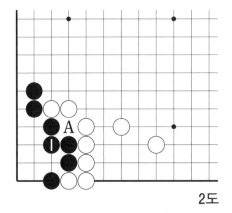

2도(정해)

흑1로 지키는 수가 좋다. 백A의 선수활용을 무효로 했으므로, 일거양득의 맥이라 할 수 있다.

2도

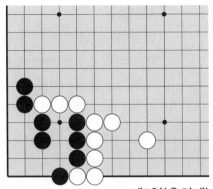

제5형(흑차례)

【제5형】

역시 1선에서 백이 젖혀 이은 장면이다. 이 경우 흑으로서 최선의 응수는?

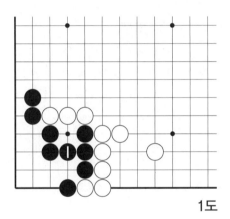

1도

1도(정해)

흑1로 응수하는 것이 올바르다. 주변에 영향을 끼치지 않는 한 1집이라도 득을 보는 것이 끝내기의 요령.

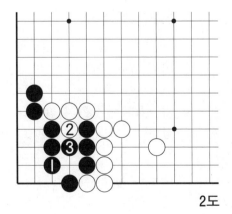

2도

2도(한 집 손해)

모양상 흑1로 지키는 것은 백2를 선수 당해 정해에 비해 1집 손해이다. 하수들은 무심코 두는 경우가 많으므로 잘 익혀둘 것!

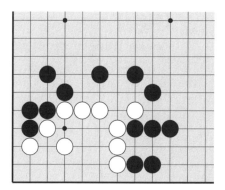

【제6형】

귀의 백과 관련된 끝내기. 흑은 선수로 양쪽을 모두 젖혀잇고 싶다. 어떻게 둬야 할까?

제6형(흑차례)

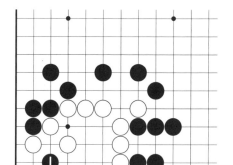

1도(정해)

흑1로 들여다보는 수가 이 문제의 요점. 이것이 젖혀잇기 위한 사전공작이다. 계속해서—

1도

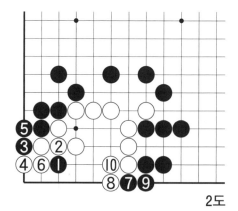

2도(정해 계속)

백2의 이음이 당연할 때, 이제 흑은 어느 쪽부터 젖혀이어도 좋다. 모두 선수가 된다는 것을 확인할 수 있다.

2도

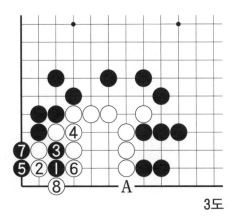

3도

3도(백, 1집 손해)

흑1 때 백2로 반발하는 것은 흑3 다음 5의 맥점이 작렬한다. 백6의 후퇴는 어쩔 수 없으며 흑7, 백8. 이것은 흑A의 젖힘이 선수가 되지 않아도, 정해에 비해 흑은 1집 득이다.

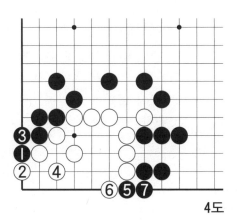

4도

4도(흑, 후수)

단순히 흑1·3으로 젖혀 잇는 것은 백4가 호수. 흑5·7의 젖혀이음이 후수이므로 실패이다. 따라서 백4의 시점에서, 정해보다 백은 2집을 벌어들인 셈.

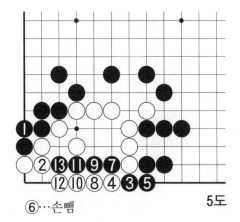

⑥…손뺌

5도

5도(이음의 차이)

흑1 때 백2로 잇는 것은 악수. 이번에는 흑3·5의 젖혀이음이 선수가 된다. 백6을 손빼어 방치하면 흑7 이하의 수단이 성립한다.

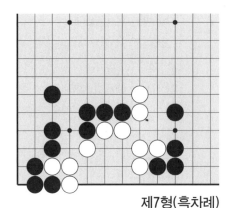

제7형(흑차례)

【제7형】

이런 상황에서는 흑이 끝내기를 어떻게 해야 할까?

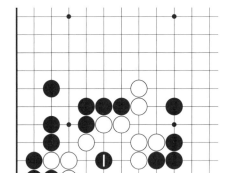

1도

1도(정해)

흑1의 치중이 날카로운 맥점이다. 안에서 수를 내자는 것이 아니라 효과적으로 이용하려는 뜻. 계속해서—

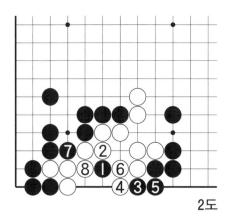

2도

2도(결론 · 백 5집)

백2의 이음이 부득이할 때 흑3 · 5로 젖혀잇고 또 7마저 선수할 수 있다. 백은 5집이 난 셈.

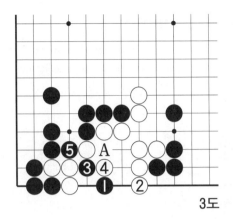

3도

3도(멋진 수?)

흑1로 1선에 치중하는 수도 그럴 듯해 보인다. 백2로 차단하면 흑3·5로 환격. 그렇다고 백4로 5면 흑A로 끊겨 역시 수가 난다. 그러나—

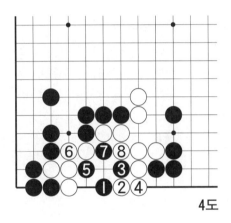

4도

4도(실패)

흑1 때는 백2로 마늘모붙이면 수가 되지 않는다. 흑3에 단수하고 5로 두어봐도 백8에 이르러 아무 수도 없음이 명백해진다.

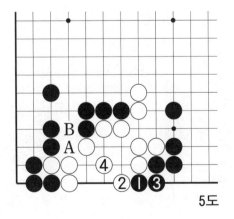

5도

5도(흑, 2집 손해)

흑1·3으로 단순히 젖혀잇는 것은 같은 선수라도 정해에 비해 손해. 백집이 1집 더 생긴데다가 백A, 흑B로 봐야 하니 결국 정해보다 흑은 2집을 손해본 셈이다.

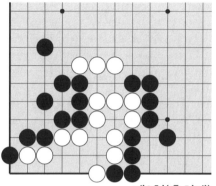

제8형(흑차례)

【제8형】

수가 날 듯하면서도 잘 안 되어 보인다. 여기서도 맥점 하나면 흑은 큰 성과를 거두게 되는데….

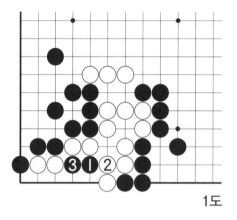

1도

1도(통렬한 급소)

흑1의 붙임이 날카로운 끝내기 급소. 백2로 이으면 흑3으로 끊는 수가 성립한다. 백 두점이 단수여서 흑을 잡을 틈이 없다.

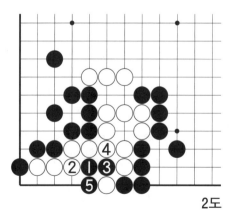

2도

2도(정해)

흑1에는 백2로 이을 수밖에 없다. 그러면 흑3으로 끊어 백 한점을 잡게 되므로, 아래쪽은 백집이 하나도 없는 셈.

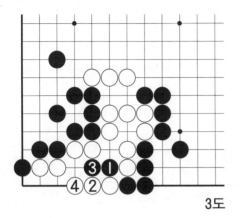

3도(흑1, 악수)

흑1로 끊어가서는 아무런 수가 되지 않는다. 백2에 흑 3으로 하나 더 몰아봐도 백 4면 더 이상 추궁할 수가 없다.

3도

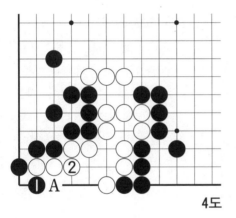

4도(하수 끝내기)

단순히 흑1로 젖혀가는 것은 끝내기를 했다고 볼 수가 없다. 백2로 이으면 다음 A의 곳은 백의 권리이므로, **2도**보다도 5집 이상 백집이 많다.

4도

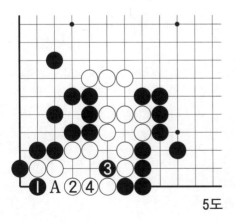

5도(참고)

흑1 때 자칫 모양에 휩쓸려 백2로 두기 쉽다. 이것은 백A로 막을 수도 없으며, 또한 공배가 메워지면 가일수가 필요하므로, **전도**에 비해 백은 1집 이상 손해이다.

5도

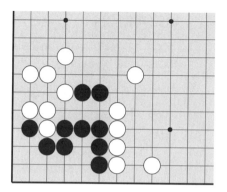

제9형(흑차례)

【제9형】

흑 한점이 단수에 몰릴 위기이다. 어떻게 살리는 것이 최선일까?

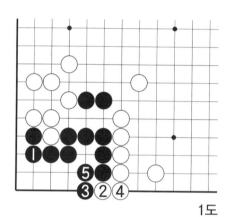

1도

1도(보통이면)

흑1로 꽉 잇는 수는 자체로 두터운 모양외에는 달리 장점을 찾기 힘들다. 백2·4의 젖혀이음이 선수로 들어 흑은 10집이 난 셈.

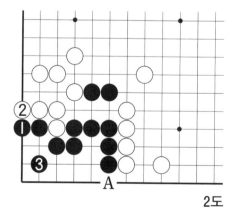

2도

2도(정해 · 12집)

흑1로 내려서는 수가 이 모양에서는 좋은 수단. 백2에는 흑3의 호구침이 호수여서 다음 백A로 젖히는 수가 선수가 되지 않는다. 흑 12집으로, **전도**보다 2집이 많아졌다.

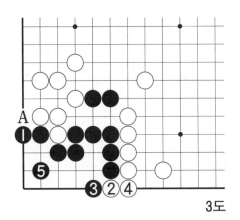

3도(변화)

흑1 때 백2·4로 젖혀오면 흑5의 호구침이 일거양득의 이음. 흑은 자체로 11집이지만, A로 나가는 게 선수로 듣는다. 따라서 정해와 다를 바 없다.

3도

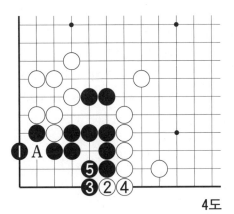

4도(호구이음은 곤란)

흑1로 호구치는 사람이 더러 있는데, 이것은 흑A로 잇는 것보다 못하다. 백2·4를 선수로 당하는 것은 마찬가지.

4도

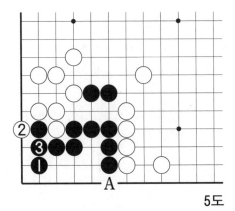

5도(단수 한방)

흑의 사활을 걱정해 흑1로 호구치는 사람도 있는데 이것은 악수. 비록 백A의 선수젖힘을 없앴지만 백2의 단수 한방이 아프다. 1도와 마찬가지로 10집에 불과.

5도

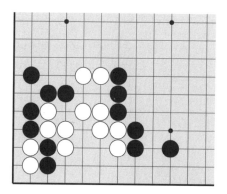

제10형(흑차례)

【제10형】

실전에서 곧잘 생기는 모양. 잡혀 있는 흑 두점을 활용하는 끝내기 수단이 있다. 시원스런 제1감의 급소는?

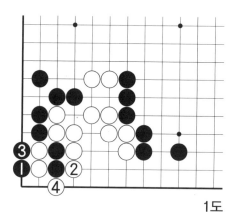

1도

1도(묘수?)

흑1의 붙임. 바로 '2의 一'의 곳이긴 한데, 백4까지의 결과는 뭔가 어리숙해 보인다.

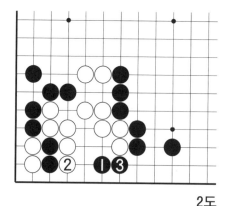

2도

2도(정해)

흑1의 치중이 좌우의 끝내기를 노린 필승의 맥점. 백2로 잡는 것은 최선의 응수이며, 흑3으로 넘어 상당한 끝내기를 했다.

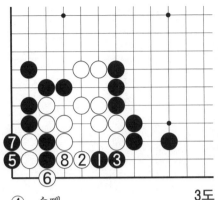

④···손뺌   3도

3도(백, 손해)

흑1 때 백2가 좀더 집을
버는 수 같지만, 흑3에 넘
은 다음, 백이 손뺀다고 보
면, 흑5·7까지 선수한다.
이 결과, **전도**에 비해 백의
손해임은 분명하다.

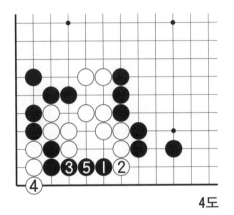

4도

4도(백, 무리)

흑1 때 백2로 차단하고 싶
지만 흑3이 성립되어 실패.
백4가 수상전의 급소이긴
하나, 흑5로 이어 백이 한
수 부족이다.

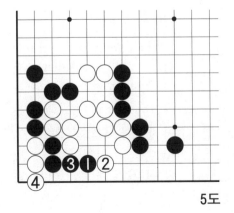

5도

5도(치중 미스)

같은 치중이라도, 흑1로 치
중하는 수는 잘못. 백2의 응
수가 좋다. 흑3에 이어도 백
4면 이번에는 흑이 한 수
부족이 된다. 확인해 보도
록!

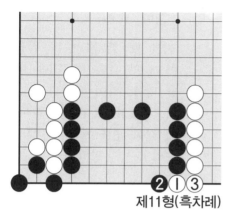

제11형(흑차례)

【제11형】

백1·3으로 젖혀이은 장면이다. 여기에서 흑이 두 가지 효과를 보기 위해선 어떻게 돼야 할까?

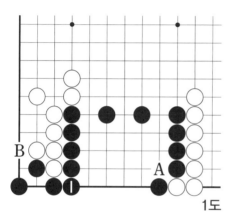

1도

1도(정해)

흑1로 잇는 것이 호착. 이 한 수로 백A로 끊는 수와 백B의 선수를 방지하고 있다. 그러나 만일 흑1을 두지 않는다면—

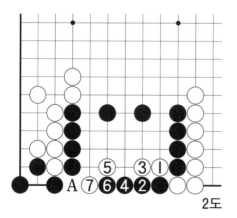

2도

2도(장문 성립)

백1로 끊는 수가 성립한다. 흑2 이하로 나가봐도 백5로 장문을 씌우게 되면 꼼짝없이 잡힌다. 또, 애초 흑이 1이나 3으로 지킨다면, A의 곳도 이어야 하는 만큼, **전도**보다 1집 이상 손해이다.

빅을 만드는 맥

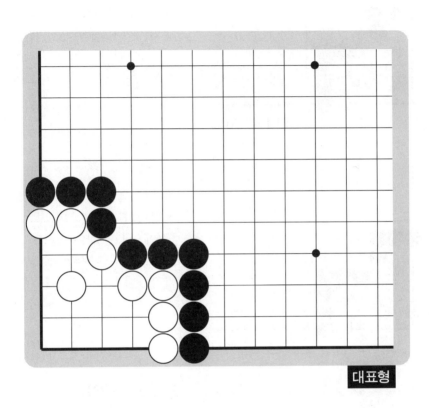

대표형

착실하게 집이라고 여겼던 곳이 어느 한 순간 1집도 나지 않는다면 그야말로 어떤 심정일까? 더구나 미세한 종반에서 이런 상황이 벌어진다면 그야말로 결정타가 될 것이다. 여기에서는 빅의 여러 형태를 묶어보았다.

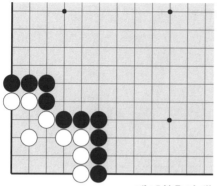

제1형(흑차례)

【제1형】

백집 전체를 빅으로 만드는 수단이 있다. 첫수는 쉽게 떠오르지만, 빅으로 완결되기까지는 험난한 관문이 기다린다. 백의 입장에서도 선수 빅을 유도하도록 한다.

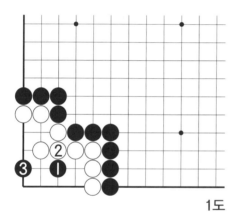

1도

1도(정해)

흑1로 들여다보는 수가 출발점이다. 백2에 흑3으로 제1선에 뛰는 것이 절묘. 바로 '2의 一'이란 급소점에 해당한다.

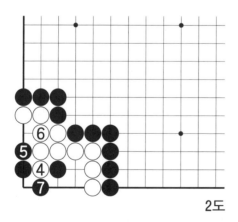

2도

2도(정해 계속)

1도에 이어 백4로 나올 때 흑5가 준비된 맥점. 백6으로 이을 수밖에 없는데 흑7로 건너서 빅. 이로써 귀의 백집은 제로가 되었다.

3도(백, 후수 빅)

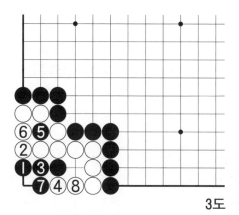

3도

바둑이 이 귀만 남아 있는 상태라면, 흑1 때 백2로 막는 것이, 백8까지 백의 1집 이득. 그런데, 백의 후수 빅이라는게 문제. 보통은 1집을 얻느라고 후수를 잡은 꼴이니 좋을 리가 없다.

4도(유가무가)

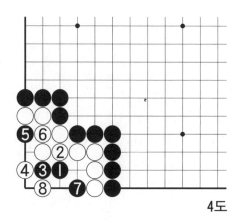

4도

흑1, 백2 때 단순히 흑3으로 밀어가면 백4의 젖힘으로 안 된다. 흑5·7로 공격해 보지만 보다시피 백8까지 유가무가(有家無家)의 형태.

5도(백, 전멸)

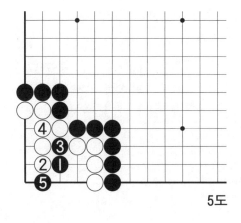

5도

흑1 때 백2로 막을 수는 없다. 흑3으로 끊고 5로 젖히게 되면 백은 자충으로 꼼짝못하는 상황이다.

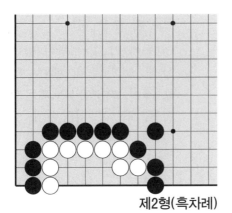

제2형(흑차례)

【제2형】

백은 6궁의 형태로 살아
있는 모양. 그렇지만 백집
에 뛰어들어서 빅을 만드는
수는 있다.

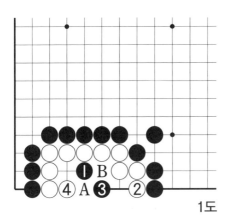

1도

1도(정해·후수 빅)

흑1로 치중하는 수가 급
소. 백은 2로 궁도를 넓히
는 것이 최선이며 흑3, 백
4로 빅이 된다. 이후 흑A면
백B, 흑B면 백A.

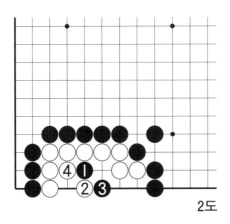

2도

2도(패)

흑1 때 백2로 붙이기 쉬
운데 이것은 악수. 흑3으로
단수치면 백은 4로 패를 피
할 수가 없기 때문이다.

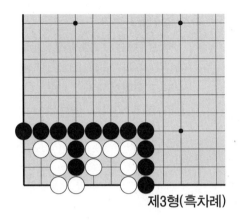

제3형(흑차례)

【제3형】

귀의 백집이 확실하게 나 있는 듯하지만 뜻밖에도 빅 이 나는 수가 있다. 핵심만 알면 간단한 문제.

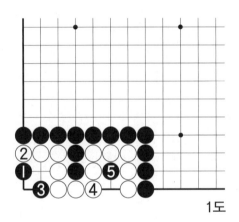

1도

1도(정해)

흑1로 치중하는 수가 끝내 기 맥. 백2로 차단할 수밖 에 없을 때 흑3으로 빅이 난다. 백4면 흑5. 백은 5의 한점을 따내는 1집밖에 없 는 셈.

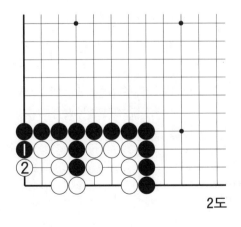

2도

2도(하수 끝내기)

"설마 여기에 무슨 수가 있 겠냐"며 단순히 흑1로 끝내 기하는 것은 속수. **1도**와 비 교해 보면, 무려 5집을 백 에게 헌납하고 있다.

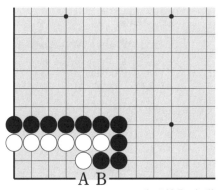

【제4형】

백A, 흑B가 메워져 있을 경우 빅이 난다는 것은 **제1부-기본형4**에서 나왔었다. 지금처럼 없는 상황에서는 결과가 어떻게 될까?

제4형(흑차례)

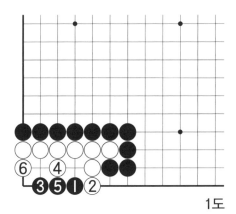

1도

1도(정해·선수 빅)

흑1로 치중하는 수가 상식을 초월하는 맥점. 백2의 차단이 당연하지만 거기서 흑3으로 뛰는 수가 호수. 결국 6까지 백은 후수 빅을 내는 것이 최선이다.

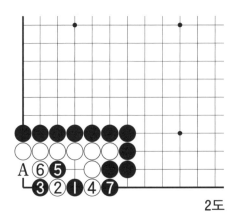

2도

2도(백2, 위험한 수)

흑1에 대해 백2로 받는 것은 문제를 수반한다. 흑3이나 5가 준엄한 수. 백4·6에 흑7로 막으면 흑A의 패를 피할 수가 없는 것이다.

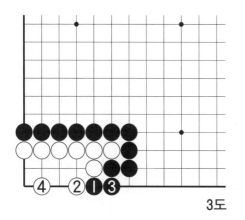

3도

3도(하수 끝내기)

단순히 흑1·3으로 젖혀잇고 선수 끝내기를 했다고 좋아하는 것은 하수. 백은 무려 6집을 내고 살게 된다.

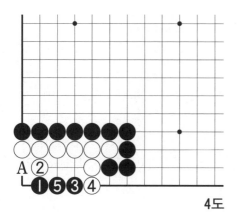

4도

4도(백, 응수잘못)

흑1의 치중도 생각된다. 이때 백2의 응수는 잘못으로 흑3·5로 만년패의 모습이다. 사활상 백은 A에 둘 수 없으나, 흑은 언제든 A에 두어 패를 걸 수 있다.

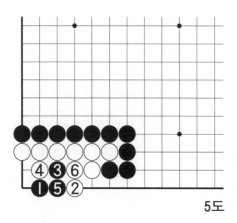

5도

5도(실패)

흑1에는 백2로 마늘모하는 수가 좋다. 흑3·5에는 백6으로 몰아 그만. 무조건 귀의 급소는 '2의 一'의 곳이겠거니 해서는 실패할 수밖에 없다.

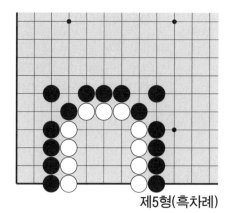

제5형(흑차례)

【제5형】

바둑이 종결되어 백집이 이 대로 12집으로 계산된다면 정말 아쉬운 일이다. 어떤 수가 있을까?

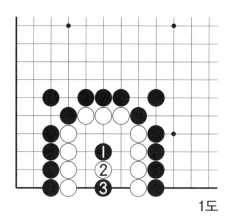

1도

1도(정해)

우선 흑1로 치중하는 수가 모양의 급소점. 백2의 저항 은 이 한 수인데, 이때 흑 3으로 붙이는 수가 실로 절 묘한 묘착이다. 연이은 좌 우동형(左右同形)의 중앙인 것.

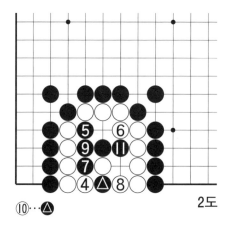

⑩…△

2도

2도(정해 계속)

백4나 8쪽으로 몰 수밖에 없으며, 흑5로 끊은 다음 7 로 먹여친 수가 교묘. 이하 11까지의 후속수단으로 빅 이 된다.

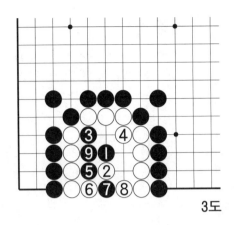

3도

3도(쌍방 실수)

흑1, 백2 때 먼저 흑3으로 끊는 것은 실착. 물론 흑5 때 백6으로 응수해 주면 흑7·9로 죄어서 정해의 결과가 나오지만—

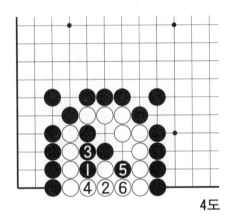

4도

4도(백, 올바른 응수)

흑1 때 백2로 가만히 내려서는 수가 좋은 수비. 흑3 다음 5로 몰아봐도 흑은 자충으로 꼼짝없이 잡힌다. 2의 곳이 형태상의 급소였다.

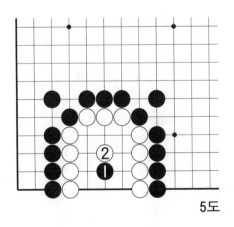

5도

5도(실패)

흑1도 좌우동형의 중앙에 해당하는 곳. 그러나 이것은 백2로 받는 순간 후속수단이 전혀 나오지 않는다.

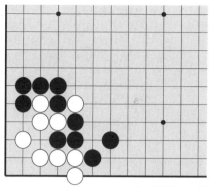

제6형(흑차례)

【제6형】

 귀의 백은 죽지 않을 모양. 그러나 엷은 곳을 찔러 이득을 꾀하는 수단은 있다. 백이 자칫 잘못 저항하다가는 전체 사활이 문제가 된다.

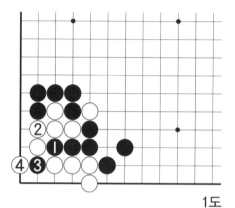

1도

1도(하수 끝내기)

 흑1로 찔러 백2와 교환되고 나면 흑의 후속수단은 없다. 흑3이면 백4로 몰아 그만. 수가 있을 곳도 눈에 보이는 대로 둔다면 실패할 경우가 많다. 그런 의미에서 흑1은 성급한 속수.

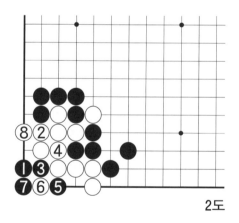

2도

2도(정해)

 여기에서는 흑1로 치중하는 수가 급소. 백2는 이 상황에서의 최선의 응수이며, 흑3·5 때 백6이 멋진 수여서 8까지 빅이 난다.

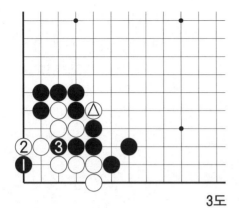

3도

3도(요석이 잡힘)

흑1 때 백2로 차단하면 흑 3의 단수에 백 석점이 떨어 진다. 이 백 석점을 잡는 것 이 비록 후수이지만, 흑을 양분하고 있는 백△가 폐석 이 되므로 정해보다 좋을 리가 없다.

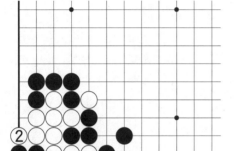

4도

4도(백, 걸려듦)

흑1 때 흔히 백2로 몰기 쉬운데 이것은 위험천만. 흑 3에 잇는 수가 급소. 백4로 자충을 노려 오궁도(五宮 圖)를 방비해 보지만, 흑5 로 단수쳐 백6으로 따게 한 다음ㅡ

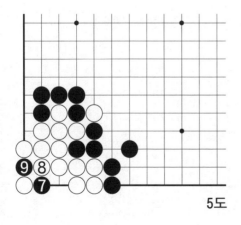

5도

5도(생사 패)

흑7로 단수치는 수가 있 다. 백8에 흑9로 전체 사활 이 걸린 패. 백은 바깥 공 배가 메워져 있어, 몰아떨 구기를 유도하지 못한다.

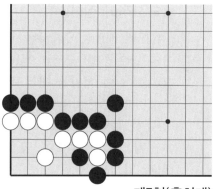

【제7형】

귀의 백을 잡을 수가 있으면 좋겠지만, 흑도 단수로 몰릴 형태이므로 여의치가 않다. 백으로서도 빅을 유도하는 것이 최선이다.

제7형(흑차례)

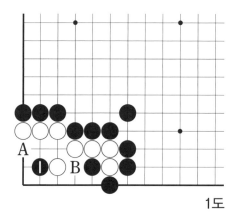

1도(정해)

흑1로 붙이는 수가 날카로운 맥점. 이 수는 다음에 A로 환격을 노리거나, B로 단수로 몰아가는 수를 노리고 있다. 계속해서—

1도

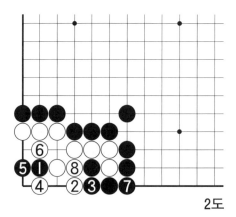

2도(정해 계속)

백2가 침착한 수로 흑의 저항을 없애는 묘착이다. 흑3이면 이하 8까지 흑의 선수 빅이 된다.

2도

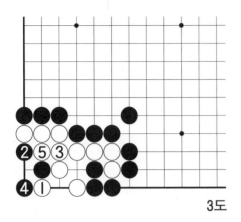

3도

3도(백, 삶)

백1 때 흑2를 선수한 다음 4에 집어넣는 것은 어떨까? 이것은 얼핏 패같지만, 백5로 몰아가는 수에 양패가 되어 아무 것도 안 된다.

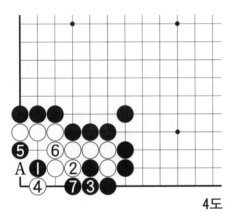

4도

4도(백, 곤란)

흑1 때 백2의 단수는 곤란. 흑3으로 잇고 백4에 흑5로 마늘모하는 수가 치명타가 된다. 백6이면 흑7. 이렇게 되면 오히려 백이 A로 먼저 패로 들어와야 할 처지.

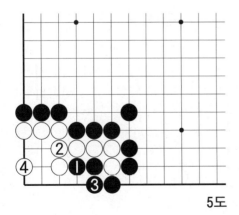

5도

5도(하수 끝내기)

단순히 흑1로 몰아버리는 것은 후속수단을 고려치 않은 악수. 흑3으로 잇지 않을 수가 없을 때 백4로 지켜 그만이다. 이 결과, 백 4집 반 가량의 삶.

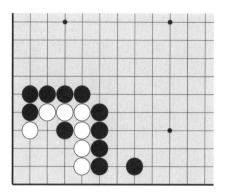

제8형(흑차례)

【제8형】

궁도가 넓어서 약간 막연한 문제이나 맥을 찾아서 두어가면 차츰 풀리게 될 것이다. 출제는 「관자보」.

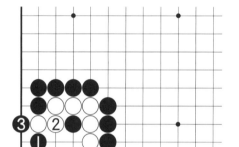

1도

1도(저항 부족)

흑1로 붙이는 수가 제일 감. 여기에 대해 백2는 저항 부족으로, 흑3에 넘어 그냥 잡혀버린다. 백4에는 흑5로 그만.

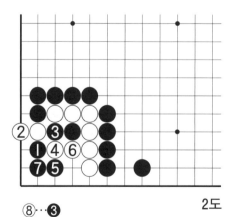

⑧…❸

2도

2도(백승)

흑1에는 백2가 절대. 그러나 흑3으로 끊어가는 것은 백4 때 흑5·7로 이어봐도 백8이면, 이 수상전은 흑의 패배이다.

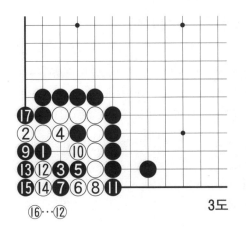

3도

⑯···⑫

3도(정해)

흑3으로 마늘모하는 수가 공격의 급소. 백으로선 4 이하로 빅을 만드는 것이 최선이다.

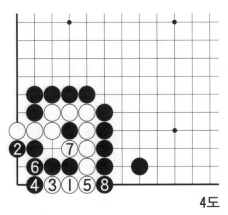

4도

4도(흑, 2집 손해)

백1로 젖혔을 때 흑2로 받는 것은 좋지 않다. 백3·5면 흑6이 절대인데 백7, 흑8로 빅. 이것은 정해에 비해 흑이 2집 손해이다.

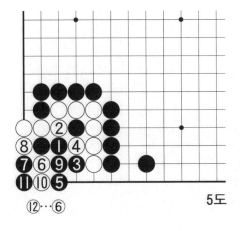

5도

⑫···⑥

5도(흑, 무리)

흑1로 들여다보고 3으로 넘자는 수도 있으나, 이것은 백4로 따내는 수로 실패. 흑5의 버팀에는, 결국 백12에 먹여치는 수로 수부족.

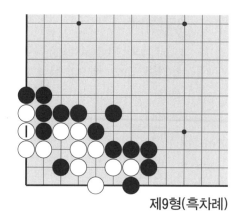

제9형(흑차례)

【제9형】

백1로 잇는 것은 2집 끝내기지만 스스로 자충을 만드는 대단한 악수. 이것으로 백집에서 큰 끝내기가 생긴다.

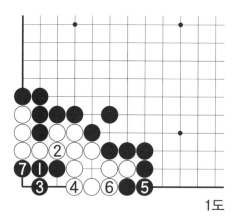

1도

1도(정해·후수 빅)

흑1로 움직이는 수가 성립한다. 백2 때 흑3으로 꼬부리는 수가 교묘. 패를 피해 백4로 둘 수밖에 없는데, 흑5·7로 빅이 된다.

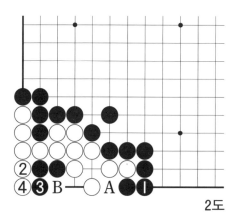

2도

2도(흑의 악수)

흑1로 바깥부터 죄어가는 것은 실착. 백은 A에 두지 않고 2·4로 귀의 흑을 잡으려고 할 것이다. 즉 A, B를 맞보기로 삶.

3도(2수 늘어진 패)

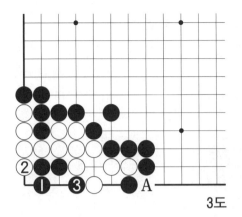

3도

그렇다고 흑1 때 백2로 두는 것은 안 된다. 흑은 A에 잇지 않고 3으로 집어넣어 패를 결행하면서 나올 것이다. 2수 늘어진 패지만, 백의 덩치가 크므로 부담일 수밖에 없다.

4도(실패)

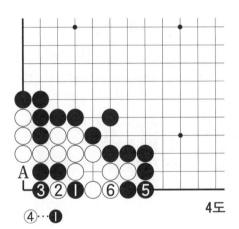

④…❶

4도

언뜻 흑1로 먼저 집어넣는 수가 좋을 듯하지만 악수. 백2, 흑3이면 백4로 이어 그만이다. 흑은 A의 곳이 자충이기 때문. 또는 백2로 3의 곳에 붙이는 수도 성립.

5도(노림은 있지만)

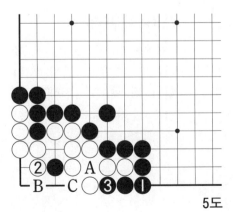

5도

흑1로 잇고마는 것은 하수. 백2로 그만이다. 흑3 때 백이 손을 빼지 않고 A로 잇게 되면 흑B로 수가 나게 되므로 조심! 흑3 다음 백은 손을 빼던가, C로 지키든가 결정할 것.

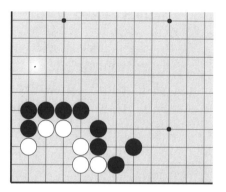

제10형(흑차례)

【제10형】

얼핏 잡힐 것도 같은 백모양이지만, 궁도가 제법 되는 관계로 쉽지가 않다. 백의 최선책도 연구해야 할 일. 이것도 「관자보」에서 출제하였다.

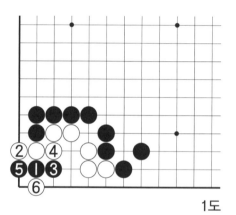

1도

1도(정해 · 꺼붙임)

흑1로 꺼붙이는 것이 맥점. 백2로 차단하기를 기다려 흑3·5가 좋은 수순이다. 백은 사활이 걸려 있는 순간인데, 백6으로 붙이는 수가 죽음의 궁도를 피하는 유일한 타개책.

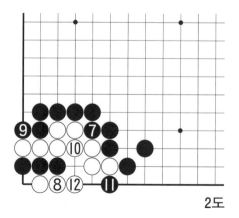

2도

2도(정해 계속)

계속해서 흑7로 찝어 '유가무가' 형태로 가자고 위협할 때 백8로 1선에서 두점으로 키우는 수가 두 번째 맥점. 흑도 9·11로 선수 빅을 만드는 것으로 만족한다.

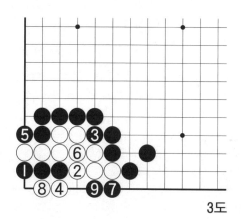

3도

3도(백, 죽음)

흑1 때 백2로 받기 쉬운데 이것은 대단한 악수. 흑3 이하로 죄어가면 백은 3궁으로 잡혀버린다.

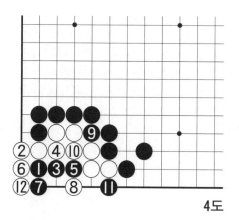

4도

4도(백, 삶)

얼핏 안형이 되는 흑5가 급소처럼 보이지만, 이것은 '적의 급소'인 백6을 허용하여 실패. 이하 백12까지 자충을 노려서 살게 된다.

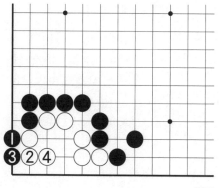

5도

5도(무기력)

확실히 잡을 수 없다고 느껴 흑1·3으로 젖혀들어가는 것은 무기력한 끝내기. 백은 최소한 5집을 확보하고 있다.

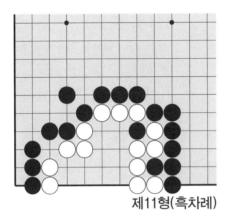

【제11형】

흑 한점을 착실하게 잡고 있는 장면에서 무슨 수가 있겠냐고 한다면 너무 아쉬운 일이다. 최선의 수를 찾아보자.

제11형(흑차례)

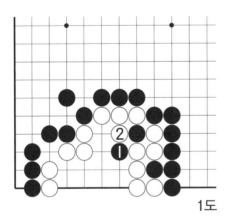

1도(정해)

일단 흑1로 젖혀본다. 다음 환격이 있으므로 백은 2로 따낼 수밖에 없을 터. 여기서부터 수읽기를 한다면 쉬울 것이다.

1도

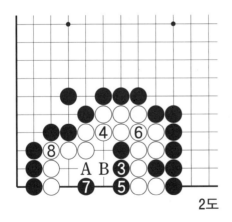

2도(정해 계속)

흑3·5에 백6까지는 반항할 수 없는 수순. 다음 흑7의 뜀이 묘착으로 백8이면 빅으로 낙착된다. 흑A면 백B가 있다.

2도

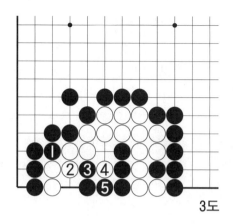

3도

3도(백, 손뺌은 위험)

전도 백8은 중요한 수이다. 만일 손을 뺐었다가는 **본도** 흑1·3의 콤비블로에 의해서 백은 전멸당하고 만다.

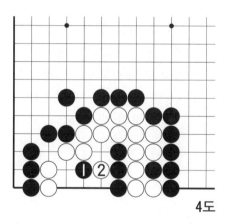

4도

4도(흑1, 악수)

2도 백6까지는 잘 두었으나, **본도** 흑1로 붙이는 수는, 보통의 경우에 급소일 때가 많으나 지금 상황에서는 백2의 끼움으로 아무 것도 안 된다.

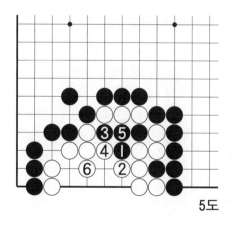

5도

5도(백, 1집 손해)

흑1 때 위험을 느껴 백2로 석점을 버릴 수도 있다. 그러나 백6까지 산 이 모양은 정해에 비해 1집 손해이다. 직접 계산해 보도록.

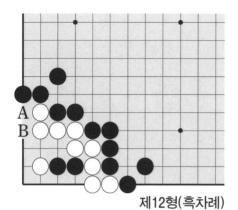

【제12형】

얼핏 봐서는 흑 두점이 영
힘을 쓰지 못할 것처럼 보
인다. 흑A, 백B라면 백은
12집이 확정적. 무슨 좋은
끝내기가 없을까?

제12형(흑차례)

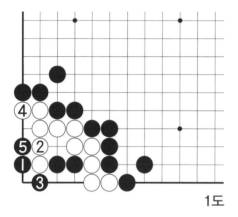

1도

1도(정해 · 후수 빅)

흑1로 껴붙이는 수가 날카
로운 맥점. 여기에 대해 백
2로 잇는 수가 최선이며, 흑
3 · 5로써 빅이 된다.

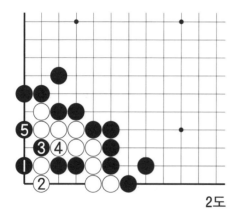

2도

2도(백, 무리)

흑1 때 백2로 차단하는 것
은 위험천만. 흑3으로 끼우
게 되면 백은 4로 단수칠
수밖에 없다. 따라서 흑5로
젖혀 패가 되는 것은 당연
지사.

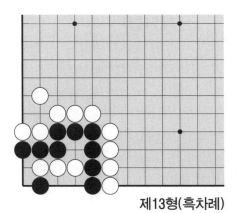

제13형(흑차례)

【제13형】

끝내기 문제에서는 좀 벗어난 듯하다. 최선을 다해 빅을 만들어 보자.

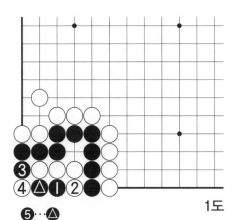

❺…△

1도

1도(정해)

흑1로 들어가는 것이 당연한 급소. 이때 백2가 좋은 수로 이하 5까지 빅이 된다. 백2로 3은 같은 빅이라도, 1집 손해임을 유심히 볼 것.

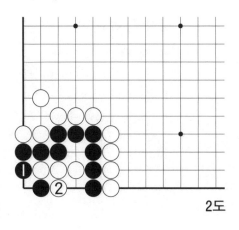

2도

2도 (백의 꽃놀이패)

흑1로 두는 것은 백2로 패. 비록 백이 한 수를 둬야 하는 늘어진 패지만, 백은 부담이 전혀 없는 패이므로 당연히 흑의 실패이다.

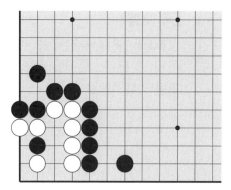

제14형(흑차례)

【제14형】

귀의 백에 덤벼서 비기는 수를 본다. 백으로서는 선수로 비기도록 하는 것이 중요하다.

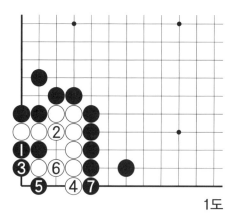

1도

1도(정해 · 후수 빅)

흑1, 백2는 당연한 수. 다음 흑3으로 꼬부려가는 것이 재미있다. 백으로선 4로 내려서서 선수를 잡는 것이 중요. 흑7까지 흑의 후수 빅.

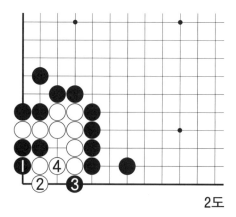

2도

2도(백의 후수 빅)

흑1 때 백2로 응수하는 것은 좋지 않다. 흑3이면 백4가 불가피. 이래서는 백으로서 후수 빅이 된다.

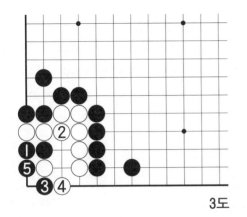

3도

3도(맥점?)

흑1, 백2 때 흑3으로 붙이는 수가 얼핏 제일감으로 떠오르는 곳. 여기에 대해 백4로 응수하면 흑5로써 패가 된다. 이것은 말할 것도 없이 흑의 대성공.

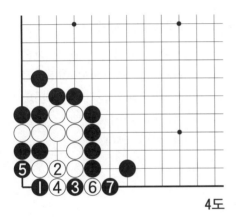

4도

4도(백2, 호수)

흑1에는 백2로 가만히 잇는 수가 좋다. 흑3·5로 공격해 봐도 백6으로 따내게 되면 이 모양은 양패. 즉, 살아 있는 것이다.

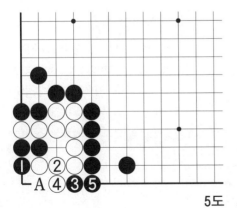

5도

5도(수순의 묘미)

그렇다고 흑1 때도 백2로 잇는 것은 악수. 흑3·5로 젖혀이으면 결국 백은 패를 피하기 위해 A로 후수 빅을 만들 수밖에 없다. 단지 흑3으로 A면 백5로 젖히는 수가 있으므로 조심!

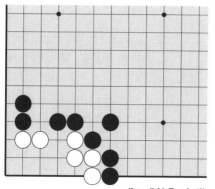

제15형(흑차례)

【제15형】

 귀의 백이 조금 위험해 보이나 살아 있는 형태. 흑으로선 어떻게 공격해야 백집을 최대한 줄일 수 있을까?

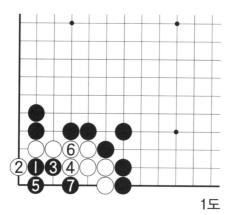

1도

1도(정해·후수 빅)

 흑1로 붙여가는 수가 백의 약점을 노리는 유일한 급소. 백2 때 흑3·5면 백6의 이음이 불가피한데, 흑7로써 빅이 된다.

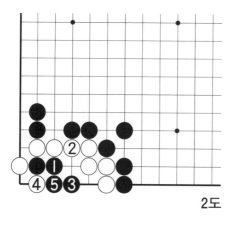

2도

2도(늘어진 패)

 흑1 때 백2로 잇는 것은 좋지 않다. 흑3이면 백4로 젖힐 수밖에 없는데 흑5로써 패. 비록 늘어진 패이나 정해의 빅에는 비교할 수가 없다.

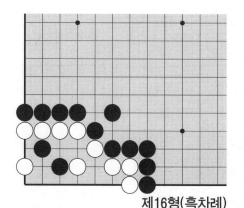

제16형(흑차례)

【제16형】

백의 허점을 노려서 수를 내어 보자. 바깥 공배가 모두 막혀 있다는 것이 백으로선 맛이 나쁜 이유이다.

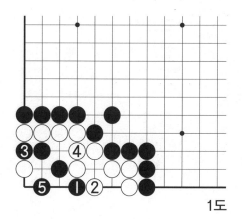

1도

1도(꽃놀이패)

흑1로 젖히는 수가 맥. 여기에 대해 백2로 덥썩 막는 것은 흑3·5로 호구쳐 패가 된다. 흑으로선 적잖은 성과를 거둔 것.

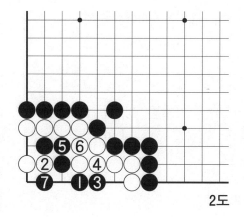

2도

2도(정해·후수 빅)

흑1 때 백2가 **전도**의 패를 피하는 좋은 수. 그러면 흑3으로 들어가 백4를 교환하고 나서 흑5·7로 빅이 된다.

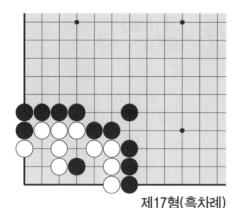

제17형(흑차례)

【제17형】

주위의 공배가 막히다 보면 필연적으로 '자충의 묘'가 동반된다. 잡혀 있는 흑 한점을 이용해 수를 내어 보자.

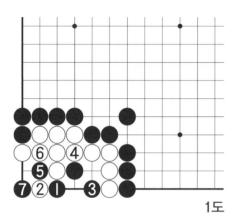

1도

1도(정해)

흑1로 젖혀가는 수가 날카롭다. 백2 때 흑3으로 호구 치는 수가 강수. 백은 패로 버틸 수가 없으므로 4로 잇는 정도인데, 흑5·7로 빅이 된다.

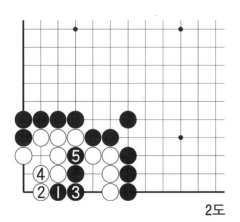

2도

2도(흑, 4집 손해)

백2 때 흑3으로 그냥 잇는 것은 배부른 태도. 백4면 흑5로 끊어 빅으로 살아가지만, 정해인 1도에 비해선 무려 4집이나 손해를 본 것이다.

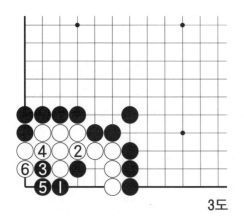

3도

3도(백, 후수)

흑1 때 백2로 이어도 흑3
으로 젖히면 마찬가지. 그
러나 백이 한점을 희생하기
싫어 4로 잇는 것은 흑5로
후수를 잡게 된다. 끝내기
가 여러 군데 남아 있다고
가정한다면, 백의 실격이다.

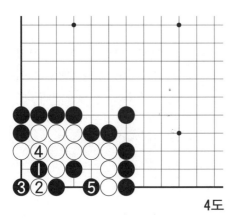

4도

4도(같은 결말)

흑1에는 백2로 먹여쳐 둬
야 한다. 흑3에 백4로 이으
면 흑은 결국 5로 보강하지
않을 수가 없다. 정해와 같
은 결말이다.

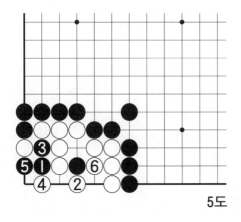

5도

5도(수순착오)

흑1로 붙여가는 수도 생각
되나 이때는 백이 2로 피해
갈 것이다. 흑3·5로 백 한
점을 선수로 잡지만, 흑은
정해보다 4집이나 손해이
다.

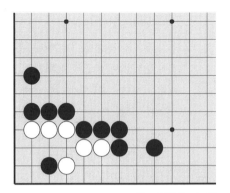

제18형(흑차례)

【제18형】

언뜻 봐서는 사활문제 같기도 한데 잡을 수는 없다. 최선을 다한다면 선수로 빅을 낼 수 있는데….

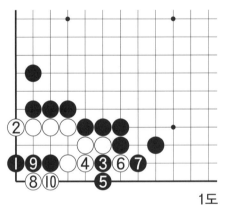

1도

1도(정해·선수 빅)

흑1로 한칸 뛰어 넘자고 하는 수가 좋다. 백2로 차단하면 흑3·5가 준비된 수순. 백으로서는 6을 활용하여 10까지 빅을 내는 것이 최선이다.

2도(백, 삶)

백1의 치중에 흑2로 차단하는 것은 욕심. 백3으로 키워버리는 수가 좋아, 흑4·6 때 백7로 모는 수가 성립한다.

2도

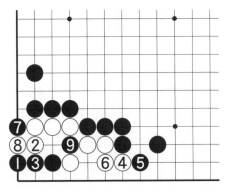

3도

3도(백의 무리)

흑1 때 백2로 응급처리(?) 하고 백4·6으로 젖혀이으면 되지 않겠냐고 한다면 큰 착각. 흑7·9에 의해 전멸당한다.

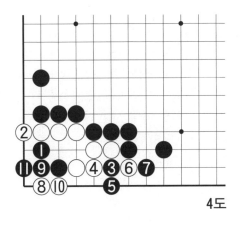

4도

4도(후수 빅)

흑1로 마늘모 붙이는 수도 생각되나 이것은 수순착오. 백2 때 흑3 이하 공격해도 결국 흑11로 후수 빅을 만들어야 하니, 흑으로선 손해가 아닐 수 없다.

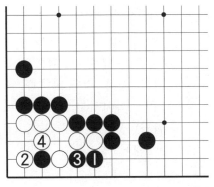

5도

5도(하수 끝내기)

단순히 흑1로 젖혀가는 것은 백2로 두어 기회를 잃고 만다. 흑3에 몰아도 백4로 알토란 같은 집을 짓고 산다.

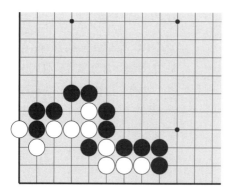

제19형(흑차례)

【제19형】

백진에 갇혀 있는 흑 한점을 긴요하게 활용하여 수를 내어 보자. 쌍방 최선을 다한다면 빅으로 매듭짓게 된다.

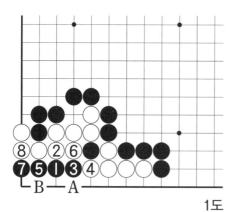

1도

1도(정해)

흑1로 치중하는 수가 급소. 백2의 이음은 당연한데 흑3 다음 5·7로 죄어간다. 백8 이후 흑A면 백B로 흑이 수부족이지만—

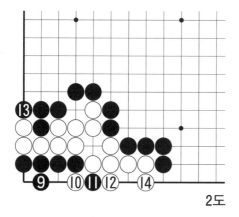

2도

2도(정해 계속)

먼저 흑9로 한 눈을 만드는 수가 묘수. 백10으로 젖히지 않을 수 없을 때 흑11로 먹여치고 13으로 메워간다. 결국 백도 14로 집을 내어 빅.

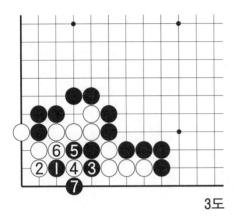

3도

3도(유가무가)

흑1 때 백이 2쪽으로 응수하는 것은 흑3으로 막아 곤란. 백4·6이 죄어가는 수순이지만, 이것은 유가무가의 형태여서 싸움이 되지 않는다.

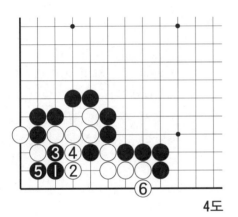

4도

4도(흑, 대득)

흑1 때 삶의 위협을 느껴 백2로 응수한다면 흑3으로 끊는 수가 있다. 백4에 흑5로 잡는 수가 또한 선수. 백은 6으로 살지 않을 수가 없다.

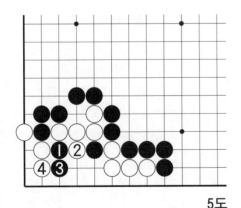

5도

5도(실패)

그렇다고 **전도**의 상황을 만들기 위해 흑1로 바로 끊어가는 것은 안 된다. 백2, 흑3 때 이번에는 백4쪽으로 막기 때문이다.

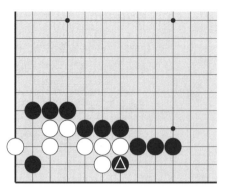

제20형(흑차례)

【제20형】

세심하지 않다면 흑▲를 잇기가 십상이다. 그것은 곧 백집을 확고하게 만들어 주는 꼴. 먼저 귀의 흑 한점을 움직여 수를 낼 수는 없는지….

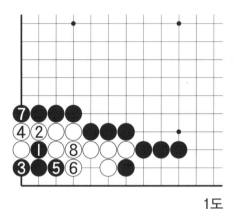

1도

1도(정해)

흑1~5로 움직여간다. 수 읽기가 정밀하지 않으면 자칫 보태주는 수가 되므로 이렇게 두기가 쉽지 않다. 백8 다음 특별한 수가 없어 보이지만—

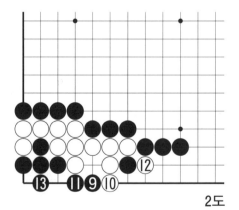

2도

2도(정해 계속)

흑9로 치중하는 날카로운 수가 있다. 여기에 대해 백10은 최선의 응수. 백12 때 흑13으로 한 집을 내는 수가 긴요하여 빅이 난다.

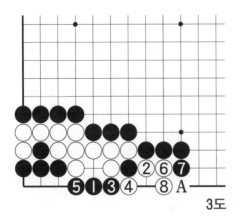

3도

3도(백, 손해)

흑1에 백2로 끊는 것은 성급하다. 흑3이 좋은 수여서 백4, 흑5면 백은 서둘러 6·8로 집을 마련할 수밖에 없는데, 다음 흑A로 막는다고 보면 정해보다 백이 1집 손해. 흑이 손을 빼면 백의 후수 빅. 이래저래 백 손해.

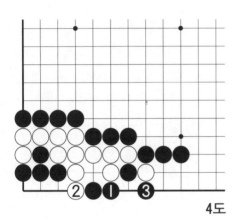

4도

4도(백, 무리)

흑1 때 백2로 응수하는 것은 흑3으로 젖혀 패가 된다. 이것은 흑의 입장에선 꽃놀이패에 불과하므로 아무래도 백의 무리.

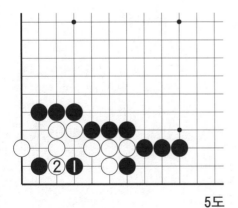

5도

5도(실패)

흑1로 치중하는 수도 제일감으로 보인다. 그러나 지금은 백2의 응수로 아무 것도 안 된다.

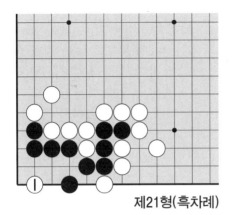

제21형(흑차례)

【제21형】

백1로 치중해 온 장면이다. 흑으로선 사활에 신경써야 할 처지인데, 끝내기까지 고려해야 할 입장이니 난처하기 그지 없다.

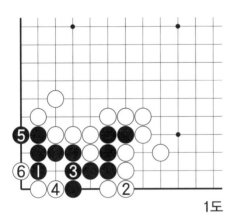

1도

1도(정해·선수 빅)

흑1로 치받는 수가 올바르다. 백2 때 흑3으로 잇는 것이 중요한 수로, 이하 6까지 선수 빅을 만든다.

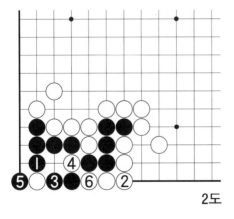

2도

2도(실패)

흑1, 백2 때 흑3으로 응수하는 것이 사활 책에 나와 있는 응수법. 백4 때 흑5로 선수를 잡는다. 그러나 이 경우는 백에게 잡힌 꼬리, 흑 다섯점이 너무 크므로 실패이다.

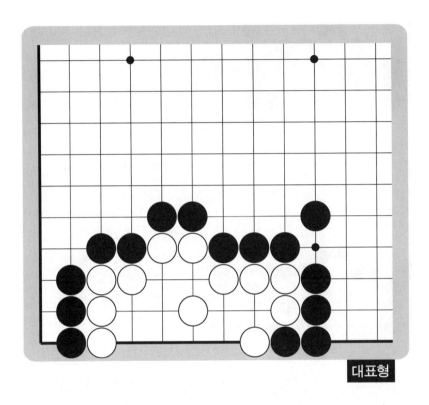

대표형

  끝내기 맥으로서는 다소 맞지 않을 수도 있지만 이렇게 이름을 붙여보았다. 상대방에게 어떻게 받을 것인가를 물어 그 응수에 따라 이득을 보는 것을 목표로 한다. 따라서 상대방의 입장에서는 치밀한 수읽기 없이는 손해보기가 십상이다.

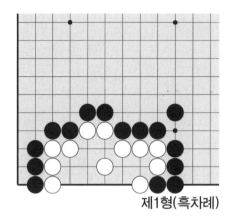

제1형(흑차례)

【제1형】

이대로 상황종료라면 백은 무려 10집. 따라서 백집 속에서 수단을 구해야겠다. 잡을 수는 없으나 적잖은 득을 볼 수 있다.

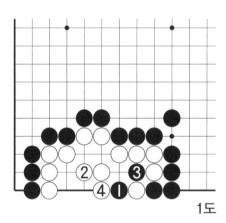

1도

1도(정해)

흑1로 단수치는 수가 실마리. 유일한 백의 약점이다. 백2로 물러서면 흑3으로 한 점을 잡는 성과를 올린다. 백4의 보강도 불가피. 10집으로 보였던 백집이 4집에 불과하다(백 사석 1개).

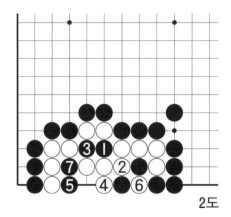

2도

2도(백, 비참한 삶)

전도 백4를 생략하면 흑1의 먹여침이 통렬하다. 백2면 흑3으로 두점을 잡을 뿐만 아니라 백4 때 흑5·7로 넉점마저 잡게 된다.

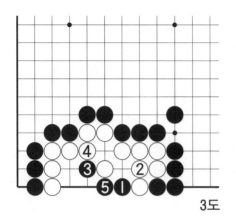

3도

3도(백4, 응수잘못)

흑1 때 백이 몇 집 손해 보고 선수를 뽑자면, 백2로 이을 수도 있다. 이 때는 흑 3이 급소점. 여기에 대해 백 4의 응수는 잘못으로 흑5로 그냥 빅이 된다.

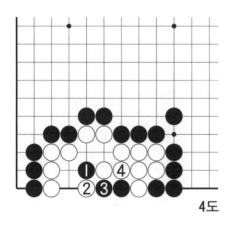

4도

4도(올바른 응수)

흑1로 붙였을 때 백은 2 로 젖히는 것이 올바르다. 흑3에 먹여치지 않을 수 없 는데 백4로 따내면ㅡ

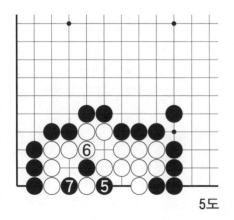

5도

5도(백, 1집 득)

흑5로 다시 한번 먹여치는 수가 성립한다. 이하 7까지 역시 빅인데, 이 결과는, 흑 은 한점을 잡았고 백은 두 점을 잡았으므로 3도에 비 해 백의 1집 득이다.

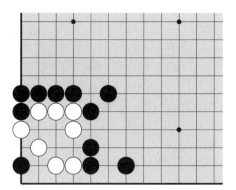

【제2형】

귀의 백은 착실한 형태여
서 큰 수가 나는 것은 아니
다. 다만 끝내기 맥을 발휘
하여 백집을 최대한 줄여보
도록 한다.

제2형(흑차례)

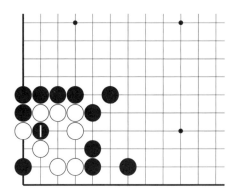

1도

1도(정해)

흑1로 먹여치는 수가 긴요
한 끝내기 맥점. 실전이라
면 웬만해서는 찾지 못할
것이다.

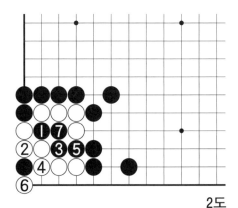

2도

2도(정해 계속)

백은 2로 이을 수밖에 없
으며, 이때 흑3의 단수가 기
가 막히다. 백이 넉점을 버
리고 4·6으로 살 때 흑7
로 넉점을 잡는 망외의 소
득을 올리게 된다.

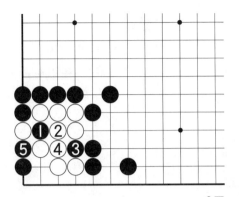

3도

3도(백, 무리)

흑1로 먹여칠 때 백2로 따
내는 것은 다소 무리. 흑3
을 선수한 다음 5의 단수로
사활이 걸린 패가 된다.

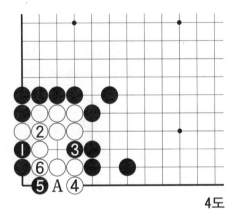

4도

4도(흑의 실수)

전도 흑3으로 본도 흑1로
바로 단수치는 것은 수순착
오. 이 때는 백2로 잇는다.
뒤늦게 흑3이면 백4·6으
로 삶. 바깥 공배가 3수나
비어 있어 백A로 모는 수
가 성립한다.

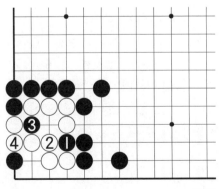

5도

5도(단순한 끝내기)

먼저 흑1로 찔러가는 수는
악수. 백2와 교환된 다음에
흑3의 먹여침은 백4에 이어
아무런 영향을 주지 않는다.

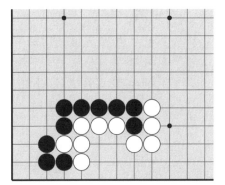

제3형(흑차례)

【제3형】

단순한 끝내기의 문제. 그러나 백의 응수에 따라서는 의외의 분란도 야기된다.

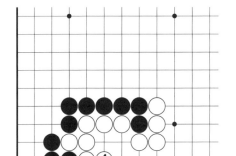

1도

1도(끝내기?)

흑1로 젖혀갈 수밖에 없는 모양. 백2의 단수에 흑3, 백4로 결정하여 선수 끝내기 했다고 희희낙낙한다면 심히 곤란하다.

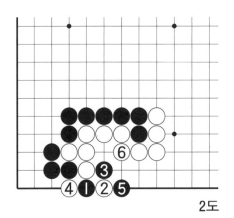

2도

2도(흑의 응징)

결론은 백2는 무리. 흑3으로 끊는 통렬한 수가 있기 때문이다. 백4 때 흑5면 백6으로 이을 수밖에 없어 패가 된다.

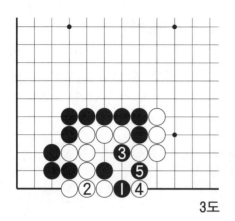

3도

3도(백, 무리)

 흑1 때 백2로 이을 수는
없다. 흑3으로 끊기기 때문.
백4로 단수칠 수는 있지만
흑5로 더욱 큰 패가 된다.

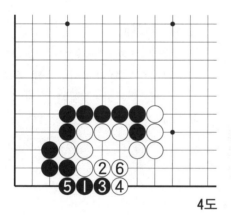

4도

4도(정해)

 흑1의 젖힘에는 백2로 늦
춰받는 것이 올바르다. 흑3
·5의 선수 끝내기를 허용
하는 것은 어쩔 수 없는 일.
욕심은 금물이다. 백이 5로
젖히는 것과 비교하면, 선
수 5집짜리 끝내기다.

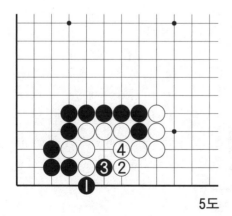

5도

5도(백, 2집 손해)

 흑1 때 백2로 한칸 뛰는
수가 1선 젖힘에 대한 형태
의 급소이나 지금 상황에서
는 맞지가 않다. 흑3이면 환
격을 노림받기 때문. 정해
보다 백의 2집 손해이다.

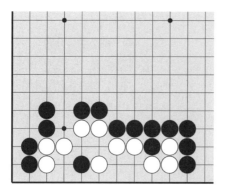

제4형(흑차례)

【제4형】

 백은 거의 완전한 모양을 하고 있으나 수는 있다. 잡혀 있는 흑 한점을 활용하는 문제.

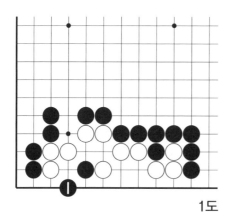

1도

1도(정해)

 흑1로 마늘모하는 수가 강력하다. 여기에서 백의 응수가 상당히 중요한데 최선의 응수는 어떤 것일까?

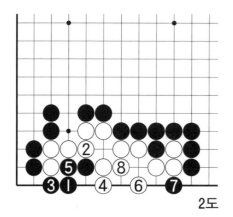

2도

2도(결론1)

 흑을 넘겨주어야 하는 것이 괴롭지만, 백을 온전하게 지키자면 백2의 응수가 최선이다. 흑3 때 백4를 선수하여 이하 8까지 겨우 두집을 내고 살게 된다.

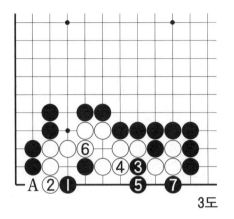

3도

3도(결론2)

흑1 때 백2로 차단하는 수
도 있다. 그러면 흑3의 끊
음이 준비된 수로서 백4라
면 흑5·7로 백 석점을 잡
는 성과를 올린다. 백이 선
수를 잡자면 **본도**가 유리하
며, 집으로도 백A에 꼬부렸
다고 가정하여 계산하면, **전
도**와 거의 동등하다.

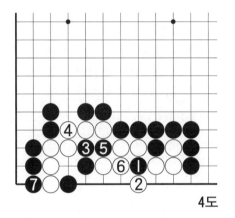

4도

4도(망외의 소득)

흑1 때 백2쪽으로 몰면 흑
3·5로 나와끊는 수가 통렬
하다. 백6 때 흑7이면 백
일곱점을 잡아 대만족. 여
기서 잠깐!

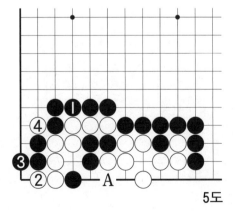

5도

5도(흑의 실착)

전도 흑7로 **본도** 1에 두
어도 마찬가지라는 생각은
위험천만. 백2, 흑3 다음 4
에 끊어두는 수가 있어 오
히려 역전이다. 물론 흑A로
버틸 수는 있지만 그것은
차후의 문제다.

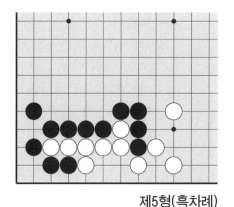

제5형(흑차례)

【제5형】

최선의 끝내기 수단을 찾
아본다. 백이 강력하게 버
티면 대단한 변화가 생기게
된다.

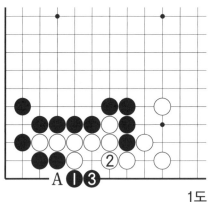

1도

1도(정해)

흑1로 젖혀가는 수가 성립
한다. 백으로선 2로 잇는 것
이 최선이며, 흑3으로 들어
가는 수가 애초 백이 A로
젖혔을 때와 비교하여 역끝
내기 5집.

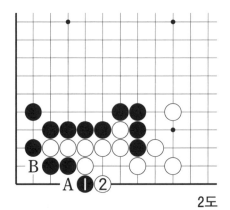

2도

2도(변화)

흑1 때 백이 "이게 웬 무
리수"하며 2로 막아오면 어
떻게 될까? 흑A로 잇자니
B의 단점 때문에 안 될텐
데….

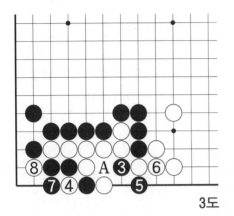

3도

3도(백, 위험)

흑3으로 몰고 백4 때 흑5를 활용해 두고 7로 막아가는 수가 있다. 백A로 두는 것은 환격이 되므로, 백도 8로 끊어 패로 버틸 수밖에 없는 노릇. 이것은 백이 위험한 패.

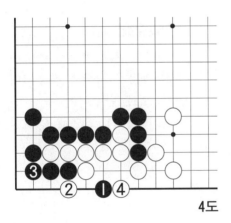

4도

4도(실패)

흑1의 치중도 있을 듯하나 백2의 젖힘이 선수되면 모든 것이 물거품. 흑3 때 백4로 받아 아무 이상이 없다.

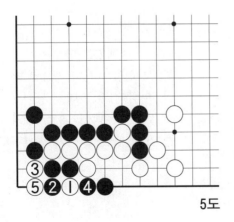

5도

5도(몰아떨구기)

그렇다고 백1 때 흑2로 막는 것은 곤란하다. 백3으로 몰려서 몰아떨구기가 되기 때문.

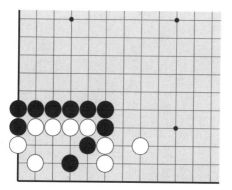

제6형(흑차례)

【제6형】

 실전이라면 이대로 상황종료라고 생각하기가 십상. 그러나 아직 귀에 수가 남아 있다.

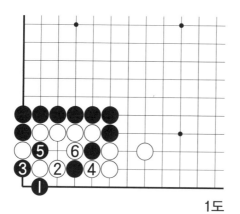

1도

1도(정해)

 흑1로 붙여가는 수가 맥점. 백2가 최선의 응수인데 흑3으로 단수치는 수가 있다. 백은 4·6으로 양보할 수밖에 없을 터.

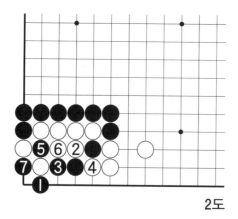

2도

2도(변화)

 흑1 때 백2로 단수친다면 흑3으로 들어간다. 백4로 따낼 수밖에 없는데, 흑5·7이 묘수순. 백이 패로 버티는 것은 부담스러울 것이다.

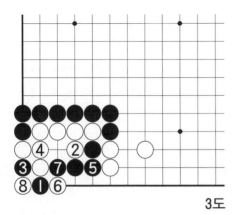

3도

3도(유가무가)

흑1, 백2 때 흑3으로 단수 치는 것은 악수. 백4로 이으면 흑도 5에 이어야 하는데, 백6으로 몰아서 그만이다. '유가무가'의 모습으로, 백은 무사하다.

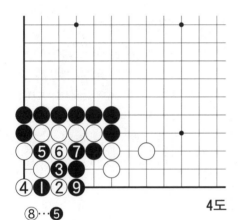

⑧…❺

4도

4도(백, 무리)

흑1 때 백2로 몰면 흑3으로 끊겨 사건발생! 백4를 기다려 흑5·7로 죄어 놓고 9로 몰아 패.

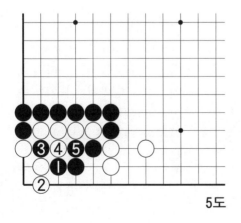

5도

5도(실착)

흑1로 부딪히는 것은 백2가 수를 늘이는 급소. '적의 급소가 나의 급소'인 셈이다. 흑3·5로 죄어봐도 백이 이으면 그만.

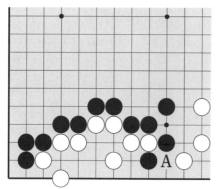

【제7형】

흑A로 잇는 것이 급해 보
이나, 그에 앞서 좋은 수순
을 찾으면 상당한 이득을
꾀할 수 있다.

제7형(흑차례)

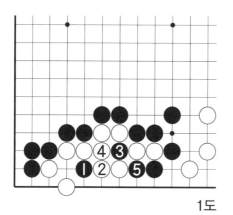

1도

1도(백4, 무리)

흑1로 치중하는 수가 백의
약점을 찌른 묘수. 백2의 응
수는 어쩔 수 없으며, 이때
흑3의 먹여침이 또한 묘수
이다. 백4는 무리로 흑5로
잡히고 만다.

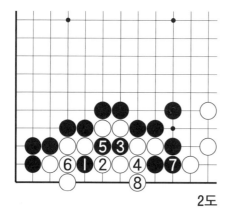

2도

2도(정해)

흑3에는 백4가 절대. 결국
흑5로 두점을 잡고 다시 7
에 잇는 수까지 선수로 손
이 돌아와서는, 흑1의 응수
타진이 대단한 효력을 발휘
했음을 알 수 있다.

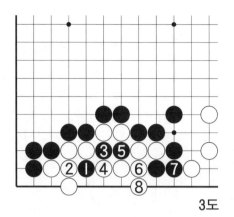

3도

3도(마찬가지)

 흑1 때 백2로 이으면 흑3
으로 단수친다. 백4면 **전도**
와 같은 결과. 백4로 욕심
을 내어 5에 이으면 흑4로
전멸이다.

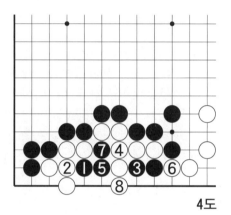

4도

4도(양자충)

 흑1, 백2 때 흑3으로 모는
것은 백4로 잇게 하여 손
해. 그렇다고 흑5로 잡자고
드는 것은 백6으로 끊겨 보
태주고 만다. 백8까지 보다
시피 흑은 양자충에 걸린다.

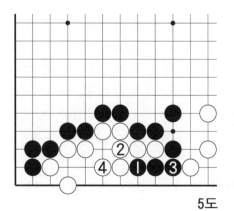

5도

5도(하수 끝내기)

 잇기 전에 흑1로 단수치는
정도의 활용수는 끝내기라
고 볼 수가 없다. 이 결과
정해인 **2도**와는 4집 가량의
차이.

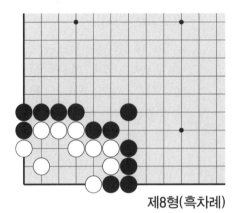

제8형(흑차례)

【제8형】

상대의 응수여하에 따라서는 백집 전체를 빅으로 만들 수도 있다. 백의 응수법도 함께 고려하도록. 앞에서도 유사한 형태가 나왔었다.

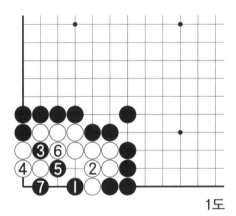

1도

1도(흑, 성공)

흑1로 단수쳐서 백의 응수를 묻는 것이 좋다. 백2로 잇는다면 흑3으로 먹여친 수가 멋들어진 맥점. 백4면 흑5·7로 빅이 되므로 대성공이다.

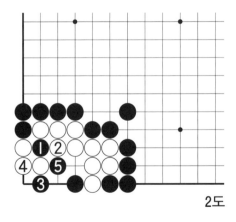

2도

2도(마찬가지)

흑1 때 백2로 따낸다면 이번에는 흑3의 붙임이 준비되어 있다. 패를 피해 백4면 흑5로 역시 같은 형태의 빅.

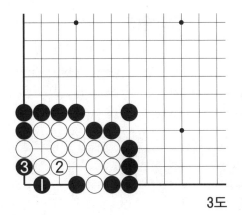

3도

3도(꽃놀이패)

흑1 때 백2로 응수하는 것은 위험천만의 수. 흑3으로 패가 되는데, 이것은 백이 팻감이 많다 하더라도 다른 곳에 손실이 생길 것이므로 곤란하다. 흑의 꽃놀이패에 불과.

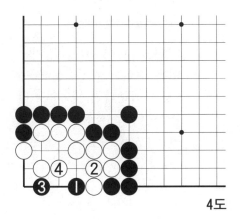

4도

4도(무의미한 붙임)

흑1, 백2 때 단순히 흑3으로 공격하는 것은 실패. 백4가 급소여서 아무 것도 안 된다. 또한 흑3으로 4면 백3으로 역시 후속수단이 없다.

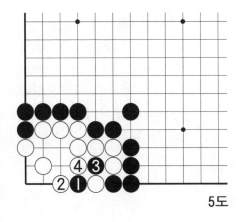

5도

5도(정해)

흑1에는 백2로 물러나 단수치는 것이 최선이다. 흑3으로 한점이 잡히지만 백4로 단수. 흑이 잇는다면 선수이므로, 백으로선 이 정도가 최선이다.

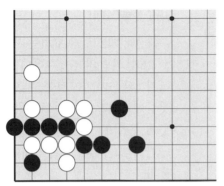

제9형(흑차례)

【제9형】

흑이 먼저 두게 되므로 얼 핏보면 간단히 백을 잡는 것처럼 보이지만, 실은 그 렇지가 않다. 단지 최선으 로 득을 보면 되는 것이다.

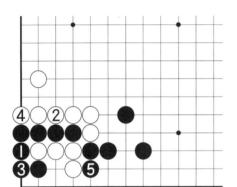

1도

1도(백2, 이적행위)

흑1로 넘어 백을 잡자는 것은 수읽기 부족. 물론 백 2로 두어준다면, 흑3으로 얼 른 이어 수상전을 승리로 이끌 수 있지만—

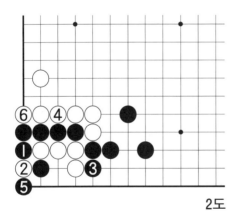

2도

2도(몰아떨구기)

흑1에는 백2로 먹여치는 수가 있다. 흑3으로 막아봤 자 백4・6의 단단수(몰아떨 구기)로 몰려서는, 아무래 도 흑이 한 수가 부족하다.

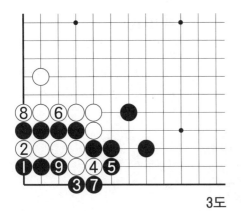

3도

3도(정해)

흑1이 급소. '상대 급소가 바로 나의 급소'이다. 백2 때 흑3으로 붙이는 수가 날카로운 끝내기 맥점. 이하 9까지 흑 넉점을 사석으로, 귀에서 상당한 이득을 보았다.

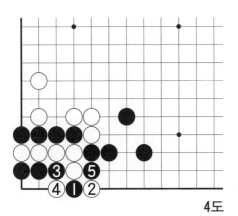

4도

4도(백2, 위험한 수)

흑1 때 백2로 모는 것은 위험천만의 수. 흑3·5로 몰려 모든 것을 한순간에 잃게 된다.

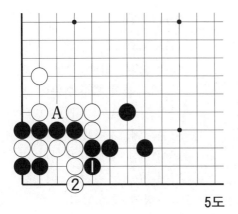

5도

5도(흑1, 안일한 수)

흑이 붙이지 않고 1로 막는 것은 다음 백A 때 흑2로 넘겠다는 의도이나 안일한 태도. 백은 2로 뻗어 오히려 큰 득을 보게 된다.

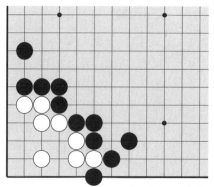

제10형(흑차례)

【제10형】

단순한 양후수 끝내기만 남아 있는 상황으로 보이나, 실은 절묘한 활용수단이 있다.

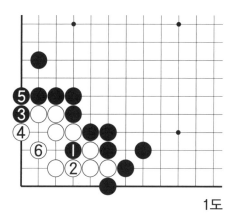

1도

1도(정해)

흑1로 끊어 백의 응수를 타진하는 것이 재미있다. 백2로 잡을 수밖에 없는데, 흑3·5의 젖혀이음이 선수이다(손을 빼면 흑6의 치중이 있으므로).

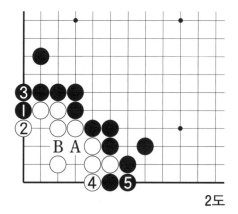

2도

2도(실패)

단순하게 흑1·3으로 젖혀잇는 것은 하수. 백4로 막아 더이상의 활용수단이 없다. 즉, 흑A면 백B로 받기 때문. 이 그림은 정해보다 백이 1집 이득이며 선수란 점에 주목! 먼저 끊어두는 타이밍이 중요했다.

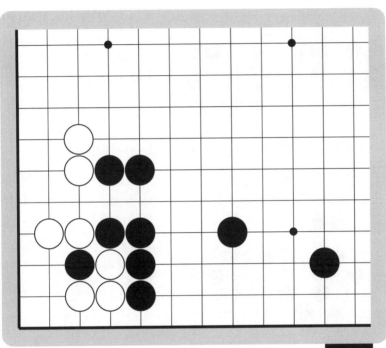

대표형

끝내기에서 버림돌은 자기의 돌을 사석(捨石)으로 이용해서 이득을 취하는 방법이다. 그 이득에는 실질적인 것보다도 다소 손해이나 선수를 취하는 방법도 있겠다. 선수를 잡는다는 것은 끝내기로 볼 때 2배 정도의 가치가 있기 때문이다.

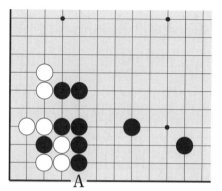

제1형(흑차례)

【제1형】

실전에서 흔히 나오는 모양. 이런 경우 대개가 백 A의 젖힘이 백의 선수 권한으로 보기가 십상이다. 그러나…. 백A의 젖힘을 선수로 방어하는 수단을 묻는 문제이다.

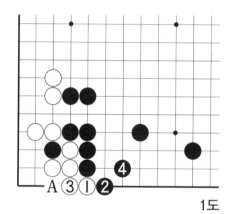

1도

1도(손을 빼면)

이런 곳은 백에게 1·3으로 젖혀이음을 당하기 쉬운 곳이다. 그렇다고 흑이 3으로 젖히는 것은 백A로 후수. 따라서 기민한 수단이 요구된다.

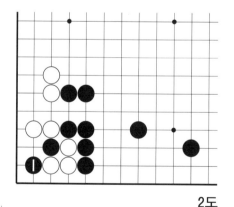

2도

2도(정해)

흑1로 젖히는 수가 기민한 수단. 백의 선수 끝내기를 선수로 방어하자는 것이다. 실전에 자주 등장하는 형태인 만큼 꼭 익혀두도록.

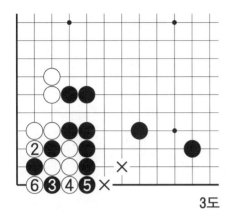

3도

3도(정해 계속)

백2로 따내는 수밖에 없을 때 흑3으로 다시 젖혀가는 수가 맥점 제2탄. 백4에 흑5를 선수, 흑의 작전은 성공이다. 귀의 백집은 변동이 없지만 흑은 2집(×곳)이 늘었다(1도와 비교).

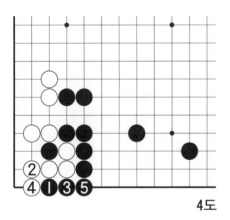

4도

4도(흑, 후수)

흑1의 붙임도 그럴 듯한 맥이지만, 이럴 경우 백은 3으로 잡지 않고 2로 늦춰 받을 것이다. 흑3으로 넘으면 백4, 흑5로 되어 후수.

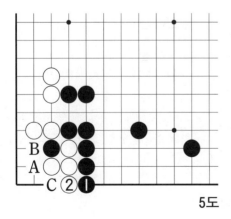

5도

5도(느슨)

가만히 흑1로 내려서는 수도 있지만 미흡. 백2로 막아주면 성공이나 백은 손을 뺄 것이다. 물론 다음 흑A, 백B, 흑C로 넘는 큰 수가 있지만 또다시 후수라는 것이 불만.

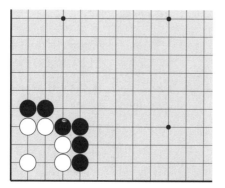

제2형(흑차례)

【제2형】

 옛부터 내려오는 유명한 끝내기 수단이다. 응수타진이라고도 할 수 있는 맥점. 상대방 응수에 따라 방침을 결정한다.

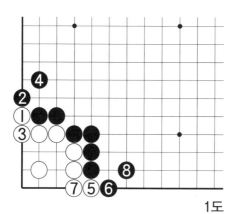

1도

1도(방치하면)

 흑이 무심코 지나친다면 백은 잽싸게 1・3으로 젖혀이을 것이다. 그런 다음 백5・7 역시 백의 선수 권한. 귀의 백은 8집이나 된다.

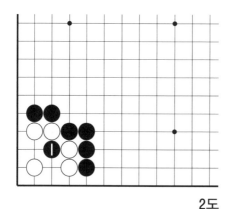

2도

2도(정해)

 흑1로 끊어두는 것이 기민한 맥점. 다음 흑이 어디로 든지 백 두점을 몰 수 있으므로, 백은 어느 쪽으로든 흑을 단수칠 수밖에 없다.

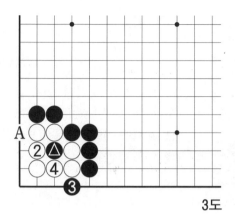

3도

3도(정해 계속)

백2면 흑3, 백2로 4면 흑 A로 어느 한 쪽은 선수로 젖힐 수 있다. 백에게 양쪽을 모두 당하는 것보다 4집 이득. 흑▲는 마치 마술과도 같은 사석이다.

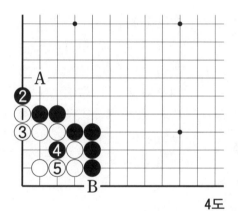

4도

4도(흑4, 불발)

백1·3으로 젖혀이은 다음에 흑4로 끊어가는 것은 떠난 버스에 손 흔드는 격. 백5로 잡으면 그 뿐이다. 다음 흑A로 지켜야 하니, B의 젖힘이 백의 권리로 남는다.

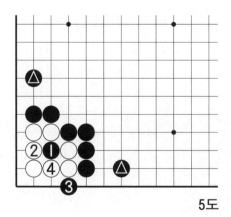

5도

5도(참고)

흑▲로 인해 백의 젖힘이 양쪽 모두 선수가 되지 않는 경우라도 흑1의 희생타는 효과가 있다. 단순하게 끝내기하는 것에 비해 2집 득인 셈. 확인하도록!

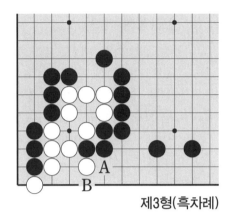

제3형(흑차례)

【제3형】

흑은 위아래 확실한 두 눈으로 살아 있다. 요는 어떻게 끝내기할 것인가이다. 그렇다고 흑A면 백B로 되어 별 효력은 없다. 무슨 좋은 수가 없을까?

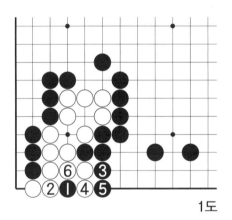

1도

1도(정해)

흑1의 치중이 날카로운 맥점이다. 백은 사활과 관계되므로 2가 절대점. 그러면 흑은 3·5를 모두 선수할 수 있다. 이것이 흑1의 효과임은 말할 것도 없다.

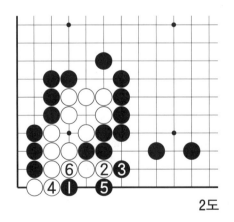

2도

2도(흑3, 이적수)

흑1 때 백2로 반발하는 수는 사실상 무리이다. 그러나 흑이 3으로 덥썩 막아준다면 백4로 이어 대성공. 흑5, 백6이면 정해보다 2집이나 흑은 손해를 본다.

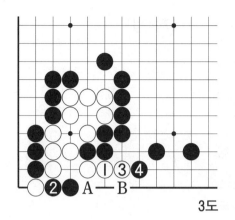

3도

3도(저항 불가)

백1에는 흑2로 끊는 수가 있다. 백3으로 나가봐도 흑4로 막혀 아웃. 다음 A와 B의 맞보기로, 백은 집이 나지 않는다.

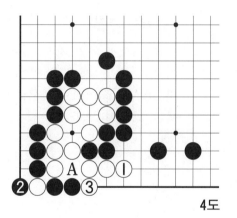

4도

4도(흑의 착각)

백1 때 흑2로 따내는 것은 선수라는 유혹에 빠진 쓸데없는 손찌검. 백3으로 막는 수가 흑의 실착을 응징하는 호수이다. 흑A로 끊을 수가 없다. 아래쪽에 백1집이 보장되어 백 삶.

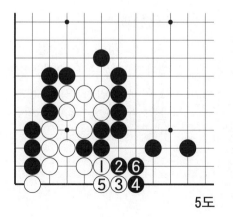

5도

5도(백의 선수 끝내기)

흑이 이곳을 등한시하여 백1 이하를 선수당한다는 것은 너무나 아프다. 정해의 선수 끝내기를 생각한다면 흑은 가만히 앉아서 선수 5집 가량 도둑맞은 꼴이다.

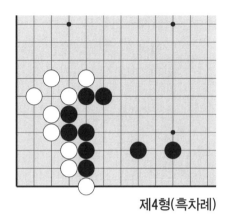

제4형(흑차례)

【제4형】

백이 젖혀온 장면에서 흑의 응수가 포인트. 후수로 지키더라도 맥점을 어떻게 사용하느냐에 따라 끝내기의 득실이 갈린다.

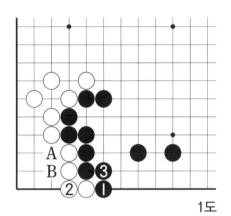

1도

1도(백의 주문)

흑1·3으로 지킨 다음에는 아무런 수도 생기지 않는다. 흑A로 끊어봐도 백B로 몰고 나오면 그만.

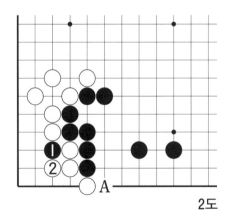

2도

2도(정해)

흑1로 끊는 수가 절호의 타이밍. 백2로 단수치는 것은 이 한수이다. 이때 별 수단을 못 느껴 흑A로 막는 것은 도로아미타불.

3도(정해 계속)

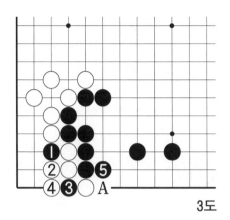

3도

흑3으로 먹여치는 수가 교 묘하다. 이 하나가 백의 젖 힘을 반감시킨 것. 백4면 흑 5로 늦춰받는다. 다음 A의 곳은 흑의 권한.

4도(헛수고)

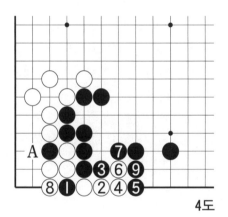

4도

흑1 때 백2로 나가는 것 은 아무런 도움이 되지 않 는다. 백6까지 흑집을 많이 파괴하였지만, 흑7·9면 A의 약점이 있어 백은 이 을 수가 없다. 고스란히 토 해 놓을 수밖에.

5도(결론)

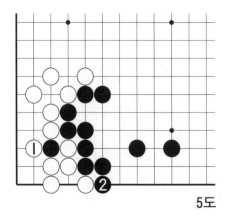

5도

필경 백1로 때려내고 흑2 로 막게 될 것이다. 이 결 과는 1도에 비해, 백집이 1 집 줄었고 또한 반패까지 있어 흑으로선 1집 반의 이 득인 셈.

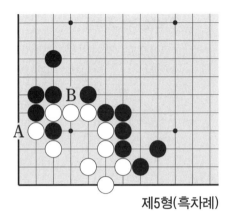

제5형(흑차례)

【제5형】

흑으로선 A에 젖혀가는 수와 B의 곳을 틀어막는 수를 모두 두고 싶다. 어떻게 돼야 할까?

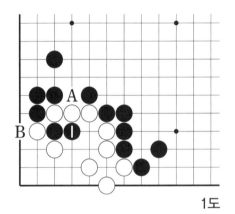

1도

1도(정해)

흑1로 가만히 나가는 수가 재미있는 맥점이다. 이것은 다음 A의 단수, 또한 B의 단수까지 보고 있는 것. 바로 양수겸장(兩手兼將)의 수이다.

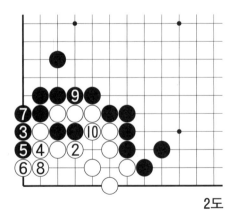

2도

2도(정해 계속)

백2로 잡으면 흑3쪽으로 먼저 몰아가는 것이 수순. 이하 9까지 모두 선수가 된다는 것을 확인할 수 있다.

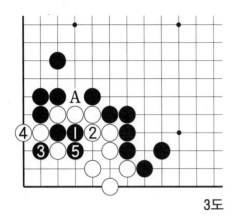

3도

3도(백, 위험)

흑1 때 A쪽을 활용당하기 싫어 백2쪽으로 잇는 것은 악수. 흑3으로 끊는 수가 작렬한다. 백4는 무리로 흑5로 낭패.

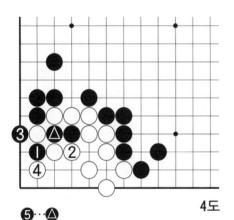

4도

5··**△**

4도(흑, 만족)

흑1에는 백2로 따낼 수밖에 없는데 흑3으로 넘어 성공. 백4, 흑5로 비록 후수이지만 이런 정도라면 흑도 상당한 만족일 것이다.

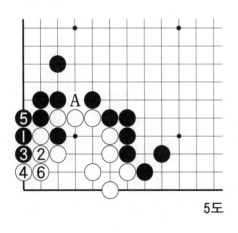

5도

5도(안일한 끝내기)

단순하게 흑1 이하로 끝내기하는 것은 나약하다. 이것은 A의 곳이 백의 절대권한이며, 바깥쪽의 뒷맛 또한 나쁘다. 정해와 비교해도 흑의 2집 손해.

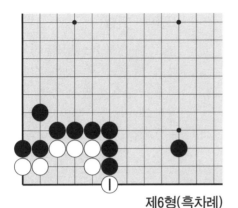

【제6형】

백1로 젖힌 장면. 이런 상황에서는 흑이 끝내기를 어떻게 해야 할까?

제6형(흑차례)

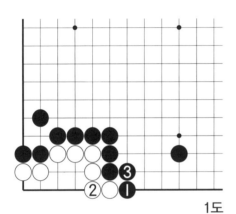

1도(하수 끝내기)

흑1로 단순하게 막는 것은 아무 것도 아니며 재미도 없다. 백은 확실한 6집이 생겼다.

1도

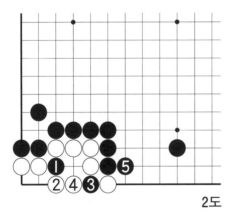

2도(정해)

흑1로 하나 끊어 두는 것이 통렬한 희생타. 백2 때 흑3으로 한번 더 희생타를 던진다. 백4 때 흑5로 완결. 이것은 후일 백의 가일수를 요하므로 1도에 비해 1.5집 정도 이득이다.

2도

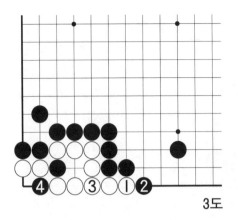

3도

3도(참고)

정해에 이어 백1로 나가는 수는 없다. 흑2 때 백3으로 잇는 것은 흑4로 인해 양쪽이 동시에 환격이 되는 까닭이다.

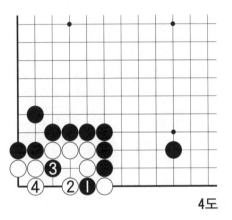

4도

4도(수순착오)

흑1로 먼저 먹여치는 것은 수순의 오류. 백2 때 흑3으로 끊어봐도 백4의 교묘한 응수로 아무 것도 안 된다. 물론 **1도**와 비슷한 결과로 흑의 큰 손해.

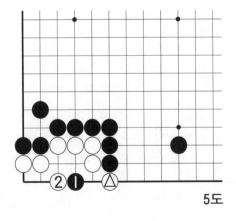

5도

5도(실패)

보통 흑1의 치중이 이런 모양에서는 급소로 통용되고 있으나 백2로 받아 아무 것도 아니다. 백△가 삶의 역할을 해 주고 있음에 주목!

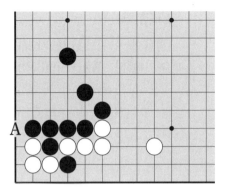

흑으로선 백A의 선수 끝내기가 영 기분나쁘다. 이런 경우라면 흑은 끝내기를 어떻게 해야 할까?

제7형(흑차례)

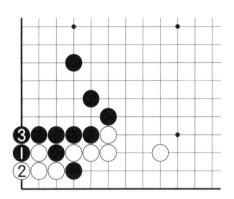

1도(하수 끝내기)

흑1·3으로 젖혀이어 백의 선수 끝내기를 방비하는 것은 후수. 이렇게 생각없는 착수는 당연히 실격이다.

1도

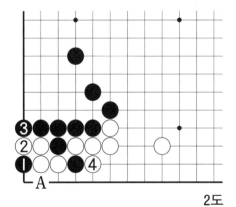

2도(정해)

흑1로 붙이는 수가 비범한 맥점. 여기는 '2의 一'의 곳이기도 하다. 흑3 다음 백4의 가일수는 절대점. 생략하면 흑A의 패(꽃놀이패)를 부른다. 흑3을 선수로 틀어막은 것이 흑의 큰 자랑이다.

2도

3도(백, 손빼면)

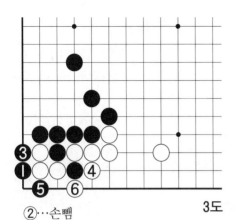

②…손뺌

3도

흑1 때 백은 응수할 경우 후수가 되므로 아예 손을 뺄지도 모른다. 그러면 흑3 · 5가 선수여서 **전도**에 비해 백집이 5집 반 정도 줄어들었다.

4도(느슨하다)

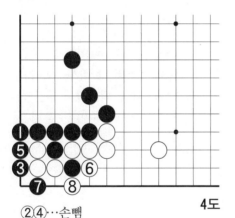

②④…손뺌

4도

흑1은 다음 끝내기를 노리는 침착한 수이나 백이 손을 빼면 흑3이 후수. 또 백이 손빼면 흑5 · 7이 선수지만, 백이 두 번이나 손을 뺀 모습이 **전도**와 다름없으니 손해가 막심하다.

5도(참고)

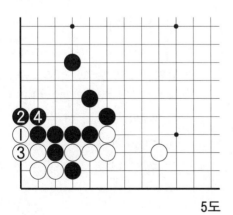

5도

실전에서는 흔히 백의 권한으로 보고 손빼기가 십상이다. 따라서 백1 · 3을 선수당해 정해와 비교해 흑은 2집을 그냥 헌납하고 만다.

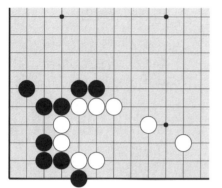

제8형(흑차례)

【제8형】

'일석이조'의 능률을 발휘한다는 것은 그리 흔한 것은 아니지만, 이 문제를 통해 끝내기의 중요성을 다시 한번 느껴주기 바란다.

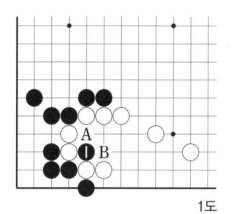

1도

1도(정해·끊음)

흑1로 하나 끊어두는 수가 일석이조의 효과를 노리는 맥점. 다음 백A인지 B인지, 응수에 따라 준비된 끝내기의 맥을 실행한다.

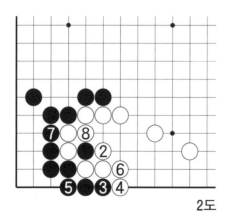

2도

2도(정해 계속)

백으로선 2로 받을 수밖에 없다. 그러면 흑3·5의 끝내기를 선수하고, 또 다음에 흑7의 단수도 선수가 된다. 사석 하나로 양쪽을 모두 둘 수 있었던 것.

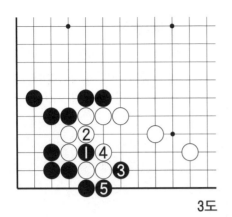

3도

3도(준비된 맥)

흑1 때 백2쪽으로 응수한 다면 흑3으로 코붙이는 맥 이 발생한다. 백4로 물러서 지 않을 수 없고, 흑5로 넘 어 백집이 크게 파괴된다.

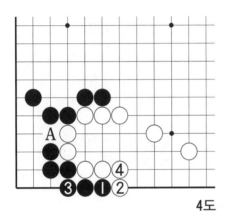

4도

4도(하수 끝내기)

평범하게 흑1로 밀고들어 가는 것은 한마디로 테크닉 부족. 이제는 A의 곳이 백 의 권리이므로, **2도**에 비해 서는 확실하게 2집을 손해 본 셈.

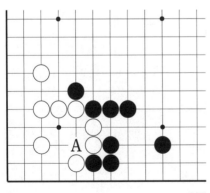

5도

5도(참고)

이러한 형태의 맥점은 귀 에서도 잘 일어난다. **본도** 에서도 흑A로 끊어두는 것 이 끝내기의 맥점. 이후 수 순을 확인하도록!

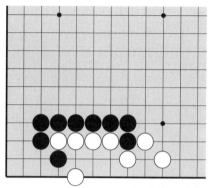

제9형(흑차례)

【제9형】

백이 1선으로 한칸 뛰어 온 장면. 이 경우 백의 노림은 무엇이며 또 흑은 어떻게 응수해야 할까? 끝내기가 여러 군데 남아 있다는 전제하에서, 선수의 쟁탈전이 볼 만하다.

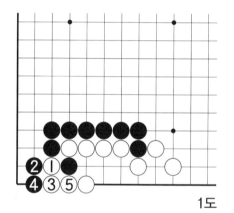

1도

1도(백의 노림)

백은 1로 끊는 수를 노리고 있다. 흑2의 단수에 백3으로 빠지면 흑4로 단수칠 수밖에 없는 형태. 백5로 한 점을 잡아 알토란 같은 집을 챙겼다.

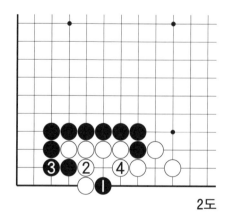

2도

2도(정해)

흑1로 붙이는 수가 기발한 착상으로 맥점. 백2면 흑3으로 잇는 것이 선수이다. 4를 손빼면 흑4로 끊는 수로, 백 여섯점이 자충에 떨어지기 때문.

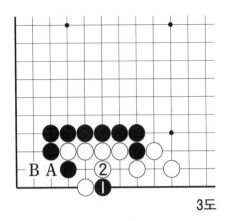

3도

3도(변화)

 흑1 때 백2로 응수하면 흑은 이대로 손을 빼도 된다. 이 경우 백A로 끊는 것은 1도와는 달리 흑B로 몰려 백돌이 살아갈 수가 없다.

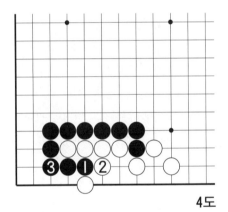

4도

4도(실패)

 실전이라면 아마도 흑1로 밀고들어가 백2 때 흑3의 후수로 잇기가 십상일 것이다. 백3에 끊기는 수를 방어하는 끝내기라고 두었겠지만 이제는 속수였음을 알 터.

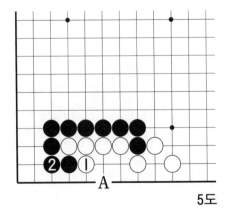

5도

5도(참고)

 선수를 잡기 위해서는, 애초 백은 1로 막는 것이 정수였다. 흑이 손을 빼면 2로 끊어잡아 좋고 또 흑2면 손을 뺀다. 다음 흑A의 끝내기가 크지만 그 다음의 문제.

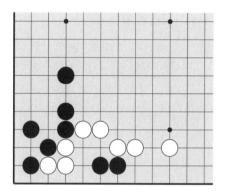

제10형(흑차례)

【제10형】

어떻게 보면 상당히 쉬운 문제일 수도 있다. 그러나 덤벙대다간 오히려 늪에 빠질 수도 있으니 조심!

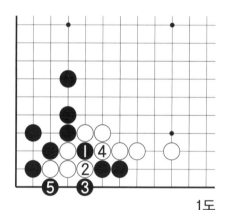

1도

1도(정해)

흑1로 끊는 것이 출발점. 백2는 당연하며 거기서 흑3으로 변쪽에서 젖히는 것이 올바른 맥점이다. 백4에 흑5로 건너 작전성공!

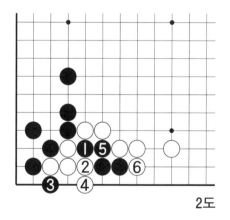

2도

2도(방향 미스)

흑1, 백2 때 흑3으로 귀쪽에서 젖혀도 마찬가지라고 생각하는 것은 오산. 백4로 꼬부리는 수가 있어 낭패가 아닐 수 없다. 흑5면 백6으로 양자충.

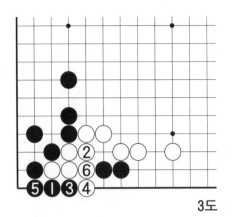

3도

3도(한심한 끝내기)

흑1로 젖혀가는 것은 끝내기를 모르는 소치. 백2면 흑3·5를 선수하는 정도인데, 이 정도로는 미흡하다.

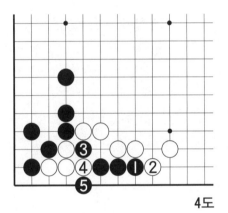

4도

4도(쌍방 실착)

흑1로 하나 밀어두는 것이 끝내기상 이득같아 보이나 악수. 물론 백2로 받아주면 흑3으로 끊어 넘게 되어, 이것은 정해보다 득이나ㅡ

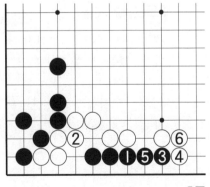

5도

5도(흑의 무리)

흑1 때 백은 2로 이어버릴 것이다. 흑3·5로 궁도를 넓혀보지만, 전혀 삶의 희망은 보이지 않는다.

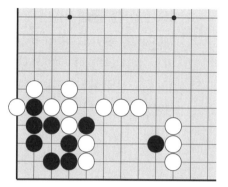

제11형(흑차례)

【제11형】

실전에서도 쉽게 발견할 수 있는 수단이다. 그러나 백의 반발에 대한 수읽기가 정밀하지 않으면….

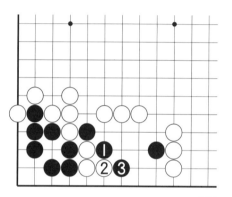

1도

1도(정해 · 이단젖힘)

흑1로 젖혀가는 수가 있다. 백2면 흑3으로 다시 한 번 더 젖혀가는 수가 기발한 맥점. 여기까지면 이후 수순은 알기 쉬울 것이다.

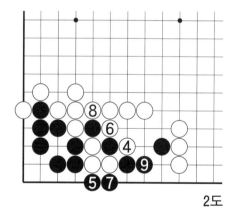

2도

2도(정해 계속)

백은 4나 6으로 끊어갈 수밖에 없는 노릇. 이하 9까지는 필연이다.

흑은 두점을 사석으로 백집을 초토화시킨 것.

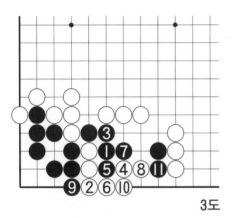

3도

3도(백, 무리)

흑1 때 백2로 저항하는 것
은 무리. 흑3이면 백4인데
여기에서 흑의 수읽기가 정
밀하지 않으면 낭패를 본
다. 흑5·7이 좋은 수순. 이
하 11까지 몰아떨구기의 형
태가 된다.

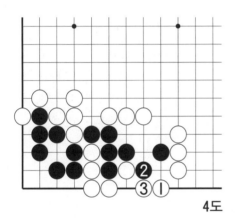

4도

4도(패라도)

전도 백8로는 본도 백1로
마늘모하는 수가 있다. 흑2
때 백3으로 받아 패. 끝내
기 단계에서 이런 패가 나
온다면 거의 치명타일 것이
다.

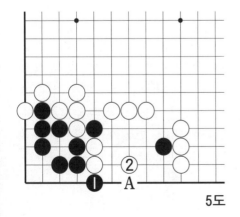

5도

5도(실패)

흑1의 젖힘은 백2로 늦춰
받아 별 탈이 없다. 다음 흑
A가 선수이긴 하지만 1선
의 끝내기로는 결코 만족스
럽지 못하다.

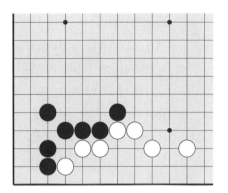

제12형(흑차례)

【제12형】

여기에서도 백의 선수젖힘을 방비하고 싶다. 앞에서도 유사한 형태가 나왔으므로 쉽지 않을까….

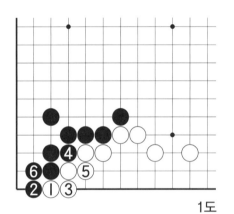

1도

1도(백의 끝내기)

백이 둔다면 1·3으로 젖혀잇는 것이 선수가 된다. 흑4는 선수가 될 곳이며, 흑6으로 후수 보강하는 정도.

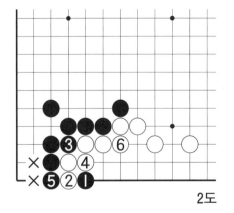

2도

2도(정해)

흑1의 희생타가 기발한 맥점. 백2면 흑3을 선수하고 또한 5로 막는 것도 선수이다. 이 결과 백집은 **1도**에 비해 변동이 없지만, 흑집이 2집(×표) 늘었음에 주목.

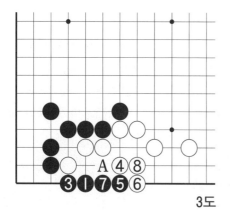

3도(참고)

흑1 때 백이 손을 빼는 것을 가정한다. 그러면 흑3 이하 백8까지는 흑의 권리로 보장된다. 다만 이 결과는 **2도**보다 백집이 7집 반(A의 곳은 반반의 권리)이나 줄어들었다.

3도

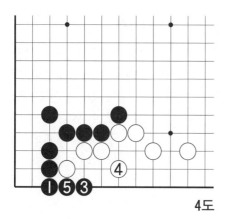

4도(느슨하다)

흑1은 다음 3의 끝내기를 보는 침착한 수이긴 하나 느슨하다. 백은 손을 빼더라도 흑3·5에 또 손을 뺀 결과가 **전도**와 엇비슷하니, 흑으로서는 맥빠지는 일이다.

4도

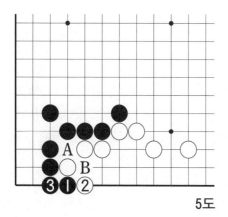

5도(실패)

맥점을 모른다면 백의 선수 끝내기를 저지하려고 흑1·3에 젖혀이을 지도 모른다. 이것은 흑의 후수. 이러면 다음 흑A, 백B가 흑의 권리라지만 **3도**에 비해 흑은 6집 반의 손해이다.

5도

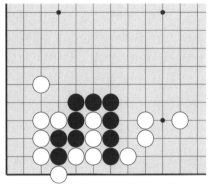

제13형(흑차례)

【제13형】

흑은 백 넉점을 몰아떨구기로 잡을 수가 있다. 그러나 이 넉점을 어떻게 잡느냐에 따라 끝내기가 달라지는데….

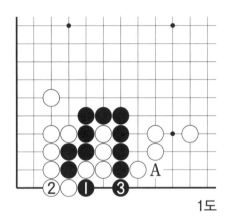

1도

1도(정해)

흑1로 먹여치는 것이 섬세한 끝내기 맥점. 백2에 흑3으로 내려서 넉점(9집)을 잡는 것이 효과적인 수법이다. 이 다음 흑A의 끝내기가 남는 것이 자랑.

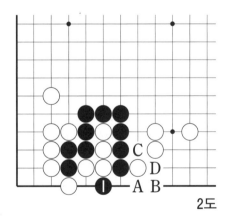

2도

2도(실패)

그냥 흑1로 단수해 넉점을 잡는 것이 보통의 착상. 이러면 흑은 8집이다. 이후 흑A, 백B, 흑C, 백D로 될 곳이니 흑은 1도에 비해 2집 이상 손해이다.

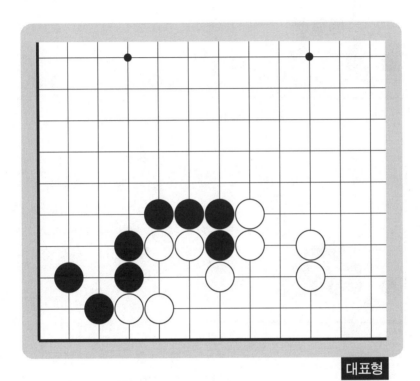

대표형

끊음은 싸움의 전초전이요, 바둑에서 끊는 수가 무의미하다면 재미가 반감되고 말 것이다. 무릇 싸움은 끊음에서부터 시작되기 때문. 그래서 '기자절야(棋者切也)'라고 했던가. 비록 끝내기라고 할지라도 끊음으로 인해 득을 보는 경우는 허다하다.

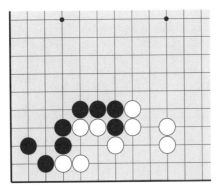

제1형(흑차례)

【제1형】

백집을 줄이는 최선의 끝
내기를 찾아본다.

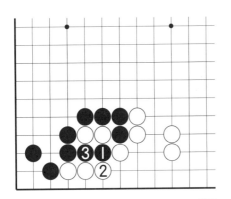

1도

1도(정해)

흑1로 끊는 수가 득을 보
는 끝내기. 백으로선 2로 물
러설 수밖에 없으며, 흑3으
로 백 두점을 잡는 성과를
보았다.

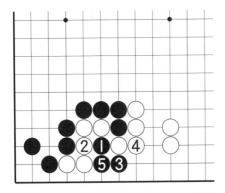

2도

2도(변화)

흑1 때 백2로 잇는다면 흑
3의 단수로 곤란하다. 백4
로 잇는 것은 흑5로 수부족
임은 한눈에 보일 터. 따라
서ー

3도(패)

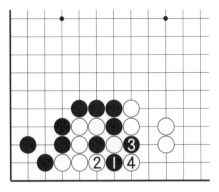

3도

흑1 때 백2로 따낼 수밖에 없고 흑3의 단수로 패. 이것은 백이 견딜 수 없을 것이다.

4도(방향착오)

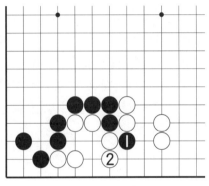

4도

흑1쪽으로 끊는 것은 잘못. 백2로 늘어 오히려 보태주는 결과를 초래할 뿐이다.

5도(단점)

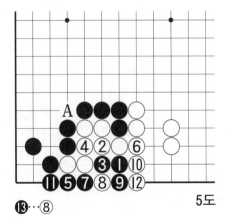

⑬…⑧

5도

흑1로 붙이는 수도 맥점의 일종. 흑13까지 상당한 끝내기를 하여 집계산만으로는 정해와 거의 같으나, 정해에 비해 A의 단점이 눈에 거슬린다.

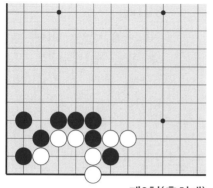

【제2형】

백 한점을 잡는 것으로는 흡족한 끝내기가 되지 못한다. 보다 큰 것을 노려야 할 것이다.

제2형(흑차례)

1도(정해)

흑1로 뿌리를 끊는 수가 좋다. 백2 때 흑3·5로 몰아가면 백은 어쩔 수 없이 꼬리를 떼어줄 수밖에 없는 노릇.

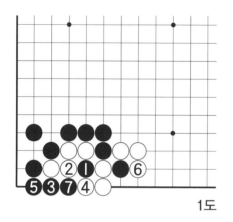

1도

2도(실패)

흑1은 다음 2의 끊음을 본 수이지만 백이 그곳을 이어 실착. 비록 흑3의 따냄이 선수로 듣게 되나, 정해에 비해 4집이나 모자란다.

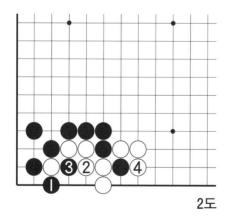

2도

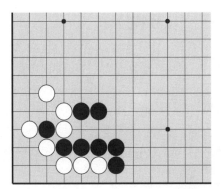

제3형(흑차례)

【제3형】

전혀 수가 없을 것 같지만 귀라는 특수성으로 탄력이 생긴다. 핵심만 알면 간단한 문제.

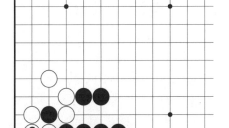

1도

1도(정해)

흑1로 끊고 3으로 젖혀가는 수가 성립한다. 백4의 단수에는 흑5로 젖혀 패로 버틸 수가 있는 곳.

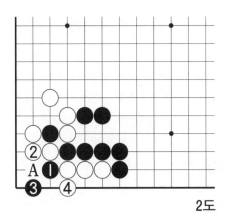

2도

2도(흑, 수부족)

흑1에 이어 3의 마늘모도 그럴 듯해 보이나 잘못. 백이 A로 단수쳐 주면 **1도**와 같은 결과이나, 백4로 내려서는 묘수가 있다.

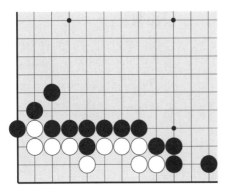

제4형(흑차례)

【제4형】

실전에서 흔히 접할 수 있는 형태인데 그냥 지나치기 쉽다. 수순이 매우 중요한 문제.

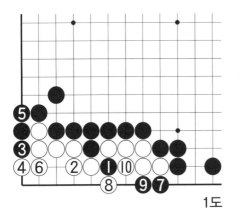

1도

1도(정해 · 백 8집)

흑1로 먼저 끊는 수가 멋진 올바른 수순. 백2로 이으면 흑3 · 5로 젖혀잇고 다시 7 · 9까지 선수로 처리할 수 있다.

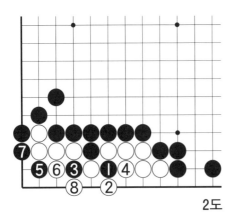

2도

2도(백, 1집 손해)

흑1 때 백2로 몰면 흑3 다음 5의 붙임이 날카로운 끝내기 맥점. 백8까지의 결과는 정해에 비해 백의 1집 손해이다.

3도(백2, 위험한 수)

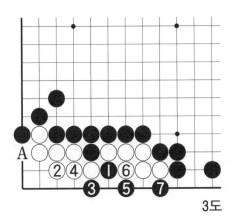

3도

흑1 때 A쪽 끝내기도 방비할 겸 백2로 호구치는 수가 멋져 보인다. 그러나 이것은 위험천만의 수. 흑3의 단수 다음 5로 호구치는 수가 좋아 백은 패를 피할 수가 없다.

4도(방향착오)

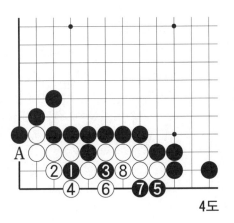

4도

흑1쪽으로 끊는 것은 잘못. 백2면 흑3 이하 흑은 겨우 한 쪽밖에 선수로 처리하지 못한다. A쪽은 선수로 듣지 않기 때문. 그렇다면 정해보다 흑은 2집 손해.

5도(하수 끝내기)

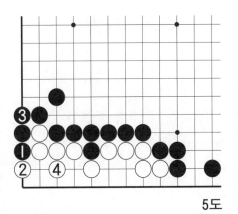

5도

단순하게 흑1·3으로 잇는 것은 백4의 응수가 안성맞춤이어서 더 이상의 후속수단은 없다. 이 결과 흑은 정해에 비해 4집 손해를 본 셈.

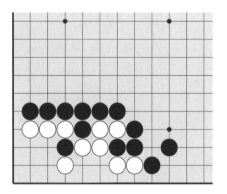

제5형(흑차례)

【제5형】

수에 밝은 사람이라면 한 눈에 봐도 수상쩍은 모습임을 느낄 것이다. 자, 어디서부터…. 선수와 집계산의 갈림이 있는데, 끝내기가 촛점이므로, 여기서는 집계산에 충실해 본다.

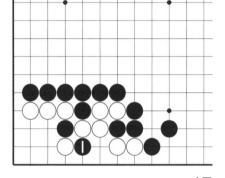

1도

1도(정해)

우선 백의 약점을 끊을 수 있는 곳은 2군데. 이 경우 흑1쪽을 끊는 것이 재미있는 수법이다. 물론 흑 한점이 달아나는 맛을 강조한 것.

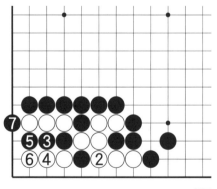

2도

2도(백, 선수 중시)

백이 선수를 잡자면, 백2로 잇는다. 그러면 흑3으로 빠져나가는 수가 보인다. 백은 4·6으로 몰아 석점을 버리고 둘 수밖에 없다. 이것이 백2를 선택했을 때의 최선.

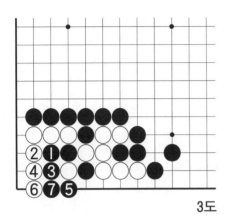

3도

3도(백, 전멸)

흑1 때 백2·4로 몰아 수상전을 하려는 것은 무리. 보다시피 백은 유가무가로 인해 싸움이 되지 않는다.

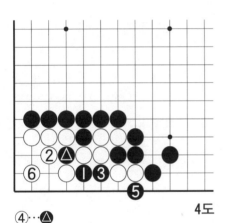

4도

④…⚫

4도(정해 계속)

집계산에 충실하자면, 흑1 때 백2로 따내는 것이 좋다. 그러면 흑3·5로 몰아 잡게 된다. 비록 백의 후수 삶이지만, **2도**보다 백은 5집 이상 우세하다.

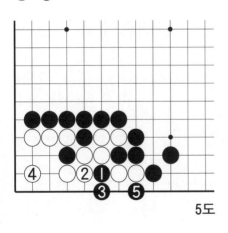

5도

5도(실패)

흑1로 끊는 수도 생각할 수 있지만 백2, 흑3 때 백4로 지키면 흑5로 잡을 수밖에 없다. 이것은 정해에 비해, 흑이 3집 손해이며, 후수라는 점도 불만이다.

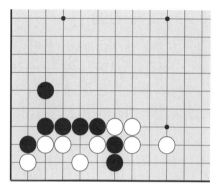

제6형(흑차례)

【제6형】

당장 흑 한점을 잇는 것이 급해 보인다. 순순히 응하고 싶지는 않은데…. 위기에서 찬스를 만드는 수단은?

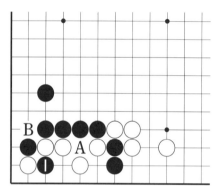

1도

1도(정해)

흑1로 끊는 수가 절호의 타이밍. 백은 당장 A의 곳에 양단수가 보이므로 B로 끊을 틈이 없다.

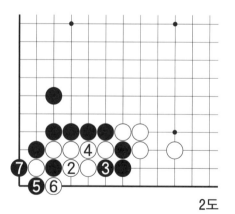

2도

2도(정해 계속)

백2가 최선의 응수이며, 거기서 흑3의 단수를 결정해 5·7로 돌려쳐서 패를 내는 수단이 성립한다. 이것은 흑이 져도 큰 피해가 없는 꽃놀이패.

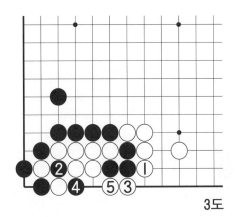

3도

3도(패의 결과)

전도에 이어 백은 패의 부담이 크므로, 결국 백1 이하로 후퇴하는 정도. 이 결과 흑은 패를 빙자해 선수로 막대한 이득을 챙겼다.

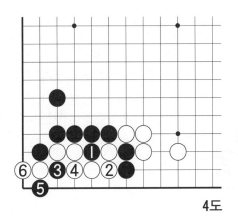

4도

4도(수순 미스)

흑1로 이쪽에서 단수를 결정하는 것은 악수. 다음 흑3·5면 백6으로 빠져 이제는 수가 안 된다. 단수를 아껴두는 데에 묘미가 있는 법.

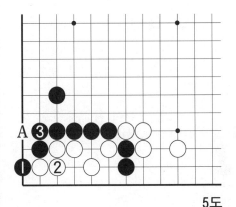

5도

5도(혼자만의 수읽기)

흑1은 백이 3의 곳을 끊어오면 A로 단수쳐서 패로 버티겠다는 의도. 경우에 따라서는 유력한 수법이지만 지금은 미흡하다. 백은 2로 양보해도 만족.

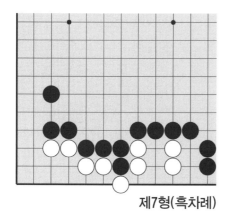

제7형(흑차례)

【제7형】

2선 젖혀잇기 정도로 만족해서는 안 된다. 보다 강력한 끝내기 수단을 구해 보도록…. 백의 응수에 따라서는 전멸시킬 수도 있다.

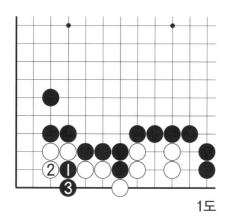

1도

1도(정해)

흑1로 끊는 것이 맥점. 백2로 단수칠 수밖에 없을 때 흑3으로 내려서는 수가 백의 자충을 노리는 강타이다. 계속해서―

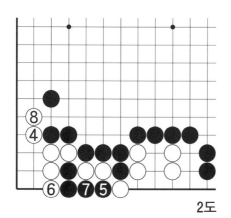

2도

2도(정해 계속)

백은 4로 젖히는 수가 최선. 흑5로 잡을 때 백6·8로 뻗어 귀를 살리는 것이 쌍방 최선이다. 흑으로선 엄청난 이득을 챙긴 것.

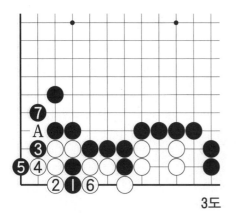

3도

3도(백, 전멸)

흑1 때 백2로 잡으면 흑3으로 젖히는 수가 통렬. A의 곳에 백돌이 없으므로 백4에는 흑5의 단수가 들어 백 전멸이다.

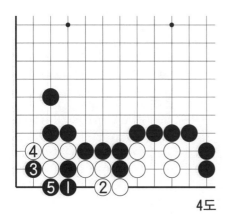

4도

4도(역시 전멸)

흑1 때 백2로 잇는 것도 마찬가지. 흑3으로 붙이는 수가 통렬하여 결국 백은 전멸을 당할 처지이다.

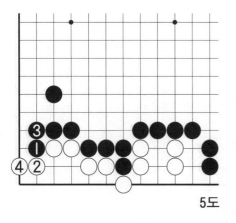

5도

5도(하수 끝내기)

단순히 흑1·3으로 젖혀잇는 것은 백4로 뻗어 삶의 형태. 이런 평범한 끝내기로는 백 한점도 잡을 수가 없다.

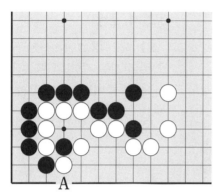

제8형(흑차례)

【제8형】

실전이라면 그냥 흑A로 몰기 쉬운데 이것은 패기부족. 잘 살펴보면 날카로운 끝내기가 있다.

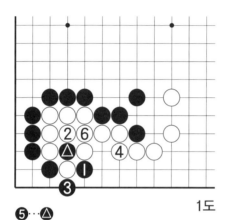

⑤···△

1도

1도(정해)

흑1로 끊는 수가 호수. 백2면 흑3으로 넘는다. 백은 4로 이을 수밖에 없으며 흑5로 때림이 선수. 상당한 성과를 보았다.

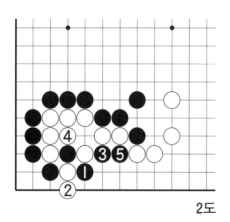

2도

2도(백, 무리)

흑1 때 백2로 차단하는 것은 위험천만. 흑3의 단수에 응수가 없다. 백4로 따낸다면 흑5로 몰아 백 두점이 잡히는 모습.

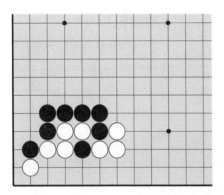

제9형(흑차례)

【제9형】

이것도 전형과 동일한 맥락이다. 잇기 전에 백에 대한 공격을 본다.

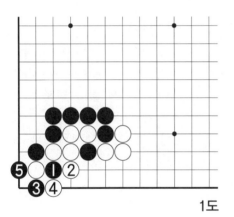

1도

1도(정해)

흑1로 끊은 다음 3·5로 돌려친다. 백이 이을 수 없는 형태이므로 상당한 끝내기를 한 셈이다.

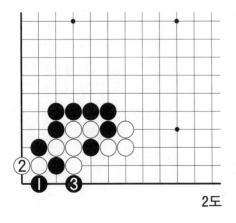

2도

2도(꽃놀이패)

흑1 때 백2로 뻗는 것은 흑3으로 역시 패. 패의 규모가 커지는 것은 흑에게 더욱 유리할 뿐이다.

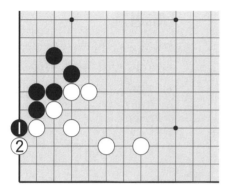

제10형(흑차례)

【제10형】

흑1로 젖혔을 때 백2로 막는 것은 실전에서 흔히 나오는 형태. 알면 상당한 득이 되나 모르면 손해를 감수할 수밖에 없다.

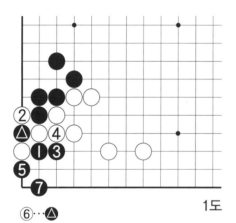

⑥…△

1도

1도(절묘한 삶)

흑1로 끊는 맥점이 성립한다. 백2 때 흑3을 선수하고 5에 막아서 삶을 꾀하는 것이다. 다음 백이 패를 피해 이으면 흑7로 거뜬하게 살게 된다.

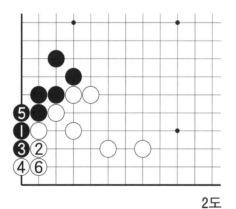

2도

2도(참고)

기본도가 생기기 직전의 형태를 본다. 흑1 때 백은 2로 늦춰받을 곳. 이렇게 2집을 양보했다면 **전도**와 같은 수단은 일어나지 않았을 것이다.

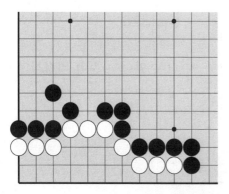

제11형(흑차례)

【제11형】

백집 속에서 수가 난다. 그런데 백의 응수여하에 따라 수습하기 어려운 사활이 걸릴 수도 있다.

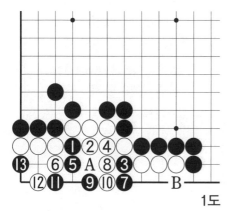

1도

1도(패는 환영)

흑1·3으로 단수치는 것이 올바른 수순. 계속해서 흑7·9의 수가 교묘하다. 백10으로 막으면 흑13까지 패가 난다. 그러므로 백10으로는 A로 잡고, 흑도 B로 백 석 점을 잡는 끝내기로 낙착돼야 할 것이다.

2도(수순착오)

흑1로 먼저 몰고 3으로 끊는 것은 수순착오로, 이때는 백4로 받아 별무신통. 흑5 이하 11까지 선수로 처리할 수 있지만 미흡하다.

2도

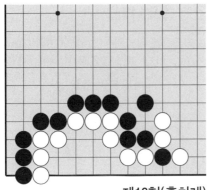

제12형(흑차례)

【제12형】

백은 주위의 공배가 모두 막혀 있다는 것이 치명적인 결함이다.

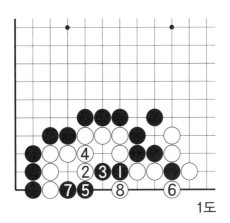

1도

1도(쌍방 최선)

흑1로 끊는 수가 치명적인 급소. 백2면 흑3·5로 공격한다. 백6·8은 최선의 응수이며, 이것으로 흑의 선수 빅으로 결말.

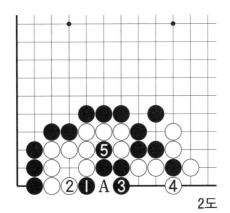

2도

2도(흑의 버팀)

흑1 때 백2로 응수하면 흑3으로 꼬부리는 수가 준비된 맥점. 이것으로 백은 패를 피할 수 없는 모습이다. 다음 백A에 따내, 한 수 늘어진 패. 백4로 먼저 두면 흑5로 단패가 되므로 백은 최악의 순간을 맞는다.

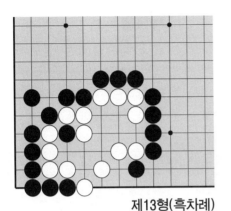

【제13형】

백집을 최대한 줄이려면 어떻게 끝내기하는 것이 좋을까?

제13형(흑차례)

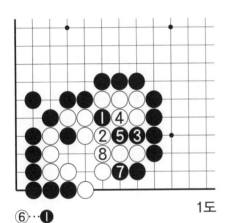

6…❶

1도

1도(정해)

흑1로 끊는 것이 급소. 백은 2로 단수칠 수밖에 없으며, 흑3·5를 선수한 다음 7까지 선수가 된다.

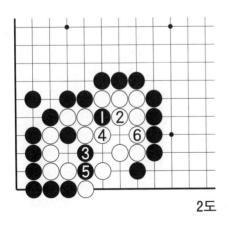

2도

2도(백, 망함)

흑1 때 흑에게 끝내기를 당하기 싫어 백2나 6으로 받는 것은 흑3의 단수로 곤란하다. 백4가 어쩔 수 없는데, 흑5로 넉점이 선수로 잡힌 꼴.

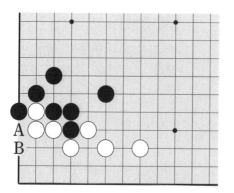

끝내기의 요령을 묻는다. 그냥 흑A로 밀고 들어가서는 백B로 받아 별 게 없다. 어떤 수가 있을까?

제14형(흑차례)

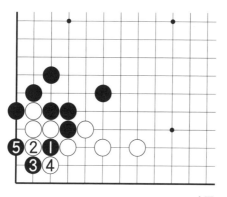

1도

1도(정해)

흑1로 끊는 것이 맥점. 백2로 단수칠 수밖에 없을 때 흑3으로 젖혀가는 수가 재미있는 끝내기 요령으로, 백4 때 흑5로 넘어간다.

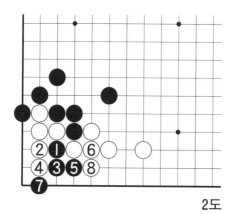

2도

2도(수부족)

흑1, 백2 때 흑3으로 뻗는 것은 악수. 백4에 흑5가 선수로 들어도 흑의 한 수 부족이 된다.

3도(백, 손해)

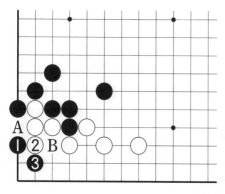

3도

흑1로 치중하는 수가 백 A면 흑B를 노려 그럴 듯해 보인다. 이때 백2로 받는 것은 흑3으로 젖혀, 이것은 정해보다 득이지만—

4도(백의 호수)

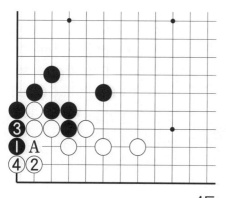

4도

흑1에는 백2로 한칸 뛰는 수가 있다. 흑3에 잇는 정도인데 백4로 막아 그만. 이것은 후수이긴 해도 A의 곳이 백의 권한이므로, **1도**에 비해 4집이나 백이 많다.

5도(별무신통)

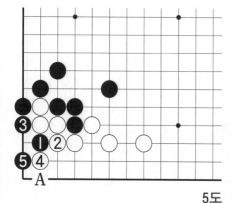

5도

흑1로 붙이는 수도 눈에 띄지만 백2·4로 받아 별게 없다. 흑5로 젖혀 패를 거는 수도 있지만, 백도 부담이 크다. 경우에 따라 흑5 때 백A로 물러나도 정해와 같아질 뿐이다.

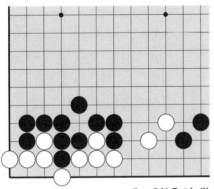

제15형(흑차례)

【제15형】

이것은 끊는 맥이라기 보다 끊어잡는 맥이라고 봐야겠다. 백이 날일자로 연결해 무리가 없어 보이는데, 과연 어떤 수단이 있을까?

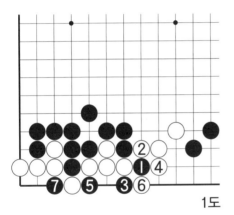

1도

1도(정해)

흑1로 젖혀가는 것이 수순. 백2로 끊을 수밖에 없을 때 흑3으로 젖혀가는 수가 재미있는 끝내기 요령이다. 백4면 흑5의 먹여침으로 귀가 떨어진다.

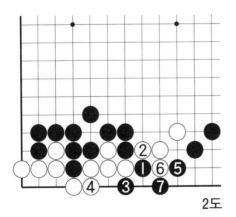

2도

2도(백, 위험한 패)

흑3 때 백4로 잇고 버티는 것도 있으나 흑5의 한칸 뜀에 의해 7까지 패. 이렇게 패로 버티는 것은 위험하기 짝이 없다.

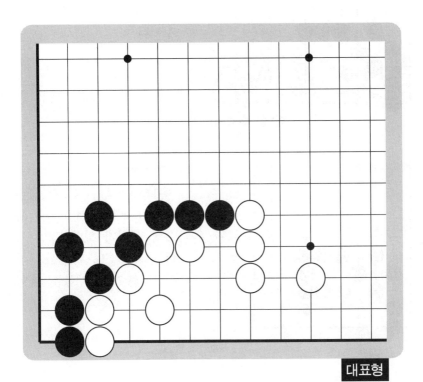

대표형

끝내기에서 붙임은 주로 상대방의 공배관계를 이용해서 이득을 취하는 방법이다. 종반으로 다가갈수록 돌과 돌들이 붙어 있기 마련이기에 붙임의 수법은 상당한 효과를 보는 수가 많다. 이런 현상이 나타나기 때문에 바둑은 재미있는 것이다.

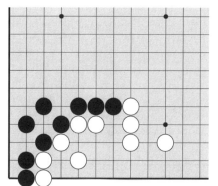

제1형(흑차례)

【제1형】

귀의 백에 덤벼서 끝내기의 득을 본다. 백의 공배막 힘을 이용하면 수가 보일 것이다.

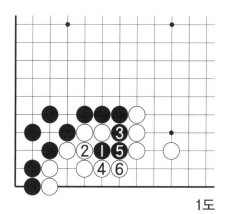

1도

1도(정해)

흑1의 붙임이 침투력 강한 예리한 맥점. 실전이라면 속수의 의미가 있어 그냥 지나칠 지도 모른다. 백6까지 흑은 선수로 백집을 줄였다.

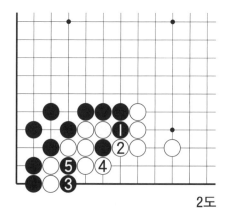

2도

2도(백, 손해)

흑1 때 백2로 응수하는 것은 좋지 않다. 흑3으로 단수치면 백은 4로 후퇴할 수밖에 없어 두점이 뜯기게 된다.

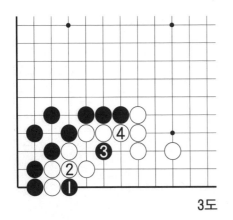

3도

3도(수순착오)

흑1로 먼저 단수치는 것은 악수. 백2와 교환된 다음에 흑3의 붙임은 백4로 잇게 되어 상당히 보태준 결과이다.

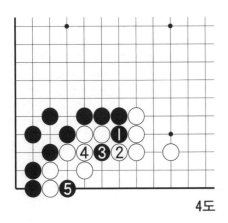

4도

4도(백, 응수잘못)

흑1로 단순히 찔러가는 수도 악수이다. 물론 백이 2로 응수해 준다면 흑3·5로 2도와 같은 결과를 보겠지만—

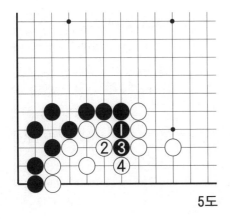

5도

5도(2집 차이)

흑1에는 백2로 늦춰받는 수가 침착하다. 흑3은 선수할 수 있지만, 이 결과는 정해에 비해 흑이 2집을 손해 보고 있다.

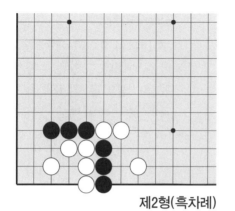

제2형(흑차례)

【제2형】

 어떻게 보면 수상전 문제일 것 같으나 이것은 흑이 먼저 뒤도 안 된다. 다만 최선으로 득을 보는 것으로 만족할 일.

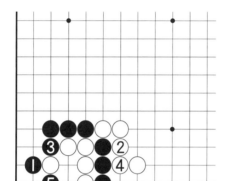

1도

1도(정해)

 흑1로 붙여가는 수가 한눈에 띄는 맥점. 백은 여기서 2·4로 잡아두는 수가 침착하다. 흑5까지 끝내기를 당하는 것은 어쩔 수 없는 노릇.

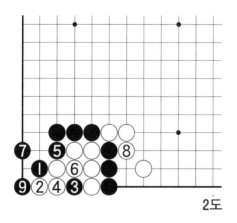

2도

2도(반발하면)

 흑1 때 백2의 젖힘은 흑의 보강을 강요한 수지만 쓸데없는 손찌검. 흑3의 치중이 통렬하여 흑9까지 패가 나서는 견딜 수가 없을 것이다.

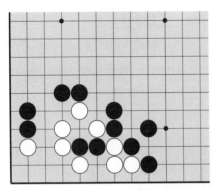

제3형(흑차례)

【제3형】

귀의 백집을 유린하는 문제. 백이 강경하게 버티면 더 큰 손해를 보게 된다.

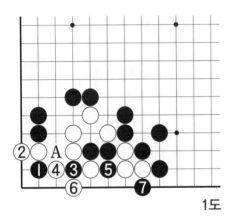

1도

1도(혁혁한 전과)

흑1로 붙이는 수가 맥. 여기에 대해 백2로 차단하는 것은 흑3으로 끊는 수가 통렬하다. 백4에 흑5·7로 석점을 잡아 대성공. 백4로 5면 흑A가 있다.

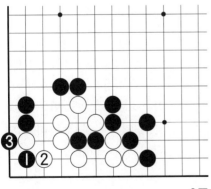

2도

2도(정해)

흑1 때 백은 2로 물러설 수밖에 없다. 이것이 피해를 최소로 줄이는 길. 흑으로선 3으로 넘는 것으로 큰 성과이다.

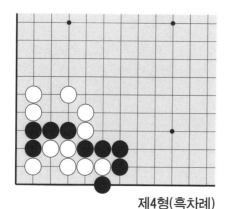

【제4형】

갇혀 있는 흑 넉점을 이용
하여 백을 죄어붙인다. 그
출발점은 어디일까?

제4형(흑차례)

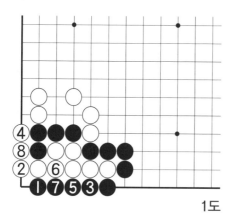

1도

1도(정해)

흑1로 붙여가는 수가 날카
로운 맥점. 백2는 어쩔 수
없는 응수이며, 흑3 이하 순
조롭게 죄어가서 상당한 끝
내기를 하였다.

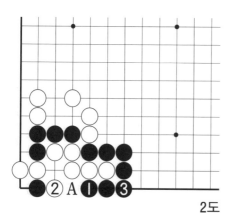

2도

2도(자체 삶?)

흑1 때 백2로 두 눈을 내
어 흑 넉점을 그냥 '식(食)'
하려는 것은 혼자만의 생
각. 흑3에 잇게 되면 A의
곳이 자충이라 오히려 백이
잡혀버린다.

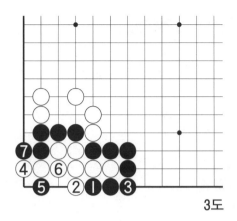

3도

3도(쌍방 미스)

단순하게 흑1로 밀어가는 것은 악수이다. 물론 백2, 흑3 때 백4로 두는 것은 흑5의 치중 한방으로 백이 잡히지만….

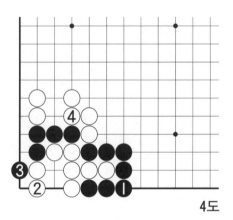

4도

4도(유가무가)

흑1에는 백2로 응수하는 것이 침착하다. 흑3에 젖혀와도 백4면 이 모양은 유가무가의 형태.

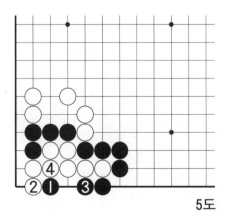

5도

5도(별무신통)

흑1로 치중하는 수도 있을 법하나 이것 역시 백2의 응수가 좋아 **전도**와 별 차이가 없다. 흑3에는 백4.

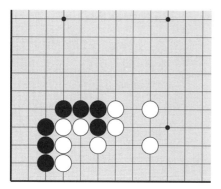

제5형(흑차례)

【제5형】

후수를 잡더라도 백집을 최대한 줄여보고 싶다. 가장 효율적인 끝내기 방법은?

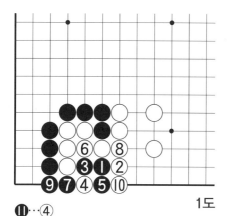

⑪…④

1도

1도(정해)

흑1로 붙여가는 수가 날카롭다. 백2는 부득이한 후퇴이며, 흑3에 백4로 젖히는 수도 최선. 흑은 후수지만 11까지 백집을 크게 줄였다.

2도(실패)

흑1·3으로 단순히 젖혀잇는 것은 대표적인 실패의 예. 비록 선후수의 차이는 있지만, 정해인 **1도**에 비해선 무려 7집이나 손해를 본 것이다.

2도

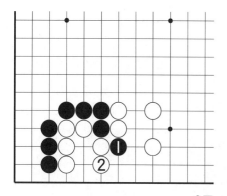

3도

3도(보태주다)

흑1로 끊는 것도 역시 실패. 백은 흑 한점을 단수치지 않고 2로 가만히 뻗어두는 수가 좋다.

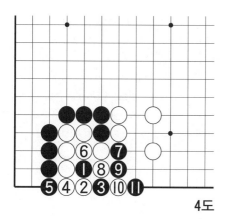

4도

4도(사건 발생)

흑1로 붙여서 넘으려는 것은 무리. 물론 백2로 차단하는 수는 흑3 이하의 수순에 의해 꽃놀이패가 발생하게 된다.

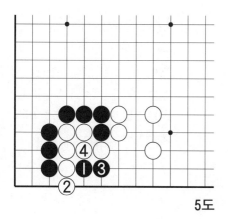

5도

5도(백의 정수)

흑1의 붙임에는 백2로 가만히 뻗는 수가 흑의 무리를 응징하는 수. 흑3으로 두어봐도 백4에 잇게 되면 아무 이상이 없다.

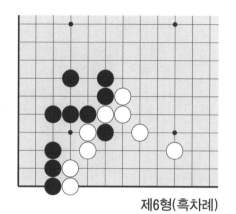

제6형(흑차례)

【제6형】

흑 한점이 움직이려 해도 주위 공배가 있어 뜻대로 안 된다. 그러나 맥점 하나로 뜻밖의 이득을 볼 수가 있는데….

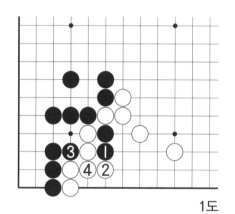

1도

1도(흑3, 악수)

흑1 다음 3으로 찝는 것은 백4로 잇는 수가 있어 아무 것도 안 된다. 흑은 아무 소득없이 뒷맛만 없앤 꼴이다.

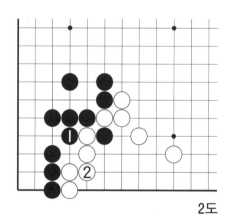

2도

2도(1집 이득이나)

흑1은 백의 뒷맛을 노리는 그럴 듯한 수이나 백2로 지키는 수가 좋아 별무신통. 물론 **1도**보다야 1집을 이득 보았지만….

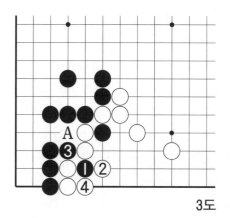

3도(정해1)

흑1로 묘한 곳에 갖다붙이는 수가 절묘한 맥점. 백2는 절대이며 거기서 흑3을 선수한다. 이 다음 A의 곳이 흑의 절대권리여서 **1도**보다 2집 득.

3도

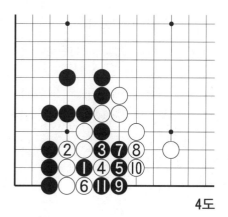

4도(무모한 저항)

흑1 때 백2로 잇고 버티는 것은 무리. 흑3으로 막는 수가 성립한다. 백4에 흑5로 되몰아 11까지 보듯이 패. 이것은 흑의 꽃놀이패이므로 백이 견디지 못한다.

4도

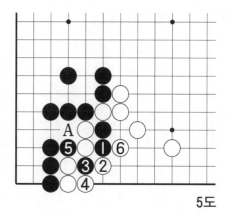

5도(정해2)

지나갔지만 흑1, 백2 때 흑3으로 먹여치는 수가 있었다. 백4로 따낼 수밖에 없으며 흑5가 선수. 이 모양은 A가 흑의 권리여서 역시 **3도**와 집에선 똑같다.

5도

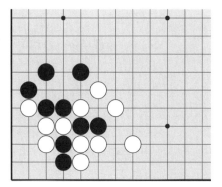

제7형(흑차례)

【제7형】

귀에서의 최선의 끝내기를
생각한다. 백이 강하게 버
티면 심상치 않은 싸움이
된다.

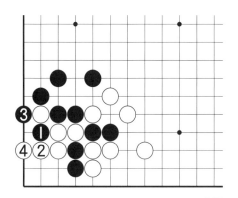

1도

1도(하수 끝내기)

흑1·3으로 한점을 잡는
것은 실패. 이렇게 눈에 보
이는 것에만 수를 읽는다면
1급의 길은 요원할 것이다.

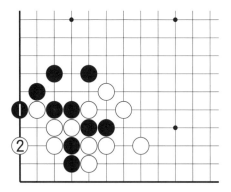

2도

2도(대동소이)

흑1로 젖혀가는 수는 **1도**
에 비해 한 단계 발전한 끝
내기 모습. 그러나 백2의 응
수가 또한 좋은 수여서 **1도**
와는 별 차이가 없다.

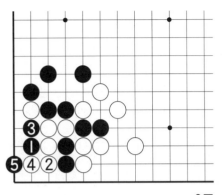

3도

3도(정해)

 흑1로 붙여가는 수가 기발한 끝내기 맥점. 백2·4의 양보는 어쩔 수 없으며, 흑5까지 상당한 전과를 올렸다.

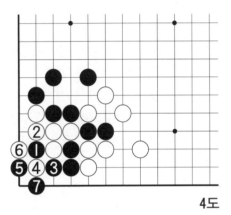

4도

4도(꽃놀이패)

 흑1 때 백2로 잇는 것은 무모한 저항. 흑3·5 다음 백6이면 흑7로 꽃놀이패가 생긴다.

5도(실패)

 흑1은 백3에 막아달라는 주문. 그러면 **전도**와 같은 패의 수단이 있지만, 과연 백이 흑의 뜻대로 두어줄까? 백2·4로 비켜서 손해만 가중된다. 오른쪽 흑 두 점이 잡혀 있으므로….

5도

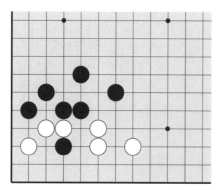

제8형(흑차례)

【제8형】

수순좋게 백모양의 약점을 추궁한다. 그러려면 갇혀 있는 흑 한점과 연관된 수를 생각해야 할 텐데….

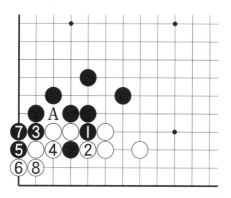

1도

1도(하수 끝내기)

흑1·3을 결정해 버리는 것은 악수. 이하 8까지 선수로 처리했다는 것 말고는 의미가 없다. 더구나 백A면 흑은 한 수 가일수가 필요.

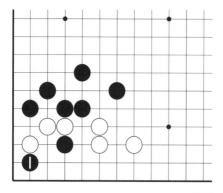

2도

2도(정해)

흑1로 붙이는 것에서부터 실마리를 구한다. 이 수가 여러 가지 맛과 함축성을 보는 급소. 계속해서—

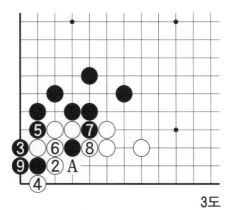

3도(정해 계속)

백2의 응수가 최선인데 거기서 흑3으로 젖히는 것이 연타석 안타. 이하 9까지 백집을 크게 줄였다. 이후 백은 A의 곳에 가일수가 필요.

3도

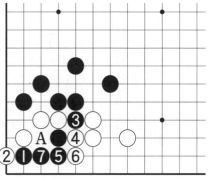

4도(백, 수부족)

흑1 때 백2로 응수하는 것은 흑3, 백4 다음 흑5로 내려서는 수가 좋다. 백6이면 흑7로 이어 최하 빅이며, 백6으로 7은 흑A가 있다.

4도

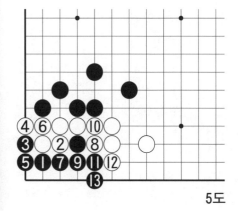

5도(흑, 삶)

흑1 때 백2면 흑3으로 젖히는 수가 기민하다. 이때 백이 7로 받으면 정해로 돌아가는데, 백4로 잡자고 들면 사건이 발생한다. 이하 13까지 귀에서 살기 때문.

5도

맥점형7 붙이는 맥 *297*

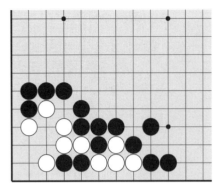

【제9형】

날카로운 맥점을 발휘하여 백을 괴롭혀 보자. 어떻게 추궁하느냐에 따라 끝내기의 결과가 달라진다.

제9형(흑차례)

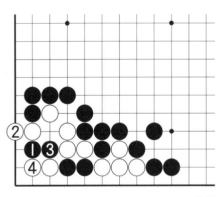

1도(보태주다)

흑1로 붙여가는 것이 얼핏 눈에 띄는 수지만 실착. 백 2로 차단당해 보태준 꼴이 된다. 흑3에는 백4로 그만.

1도

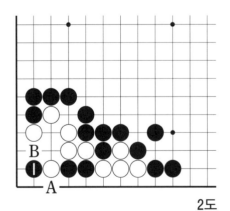

2도(정해)

흑1로 붙이는 수가 날카로운 맥점. 여기에 대해 백 A면 이제는 흑B의 수단이 성립한다. 계속해서 —

2도

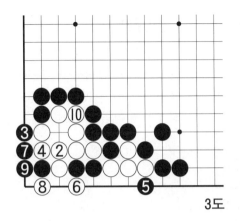

3도

3도(정해 계속)

 따라서 백은 2로 이을 수 밖에 없는데, 거기서 흑3으로 젖히는 것이 연타석 안타. 이하 10까지 백은 후수 삶이 불가피하다. 백 5집 확정.

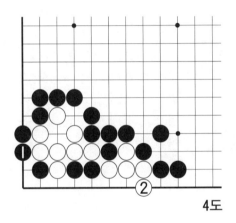

4도

4도(흑, 2집 손해)

 전도 흑5로 1에 넘는 것은 백2로 빠지는 수가 좋아 흑이 손해. 정해인 **3도**에 비해 흑은 2집 가량 손해를 본다.

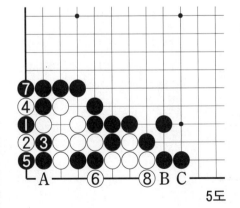

5도

5도(백, 반집 손해)

 흑1 때 백2로 젖혀 막는다면 흑3·5가 있다. 어차피 패는 피해야 하므로 백6으로 잡아야 하고, 백8까지 예상된다. 이후 A를 반반의 권리로 보고, 백B, 흑C를 예상할 때, 백이 정해보다 반집 정도 손해본다.

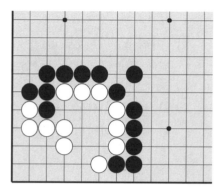

제10형(흑차례)

【제10형】

이런 곳에서는 흔히 쓰이는 끝내기의 맥점이 있다. 백이 강하게 버틴다면 오히려 더 큰 이득을 보게 된다.

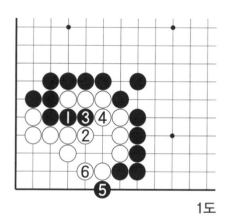

1도

1도(하수 끝내기)

흑1·3을 결정해 버리는 것은 아깝다. 다음 흑5의 젖힘까지 선수가 되지만, 이것으로 끝내기를 했다고 흡족해 한다면 곤란.

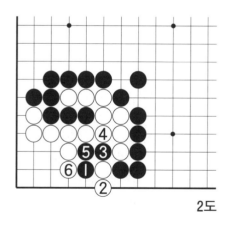

2도

2도(흑1, 곤란)

전도 흑5로 **본도** 1에 붙이는 수가 있을 듯하지만 이것은 백2로 빠져 곤란. 흑3으로 끊어도 백4·6으로 몰리기 때문이다.

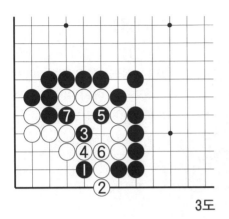

3도

3도(정해)

처음부터 흑1로 껴붙이는 수가 흔히 쓰이는 맥점. 백2로 차단해야 할 때, 흑3의 맥점을 당해 흑7까지 백 석점이 잡힌다.

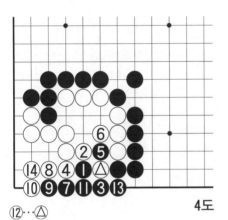

⑫…△

4도

4도(백, 응수잘못)

흑1 때 백2로 수비하면, **전도**처럼 석점이 잡히지는 않지만, 백14까지 귀의 백집이 선수로 크게 다친다. 이 결과는 백이 후수인데다가, 집으로도 정해에 비해 1집 반 정도로 손해.

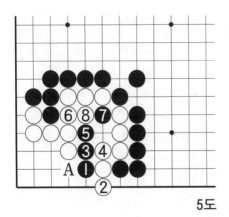

5도

5도(흑3, 악수)

흑1, 백2 때 흑3으로 올라서는 수는 성립되지 않는다. 흑7로 끊어봐도 백8로 몰리기 때문. 다만 백8로 A에 두는 것은 백이 환격에 걸리므로 조심!

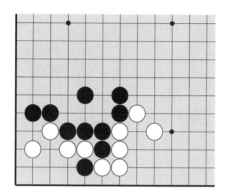

【제11형】

끝내기 맥으로서는 유명한 형태. 어느 쪽으로든 단수를 결정해 버리는 것은 후일을 기약할 수가 없다. 첫수가 중요한데….

제11형(흑차례)

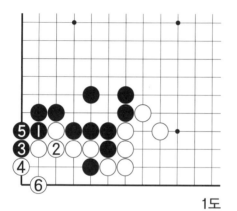

1도

1도(하수 끝내기)

흑1의 단수를 결정해 버리는 것은 악수. 비록 3·5의 젖혀이음까지 선수로 듣지만, 실질적으로 득이라 할 수 없다.

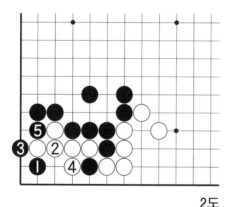

2도

2도(정해)

흑1로 붙이는 것이 끝내기의 맥점. 백2로 잇는다면 흑3으로 젖히는 것이 후속타이다. 백4가 불가피할 때 흑5로 넘어 흑으로선 상당한 성과.

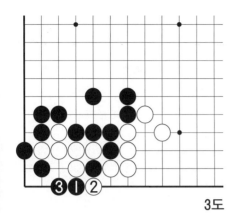

3도

3도(후속수단)

전도에 이어 백은 손을 빼서 선수를 잡겠지만, 여기에는 흑1·3이란 후속수가 있다. 후수지만 5집이나 되는 큰 끝내기이다.

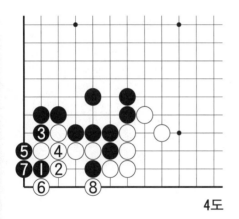

4도

4도(백의 저항)

흑1 때 백이 집을 중시한다면, 백2로 막는 저항도 있다. 흑3을 선수한 다음 5에 넘는 수순이 좋다. 백으로선 6으로 몰아두고 8에 잡는 것이 무난한데, 결국 후수는 어쩔 수 없다.

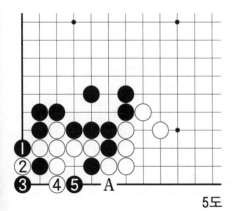

5도

5도(선수 공방전)

흑1 때 백2로 먹여치고 4에 내려서는 것은 몰아떨구기를 함축해 선수를 잡으려는 의도. 하지만 흑도 5의 마늘모가 묘착. 백이 손을 빼면 흑A로 젖혀 패로 버티는 수가 있다.

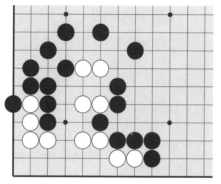

제12형(흑차례)

【제12형】

단순히 젖혀가는 끝내기로
는 상대의 가려운 곳을 긁
어주는 격이다. 날카로운 맥
점을 발휘해 보자.

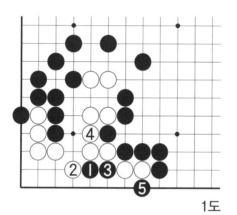

1도

1도(정해)

흑1로 붙여가는 수가 묘
수. 백2에는 흑3으로 가만
히 끊는 것이 좋다. 백4면
흑5로 두점을 잡아 혁혁한
성과를 올렸다. 더구나 백
은 후수로 살아야 할 터.

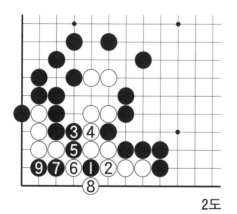

2도

2도(반발하면)

흑1 때 백2로 잇는 것은
무모한 응수이다. 이번에는
흑3·5로 나오는 것이 좋은
수순. 흑9까지 넉점이 잡혀
서는 백은 피해가 너무 크
다.

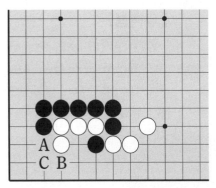

제13형(흑차례)

【제13형】

A의 곳은 누가 차지하든 지 상당히 큰 곳임에는 틀림없다. 더구나 백B, 흑C까지 선수. 그러나 그것보다 더 좋은 수가….

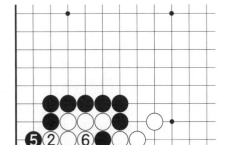

1도

1도(정해)

흑1로 붙이는 수가 맥점이다. 백2에는 흑3. 백4로 잡을 때 흑5로 넘은 다음 7까지 선수하여 엄청난 끝내기를 하였다.

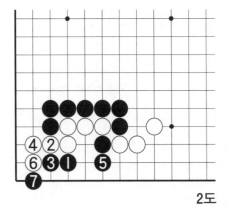

2도

2도(백, 무리)

흑1·3 때 백4로 반발하는 것은 위험천만의 수. 흑5가 좋은 수여서, 아무래도 이 수상전은 백이 수가 부족하다. 그래도 백이 최선을 다한다면 패가 예상되는데, 흑으로선 꽃놀이패에 불과하다. 확인해 보도록!

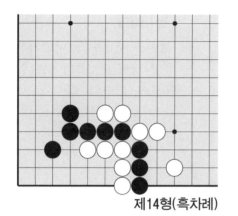

제14형(흑차례)

【제14형】

흑은 공배가 3수, 백은 4수. 따라서 수상전은 흑이 될 턱이 없지만, 그래도 백을 상당히 괴롭히는 수가 있다.

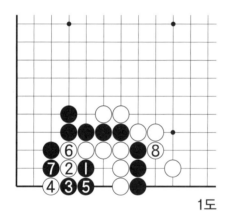

1도

1도(정해)

흑1로 붙여가는 수가 한눈에 띄는 맥점. 백2의 젖힘이 당연하지만 거기서 흑3으로 젖혀가는 수가 날카롭다. 이하 8까지 피차 최선의 수순으로, 흑은 선수로 이 곳을 매듭짓는 전과를 올렸다.

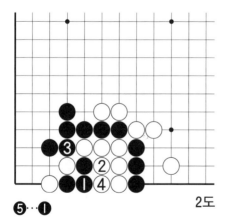

❺…❶

2도

2도(잡고 싶지만)

흑1 때 백2로 석점을 잡는 것은 걸려들게 된다. 흑3의 단수에 이어 5의 단수면 백은 몰아떨구기에 걸린다.

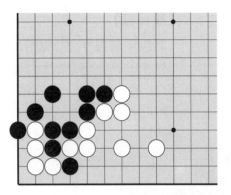

제15형(흑차례)

【제15형】

잡혀 있는 흑 한점을 활용하는 끝내기를 생각해 보자. 핵심을 알면 그리 어렵지 않은 문제.

1도(꽃놀이패)

흑1로 붙이는 수가 맥. 여기에 대해 백2로 덥썩 막는 것은 흑3·5로 몰아쳐 패가된다. 흑으로선 패에 져도 백에 비해 피해가 그다지크지 않는 꽃놀이패인 것.

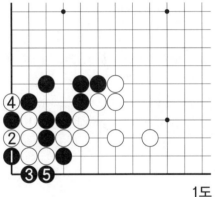

1도

2도(정해)

흑1 때 백은 2로 응수하는 것이 최선이다. 흑은 후수로 이어가야 하지만, 단순히 흑3, 백1로 되는 것과비교해 상당한 끝내기를 한셈. 백2로 A는 흑2를 당해약간 손해이다.

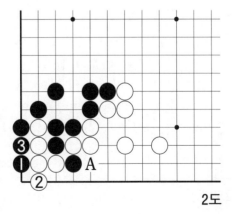

2도

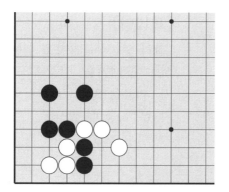

제16형(흑차례)

【제16형】

최선의 끝내기는? 얼핏보고 귀삼수를 생각한다면 상당히 맥점에 밝은 편. 물론 백이 뜻대로 받아주지 않겠지만.

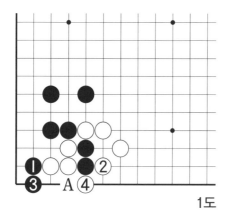

1도

1도(정해)

흑1로 붙여가는 수가 한눈에 띄는 맥점. 백2의 후퇴는 어쩔 수 없다. 다음 흑3이 기민한 선수 끝내기. 손빼면 흑A로 백 석점이 잡힌다.

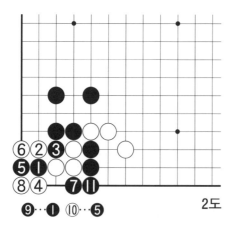

2도

2도(귀삼수)

흑1 때 백2로 젖혀 잡으려는 것은 하수의 심리라면 당연. 그러나 귀에서의 '3수'를 안다면 결코 두지 않을 것이다.

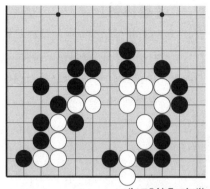

제17형(흑차례)

【제17형】

흔히 '집속에 수 있다'라고 하는데 이런 경우가 바로 그것이다. 어떤 맥점이 있을까?

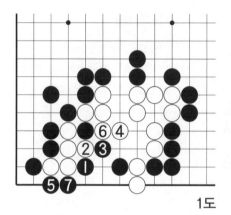

1도

1도(정해)

흑1로 붙여가는 수가 절묘한 맥점. 백2 · 4는 최선의 응수이며, 이하 7까지 넘게 되어선 선수로 백집을 초토화시켰다.

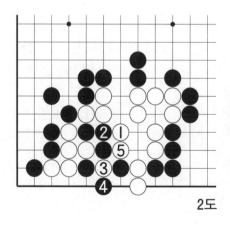

2도

2도(흑, 무리)

백1(전도 백4) 때 흑은 2로 잇고 싶지만 이것은 무리. 백3으로 먹여치는 수가 있어 흑이 수부족이다.

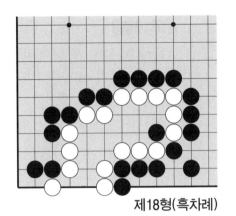

제18형(흑차례)

【제18형】

얼핏 봐도 백모양에는 단점이 많아 보인다. 물론 이 단점들을 모두 얽는 수단을 생각해야 할 것이다.

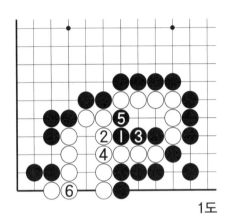

1도

1도(정해)

흑1의 붙임이 쉽게 눈에 들어오지 않는 맥점. 백2는 최선의 응수이며, 흑3·5로 위쪽이 빅이 된다. 백은 후수로 살아야 할 노릇.

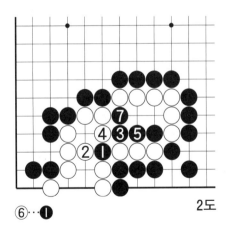

⑥…❶

2도

2도(후수)

흑1로 끊는 것도 노림을 갖는 수이나 백2로 받아 실패. 이하 7까지면 **1도**와 같으나 후수이다. 백2로 4면 사건! 흑2로 나가는 수에 의해 큰 손해를 입는다.

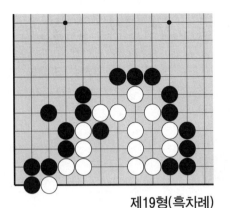

제19형(흑차례)

【제19형】

특별나게 큰 끝내기는 아니다. 최선의 끝내기 수단이 무엇인지 살펴보자.

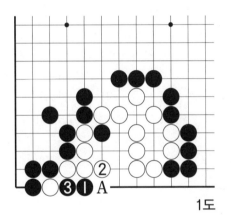

1도

1도(정해)

흑1로 붙이는 수가 재미있는 맥점. 백2는 부득이한 후퇴이며 흑3으로 끝내기했다. 백2로 A에 막는 것은 욕심. 흑2의 끊음을 당해 피해가 더욱 크다.

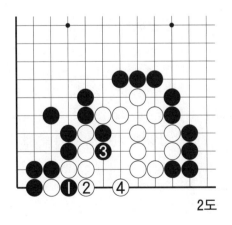

2도

2도(실패)

흑1로 그냥 따내는 것은 생각이 짧다. 백2로 막는 수가 성립. 흑3에는 백4가 멋진 수이다.

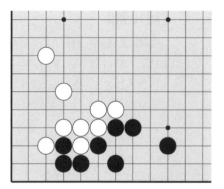

【제20형】

화점 정석 이후에서 나온 모양. 백모양의 결함을 찌르는 끝내기를 생각해 보자.

제20형(흑차례)

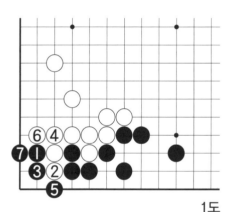

1도

1도(정해)

흑1의 껴붙임이 맥점. 백2로 한 번은 저항하는 수가 있지만, 흑3이면 안 넘겨 줄 도리가 없다. 흑7도 끝내기의 요령.

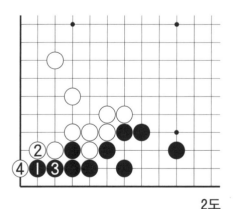

2도

2도(하수 끝내기)

흑1로 한칸 뛰는 사람을 보게 되는데, 이것은 둔하기 짝이 없다. 백4까지 귀의 결말을 보면 정해와는 상당한 차이로 흑이 손해이다.

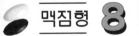

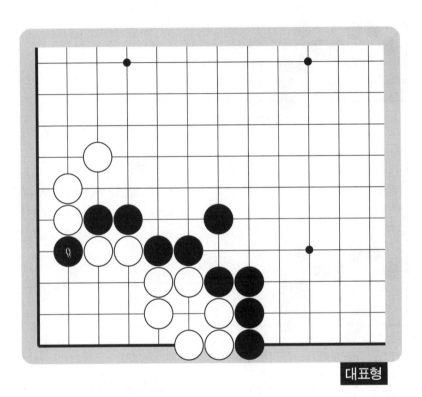

대표형

　바둑에서 '선치중 후행마(先置中後行馬)'라는 말이 있다. 먼저 치중한 후에 상대의 응수에 따라 둔다는 얘기. 끝내기에서도 예외는 아니다. 치중수에 대해 어떻게 응수하느냐에 따라 득실이 엄청날 수도 있는 것이다.

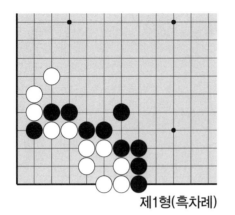

【제1형】

옛부터 내려오는 유명한 문제. 찜찜한 형태지만 특별하게 수가 없어 보인다. 과연 어떤 수단이 있는 것일까?

제1형(흑차례)

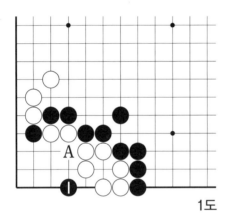

1도

1도(정해)

A로 끊는 수단을 노리면서 흑1로 치중하는 수가 날카로운 맥점. 이 급소 일발로 백은 난처하지 않을 수 없다.

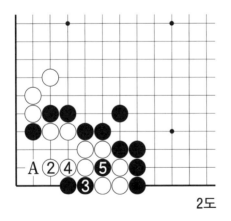

2도

2도(정해 계속)

백2의 후퇴는 최선이며 흑은 3·5로 백 석점을 잡아 큰 전과. 또한 이 다음 흑 A로 붙이는 큰 끝내기가 남아 있다.

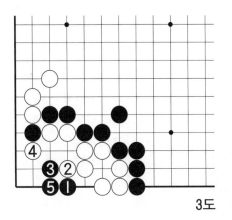

3도

3도(변화)

흑1 때 백2로 반항하면 흑3으로 젖히는 수가 맥점이다. 백4로 단수칠 수밖에 없는데 흑5의 이음이 피니시블로. 백 석점이 떨어지게 된다.

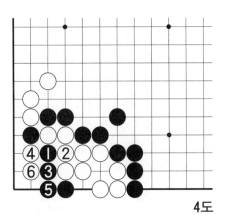

4도

4도(흑의 속수)

그런데 **전도** 흑3으로, 본도 흑1로 바로 단수치는 것은 악수이다. 백2, 흑3 때 백4로 끊어잡아 그만. 흑5에는 백6으로 흑을 자충으로 몰기 때문이다.

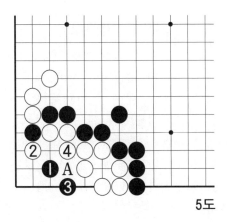

5도

5도(실패)

흑1은 형태상의 급소이지만 이곳을 먼저 치중하면 수단이 사라진다. 백2 다음 3으로 마늘모해 봤자 백은 A로 받지 않고 4로 이어버린다.

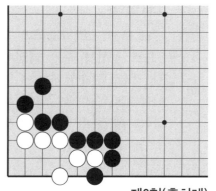

【제2형】

【제2형】

 이것 역시 옛부터 전해오는 유명한 문제. 또한 주변 환경에 따라 사활문제로도 빈번하게 나오는 형태이다. 최선의 끝내기는? 백의 입장에서도 선수를 잡을 궁리를 해 본다.

제2형(흑차례)

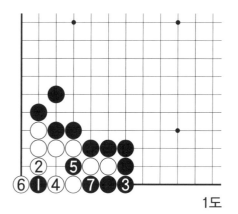

1도

1도(정해)

 흑1로 치중하는 수가 상용의 맥점. 백2에 흑3으로 잇는 것이 이른바 '수순의 묘'이다. 흑7까지 후수지만 백 두점을 잡는 것이 상당한 끝내기.

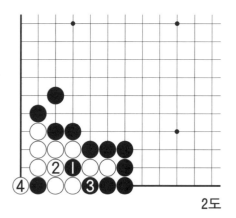

2도

2도(3집 득이지만)

 흑1의 먹여침에 백2로 따내면 흑3의 단수에 백4의 후수 삶이 불가피하다. 비록 1도에 비해 3집 득이나, 백은 특별한 사정(더 큰 끝내기가 없는 경우)이 없는 한 1도처럼 선수를 잡는 것이 상식이다.

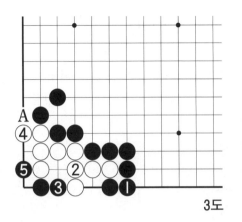

3도

3도(백의 선택)

흑1 때 상황에 따라서는 백2로 잇는 수도 있다. 흑3으로 파호하면 백4, 흑5로 빅. 다음 A의 곳이 백의 권리로 보아 정해와 득실은 같다.

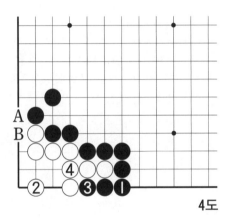

4도

4도(실패)

맥점을 모른다면 흑1로 잇고 백2에 흑3을 선수하는 정도로 만족할 가능성이 높다. 이렇게 되면 흑A, 백B로 보아 **1도**에 비해 백이 5집 득인 셈.

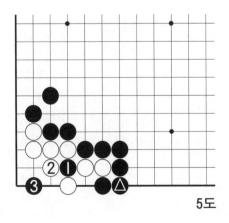

5도

5도(참고 · 사활문제)

흑▲로 이어져 있는 경우 이것은 사활문제가 된다. 정해는 흑1로 먹여친 다음 3의 치중. 이것으로 백은 사망. 먼저 흑3에 치중하지 않도록 유의한다.

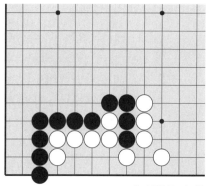

제3형(흑차례)

【제3형】

단순한 끝내기의 문제. 그러나 백의 응수에 따라서는 의외의 분란도 야기된다.

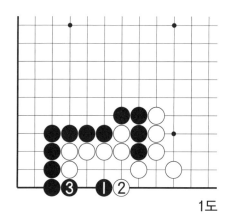

1도

1도(정해)

흑1로 치중하는 수가 비범한 발상. 백은 2로 받는 정도이니, 흑3으로 건너서 후수지만 상당한 끝내기를 한 셈이다.

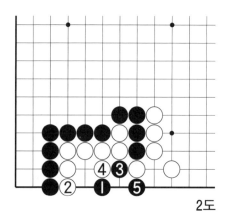

2도

2도(흑의 응징)

흑1 때 백2로 차단하면 어떻게 될까? 이 때는 흑3으로 끊는 수가 준비된 맥점. 백4에는 흑5의 단수로 패를 만드는 수가 있다.

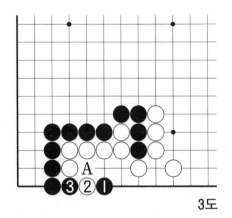

3도

3도(백, 무리)

흑1 때 백2로 차단하려 하는 것도 흑3의 단수면 백은 A로 잇지 못하는 모양. 따라서 흑1에 대해 **1도** 백2는 부득이했다.

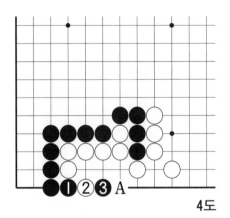

4도

4도(응수 잘못)

그렇다면 흑1로 가만히 들어가는 것은 어떨까? 백2로 막으면 흑3이 있고, 또 백2로 A면 흑3으로 정해로 돌아간다. 그러나 이것은 흑 혼자만의 수읽기.

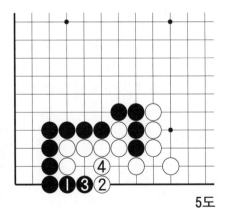

5도

5도(백의 호수)

흑1에는 백2가 적의 급소는 나의 급소에 해당하는 선방. 흑3은 선수가 되겠지만 정해에 비해선 백이 2집이 많다. 끝내기 문제에서는, 선후수를 중시할 경우와, 최대한 1집이라도 줄여야 할 경우를 잘 가려 사용해야 할 것이다.

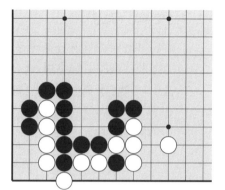

【제4형】

흑 한점을 잡고 있는 백모양이 전부 조여진다. 다만 그 방법에 따라 끝내기도 달라지는데….

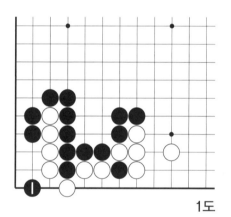

1도

1도(정해)

흑1로 1선에 치중하는 수가 언뜻 떠올리기 힘든 맥점. 이곳이 바로 '2의 一'의 급소임을 생각하면 고개가 끄덕여질 것이다.

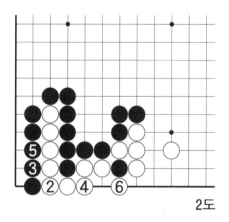

2도

2도(정해 계속)

백은 2로 이을 수밖에 없으며, 거기서 흑3·5를 선수하여 귀에서 상당한 끝내기를 하였다.

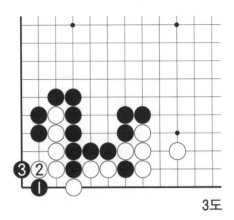

3도

3도(백, 무리)

흑1 때 백2로 차단하려고 하는 것은 무리. 흑3으로 젖히면 이후 백은 어떻게 변화해도 패를 피할 수가 없게 된다.

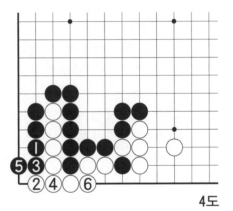

4도

4도(흑, 2집 손해)

애초에 흑1로 들어가도 마찬가지가 아니냐고 반문할지도 모른다. 그러나 백은 2의 저항이 있다. 적의 급소는 바로 나의 급소임을 상기할 것! 정해인 **1도**와는 2집 차이로 흑이 손해.

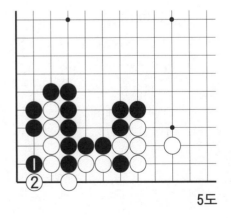

5도

5도(대동소이)

흑1로 붙이는 사람도 많이 보는데, 이것 역시 백2로 받아 **전도**와 마찬가지의 결과가 된다.

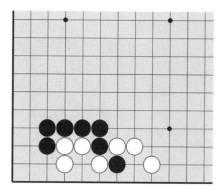

제5형(흑차례)

【제5형】

초점은 흑 한점을 활용하여 최선의 끝내기를 하는 것이다. 과연 정확한 끝내기를 알고 있는지. 실전에서는 놓치기 십상이다.

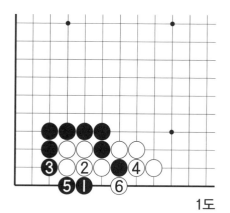

1도

1도(정해)

흑1의 치중이 조금은 비약적인 착상이었을까. 백은 2로 이을 수밖에 없으며, 거기서 흑3·5를 선수. 기분좋게 마무리지었다.

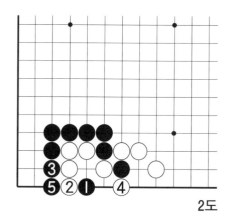

2도

2도(변화)

흑1 때 백이 "이게 웬 떡" 하며 2로 막는 것은 그대로 걸려든다. 흑3이면 백4로 단수칠 수밖에 없는데, 흑5로 몰아떨구기.

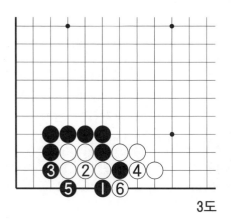

3도(흑, 2집 손해)

 흑1로 단수치고 3으로 막아도 손해가 없다고 느낀다면 하수. 이것은 6까지 선수인 점은 마찬가지이지만, 정해보다 백이 2집 많은 데 주목하기 바란다.

3도

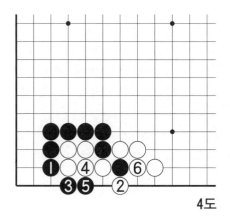

4도(악수 교환)

 실전이라면 흑1로 막기가 십상일 것이다. 이 때 백2로 단수치는 것은 흑3·5로 몰려 정해의 결과인데, 이것은 백이 도와주었기 때문.

4도

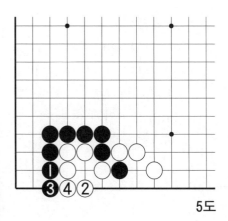

5도(흑, 4집 손해)

 흑1에는 백2로 집을 내는 수가 좋은 수. 흑3까지 선수할 수 있지만, 이것은 백이 정해보다 무려 4집이나 많다.

5도

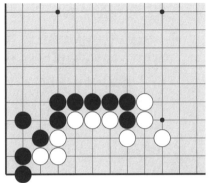

제6형(흑차례)

【제6형】

하변에서 백이 모양좋게 집을 지어 놓았다. 그러나 허점은 있는 법. 급소를 강타하여 끝내기하는 즐거움을 누려보자.

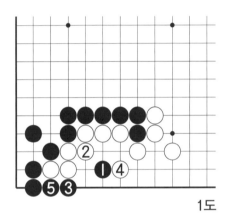

1도

1도(정해)

흑1의 치중이 석점의 중앙에 해당하는 맥점. 백2의 이음은 최선이며, 거기서 흑3으로 붙이는 수가 정확한 수법이다. 백4도 어쩔 수 없는 노릇. 흑5까지 넘으며, 상당히 끝내기를 한다.

2도(변화)

흑1 때 백2로 호구치는 것은 **전도**와 다를 바 없다. 흑은 3이나 A로 두어 별 탈 없이 넘어가기 때문. 흑3 때 백A는 흑B로 끊겨 아웃이다.

2도

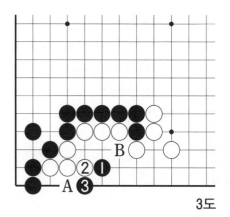

3도

3도(백, 자충)

흑1 때 백2로 차단을 시도하는 것은 좋지 않은 응수. 흑3의 젖힘이 좋은 수여서 다음 백A면 흑B로 끊겨 자충모양이므로 곤란하다.

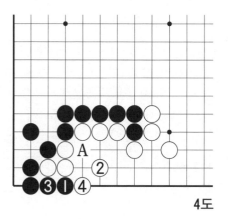

4도

4도(수순착오)

흑1로 먼저 붙여가는 것은 좋지 않다. 백2가 적의 급소에 해당하는 호수. 백은 비록 후수지만 정해에 비해 7집이나 더 생긴다. 백2로 3은 흑A로 끊겨 낭패.

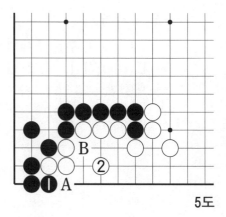

5도

5도(하수 끝내기)

단순히 흑1로 밀어가는 것은 아무나 둘 수 있는 수. 역시 백2가 모양의 급소. '적의 급소가 나의 급소'임을 확인시켜 준다. 백2로 A는 욕심. 역시 흑B로 끊겨 난감하다.

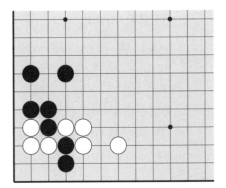

제7형(흑차례)

【제7형】

끝내기 문제에서 자주 등장하는 형태. 초점은 흑 두 점을 어떻게 활용하느냐에 있다.

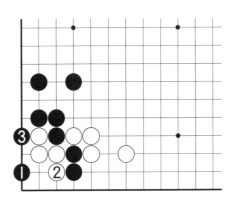

1도

1도(정해)

흑1로 치중하는 수가 백의 약점을 찌른 묘수. 바로 '2의 一'에 해당한다. 백2의 응수는 어쩔 수 없으니 흑은 유유히 3으로 연결해 간다.

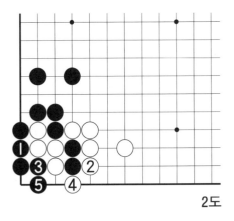

2도

2도(후속 수단)

정해에 이어 후일 흑에게 손이 돌아온다면, 흑1로 이어 백2 때 흑3·5가 마무리 끝내기의 요령이다.

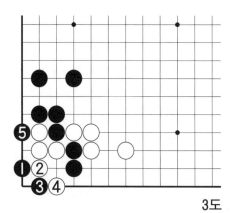

3도

3도(패)

흑1 때 백2로 버티는 것은 흑3·5가 호수순이어서 패가 된다. 이것은 흑의 입장으로 볼 때 꽃놀이에 불과하므로 백으로선 상당한 부담이다.

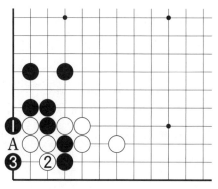

4도

4도(마찬가지?)

흑1로 젖혀도 백은 A에 막을 수가 없어 백2로 잡아야할 테니, 그때 흑3이면 정해와 마찬가지가 아니냐고 할지 모른다. 그러나 이것은 혼자만의 수읽기.

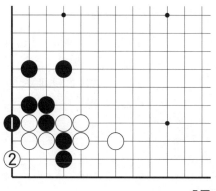

5도

5도(적의 급소가 묘착)

흑1에는 백2의 마늘모가 묘착. 이곳이 바로 귀의 급소인 2의 一이며, 적의 급소이기도 하다. 정해와 비교해, 후수이긴 하지만 6집이 많다.

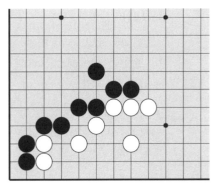

제8형(흑차례)

【제8형】

상대의 자충을 이용하는 문제임은 한눈에 알 수가 있을 것이다. 문제는 그 수순인데….

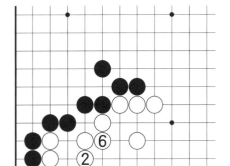

1도

1도(정해)

흑1로 치중하는 것이 좋은 수단. 백2의 후퇴가 불가피할 때 흑3·5로 넘는다. 이것이 백으로서도 최선의 방어인 것.

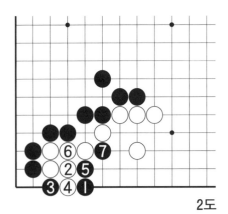

2도

2도(백, 망함)

흑1 때 백2·4로 차단하는 것은 무모하다. 흑5·7로 몰리게 되어 낭패를 당하기 때문이다.

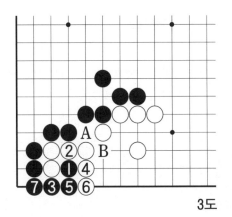

3도

3도(하수 끝내기)

실전에서 보다보면 흑1·3으로 붙여넘는 사람을 종종 본다. 한마디로 어리석은 행동. 스스로 후수가 될 뿐더러 정해에 비해서도 1집(흑A, 백B로 보아) 손해이다.

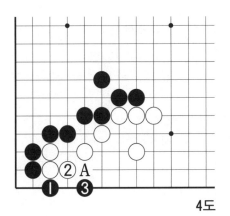

4도

4도(이적수)

흑1로 젖혀가는 수도 생각된다. 백2로 응수하면 흑3의 치중이 통렬하고, 백2로 A면 흑3으로 정해의 결과로 돌아가는데….

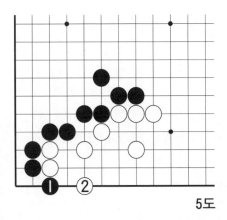

5도

5도(백의 정수)

흑1에는 백2로 뛰는 수가 정확한 응수이며 핵심을 찌른 것이다. 바로 상대가 좋은 자리인 곳은 나에게도 좋은 자리일 수밖에 없다. 이 결과는, 정해에 비해 백이 2집 이득.

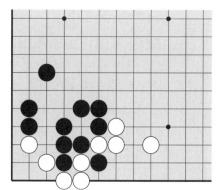

【제9형】

귀의 특수성을 이용하여 귀의 백에 대한 끝내기 수단을 연구해 보자.

제9형(흑차례)

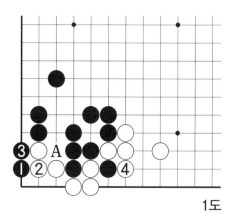

1도

1도(정해)

흑1로 치중하는 수가 제일 감이자 급소이다. 백2는 최선으로 흑은 선수 이득. 백2로 3은 흑A에 응수가 궁하게 된다.

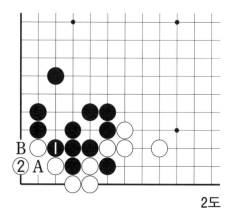

2도

2도(이적행위)

흑1로 먼저 찝는 수도 끝내기가 될 듯 싶지만 백2의 호구침이 멋진 응수. 아무 탈없이 귀를 지킨다. 백2로 A는 흑B의 젖힘으로 곤란.

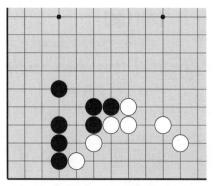

제10형(흑차례)

【제10형】

여기서도 모양상 한눈에 급소가 보인다. 다만 그 이후가 중요한데….

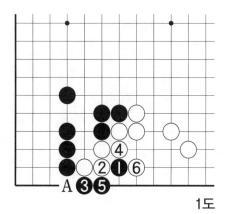

1도

1도(정해)

흑1로 치중하는 수가 맥점. 백2는 최강의 응수이지만 흑3의 젖힘이 또한 맥점으로, 6까지 흑은 선수로 백A에 젖히는 끝내기를 없앴다.

2도(실패)

흑1·3으로 젖혀잇는 것은 직선적인 수법. 다음 백A의 가일수를 강요한 것이지만 백은 손을 뺀다고 가정해 보자. 흑이 계속해서 A로 두어도 또 후수가 됨에 주목! 또 백B로 지켰다고 해도, 정해와 비교하여 백이 2집 정도 이득.

2도

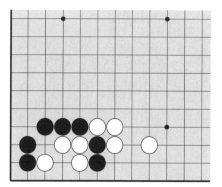

제11형(흑차례)

【제11형】

최선의 끝내기 수단은? 급
소를 둔 이후에도 신경을
써야 할 필요가 있다.

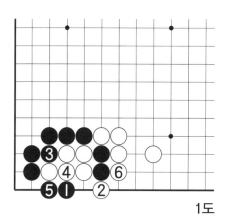

1도

1도(정해)

흑1의 치중이 날카로운 끝
내기. 백2로 단수칠 때 흑
3이 문제의 핵심이다. 백4
면 흑5를 선수하여 마무리.

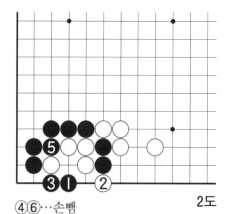

④⑥…손뺌

2도

2도(후수)

무심코 흑3으로 넘기 쉬운
데 이것은 주의 부족. 백은
손을 뺄 것이고, 이어 또 흑
이 5로 두어와도 또 손을
빼게 된다. 두 번의 손뺌은
엄청날 터.

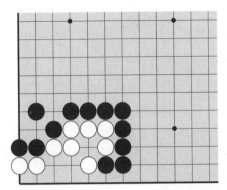

제12형(흑차례)

【제12형】

고난이도의 테크닉을 요한
다. 피차 후수 젖혀잇는 끝
내기가 있는 모양인데, 과
연 최선의 끝내기 수단이
무엇인지 살펴보자.

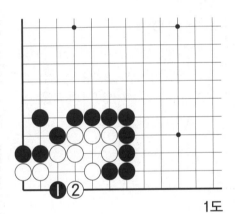

1도

1도(정해)

흑1로 치중하는 수가 백의
사활을 노려 재미있는 맥
점. 백2는 부득이한 후퇴이
며 흑은 이대로 손을 뺀다.
이 결과는—

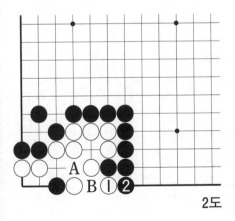

2도

2도(참고)

후일 백1로 젖혀와도 흑2
로 막게 되면 백은 A로 후
퇴할 수밖에 없다. 이것은
애초 흑1, 백B로 계산되는
것에 비해, 반패를 포함하
여 흑이 1집 반 정도의 이
득이다.

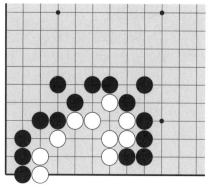

제13형(흑차례)

【제13형】

단순히 젖혀잇는 것으로는 만족할 수 없다. 백집 속에 뛰어들어서 집을 최대한 줄이는 방법을 연구해 보자.

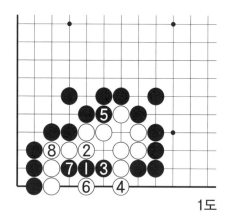

1도

1도(정해)

흑1의 치중이 누가 봐도 한눈에 보이는 급소. 백2로 이을 때 흑3 이하의 수순으로 빅이 된다.

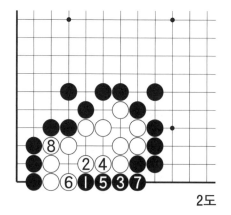

2도

2도(실패)

같은 치중이라도 흑1로 치중하는 수는 잘못. 백2면 흑3으로 넘어갈 수밖에 없는데 백4 이하로 석 집이나 내고 산다. 정해와 비교해, 흑이 2집 가량의 손해.

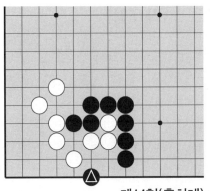

제14형(흑차례)

【제14형】

흑♠를 활용하는 끝내기를 생각해 보자. 실전에서는 그냥 지나치기가 일쑤이다.

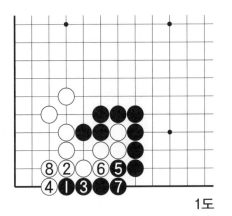

1도

1도(정해)

흑1로 1선에 뛰어드는 수가 날카로운 맥점. 백은 2·4로 후퇴하는 것이 최선이며, 8까지 흑은 선수로 백집을 대폭 줄였다.

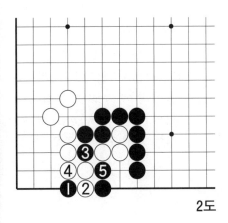

2도

2도(백, 무리)

흑1 때 백2로 차단하는 것은 무리. 흑3으로 단수치면 백은 대책이 없다. 어쩔 수 없이 백4면 흑5로 석점을 접수해 큰 전과.

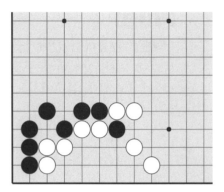

제15형(흑차례)

【제15형】

젖혀잇는 평범한 끝내기가 아닌 보다 좋은 수가 있다. 끊겨 있는 흑 한점을 활용하는 수를 찾을 것.

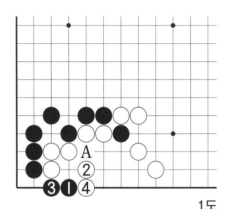

1도

1도(정해)

흑1의 치중이 날카로운 맥점이다. 백2의 후퇴가 부득이하므로 흑은 3으로 유유히 건너 성공. 후일 백은 A의 손질이 필요하다.

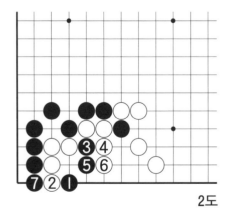

2도

2도(자충)

흑1 때 백2로 차단하다가는 큰일이 난다. 흑3의 끊음이 백의 무리를 응징하는 강렬한 펀치. 흑7까지 백 넉점이 자충으로 꼼짝없이 잡히고 만다.

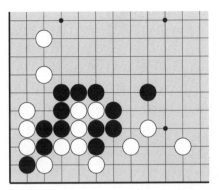

제16형(흑차례)

【제16형】

백 한점을 잡는 것으로는 성에 차지 않는다. 보다 큰 득을 보는 수는?

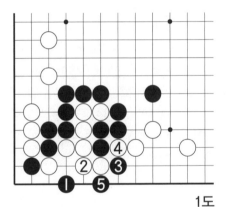

1도

1도(치중 일발)

흑1로 치중하는 수가 재미 있는 맥점. 백2로 이어 그 만일 듯 싶지만, 흑3·5로 젖혀가는 수가 성립한다. 백 은 꼼짝없이 잡힌 꼴.

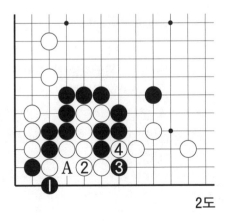

2도

2도(무의미)

흑1의 단수는 백A로 이어 달라는 주문. 그러나 이것 은 흑의 바램일 뿐. 백은 2 로 이어 귀의 한점 외에는 아무 이상이 없다.

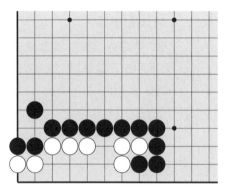

제17형(흑차례)

【제17형】

언뜻 봐서는 사활문제 같기도 하나 백을 잡을 수는 없다. 백의 삶을 위협하여 이득을 얻는 수단을 생각해 보라.

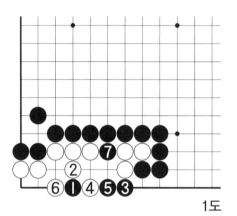

1도

1도(정해)

흑1로 치중하는 수가 '석점의 중앙'에 해당하는 급소. 백2가 최선의 응수일 때 흑3의 젖힘이 또한 맥점이다. 흑7까지 석점을 잡아 큰 성과.

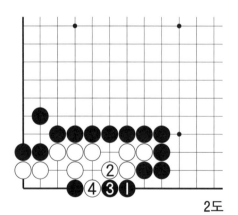

2도

2도(꽃놀이패)

흑1 때 백2로 꼬부리는 것은 악수. 흑3으로 건너면 백4로 집어넣어 패를 할 수밖에 없는데, 이것은 흑의 꽃놀이패이므로 백이 견딜 수가 없다.

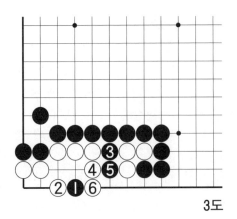

3도

3도(흑, 선수)

흑1 때 백2로 응수하면 흑3으로 나가는 것이 호수. 백4·6이 어쩔 수 없으므로 흑은 선수로 석점을 잡았다. 그렇다고 백4로 5면 흑4로 사건발생!

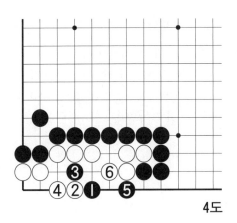

4도

4도(빗나간 치중)

흑1의 치중은 백2가 좋은 응수여서 불발. 흑3에서 5로 젖혀봐도 백6으로 그만이다.

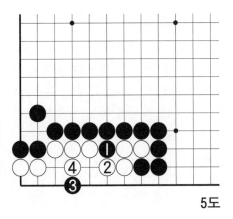

5도

5도(흑1, 속수)

흑1은 속수. 백2와 교환하는 순간 수가 없다. 그리고 나서 흑3에 치중하는 것은 수순착오의 본보기. 백4로 꽉 눌러버려 흑의 움직임을 제어한다.

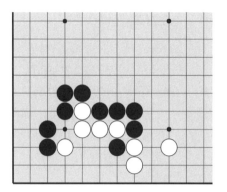

제18형(흑차례)

【제18형】

흑 한점을 잡고 있는 백의 형태는 결정적인 약점을 안고 있다. 수순좋게 백모양의 결함을 찔러 보자.

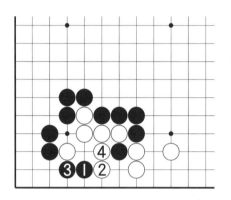

1도

1도(정해)

흑1의 치중이 날카로운 일착. 백으로선 2로 양보하지 않을 수 없으며 흑3, 백4로 마무리된다.

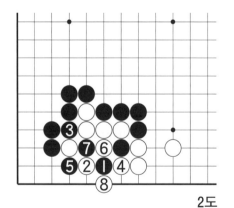

2도

2도(실패)

보통이라면 흑1의 마늘모에 급소가 많으나 여기에선 백2로 받아 실패. 흑3 이하로 공격해 봐도 백8까지 별소득이 없다.

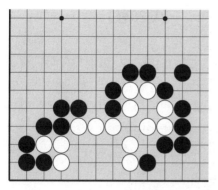

제19형(흑차례)

【제19형】

중앙에 이미 확실한 집을 확보하고 있어 잡힐 돌은 아니다. 다만 끝내기를 어떻게 가져가느냐 하는 문제.

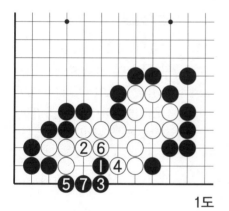

1도

1도(정해)

흑1로 치중하는 것이 급소. 백2로 이으면 흑3이 준비된 맥으로 양쪽 넘는 수를 본다. 백으로선 6까지 사는 정도.

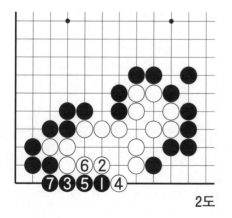

2도

2도(수읽기 부족)

흑1로 치중하여 양쪽 넘는 수를 보는 것은 다소 부족하다. 흑7까지 정해에 비해 백은 3집이나 늘었다.

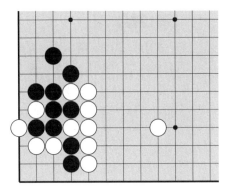

【제20형】

앞에서도 유사한 형태가 나온 바 있다. 끝내기 맥락은 같은 것. 한 가지를 알면 두 가지도 알 수 있는 법이다.

제20형(흑차례)

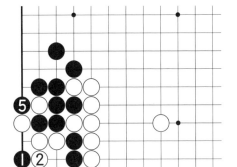

1도

1도(정해)

흑1의 치중이 맥점. 2의 一의 급소이기도 하다. 백2에 흑3의 젖힘이 연타석 안타. 4로 A에 막아도 흑5면 백은 패의 부담이 크므로 굴복하지 않을 수 없다. 흑5까지 백귀를 잠식한다.

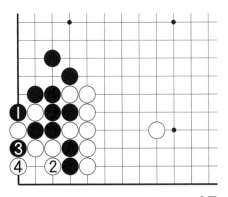

2도

2도(하수 끝내기)

흑1로 단순히 한점을 따내는 것은 백2와 교환되어 끝내기를 했다고 볼 수가 없다. 백4까지 흑이 선수를 잡았지만, 정해에 비해 무려 5집의 차이.

자충을 노리는 맥

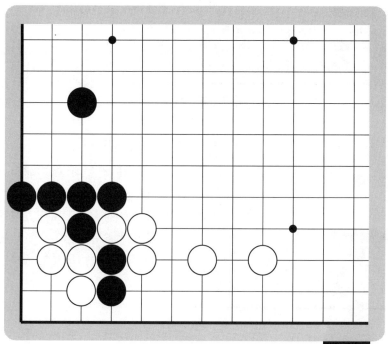

대표형

　자충은 동전의 양면과도 같은 것. 상대를 자충으로 몰
아잡는 통쾌함이 있는 반면, 자기 자신은 자충이 되지
않도록 유의하지 않으면 안 된다. 끝내기에서의 자충은
자칫 사활이 걸리는 수가 많으므로 특히 조심해야 할
것이다.

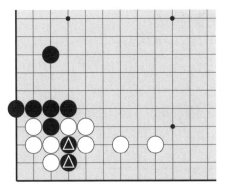

제1형(흑차례)

【제1형】

흑● 두점이 확실하게 잡혀 있는 마당에 득을 본다는 것 자체가 너무 먼 얘기인 것 같지만….

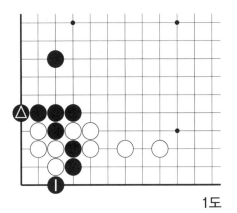

1도

1도(정해)

흑1의 젖힘이 여간해서는 착안하기 어려운 맥점. 이 한 수가 터지고 나면 1선에 내려져 있는 ●의 돌이 뭔가 작용하는 모양이 된다.

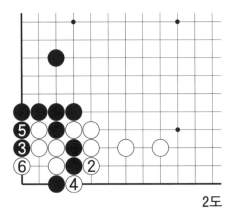

2도

2도(정해 계속)

백2로 잡을 때 흑3으로 붙이는 맥이 발생한다. 백4로 잡고 흑5로 잇기까지가 선수 끝내기. 즉, 정해 흑1은 백의 자충을 유도하는 사전 공작인 셈이다.

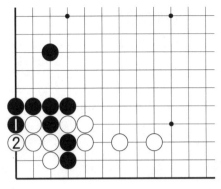

3도

3도(2집 손해)

 맥점을 찾지 못한다면 흑 1, 백2를 선수하는 정도에 그칠 것이다. 이것은 책략이 없는 것으로, **전도**에 비해 확실히 2집을 손해보고 있다.

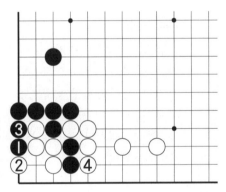

4도

4도(백2, 이적행위)

 흑1로 먼저 붙이는 것은 수순착오. 그러나 여기에 대해 백2는 흑을 도와주는 이적수. 흑3, 백4로 되어 결과는 정해와 같다.

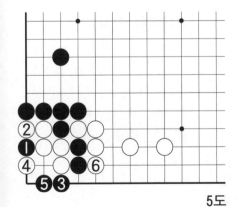

5도

5도(흑, 보태주다)

 수순이 바뀌면 묘하게도 결과 역시 달라지는 것이 바둑. 흑1에는 백2로 끊어잡는 수가 있다. 흑3이면 백4로 따내서 그만. 이것은 정해에 비해 흑이 4집 손해이다.

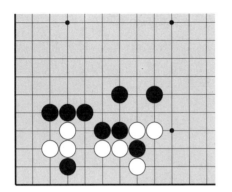

제2형(흑차례)

【제2형】

흑 한점과 연관되는 끝내기를 생각해 보자. 일단 백이 귀의 흑 한점을 잡고 있는 모양이 나쁘다는 것을 염두에 두고….

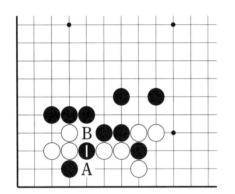

1도

1도(정해)

흑1로 끼우는 수가 눈에 띄는 맥점. 그러나 이후 수 읽기가 정밀하지 못하면 보태주기 때문에 쉽게 둘 수가 없다. 백A면 흑B로 양쪽이 걸리나―

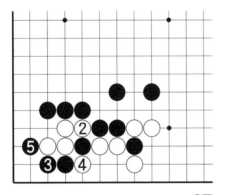

2도

2도(정해 계속)

백은 2쪽으로 끊어잡을 것이다. 이때 흑3으로 나가는 수가 기민한 맥점. 백4는 어쩔 수 없으며, 거기서 흑5로 기분좋게 넘어간다.

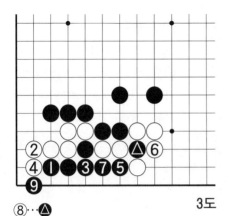

3도

⑧‥▲

3도(백, 수부족)

흑1 때 백2로 잡자고 드는 것은 욕심. 흑3이면 백4가 불가피하며, 흑5·7로 조인 다음 9의 젖힘으로 수상전으로 가면 흑승이 된다. 백이 최대한 버틴다면 패라도 나지만, 흑으로선 어쨌든 환영할 일.

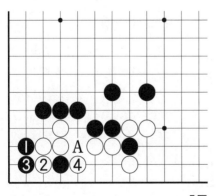

4도

⑦‥▲

4도(흑, 무모)

백1 때 막바로 흑2에 잇는 것은 곤란하다. 백3에 흑4·6을 선수하여도 **전도**와는 한 수의 차이가 있다. 이번에는 흑의 수부족.

5도(실패)

A의 끼움을 노림수로 남겨두고 먼저 흑1로 공략하는 수도 생각되나, 이때는 백2로 늦춰받는 것이 침착하다. 흑3에는 백4로 받아 별무신통.

5도

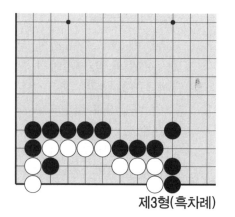

제3형(흑차례)

【제3형】

젖히는 평범한 끝내기가 아
닌 보다 좋은 수가 있다. 백
의 공배가 모두 메워져 있
다는 것에 착안하도록.

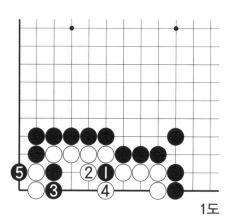

1도

1도(정해)

흑1의 끊음이 백을 자충으
로 유도하는 날카로운 맥점
이다. 백2를 기다려 흑3으
로 두점의 공배를 메워가는
수가 멋지다. 5까지 백 두
점을 잡아 흑의 대성공.

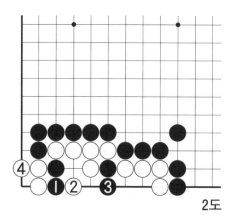

2도

2도(양자충)

흑1 때 백2로 잡으려는 것
은 과욕이다. 흑3이 백의 자
충을 찌르는 통렬한 일침.
백은 4로 살 수밖에 없고,
흑은 손을 빼도 오른쪽 백
넉점을 잡고 있다.

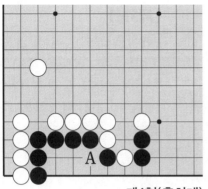

제4형(흑차례)

【제4형】

이 장면에서 흑A로 잇고 넘어가는 것은 끝내기를 했다고 볼 수 없다. 문제는 백 한점을 끊어잡는 수가 있느냐인데….

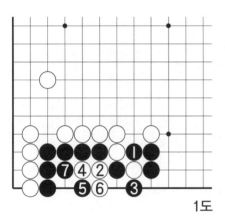

1도

1도(위험)

흑1로 끊어잡을 수 있다. 그러나 백2 때 흑3으로 따내는 것은 실족(失足). 백4로 나가면 흑은 5·7로 패를 할 수밖에 없다.

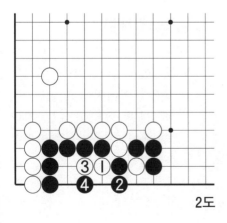

2도

2도(정해)

백1에 대해선 흑2로 내려서는 수가 준비되어 있다. 백3으로 나가도 흑4의 붙임으로 이상무. 자충을 멋지게 활용한 셈이다.

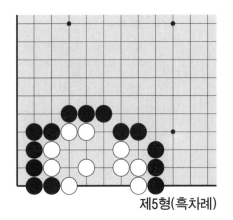

제5형(흑차례)

【제5형】

백이 다분히 견고한 모습이지만, 큰 이득을 올리는 수단이 있다. 노림은 역시 자충. 그것을 유도하는 수순은?

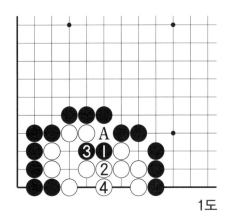

1도

1도(정해)

흑1로 젖혀가는 수가 좋은 끝내기. 백은 2·4로 살 수밖에 없다. 흑은 백 두점을 잡는 이득을 올린 셈. 백2로 A는 흑3으로 단수되어 안 된다.

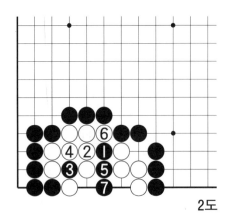

2도

2도(양자충)

흑1 때 백2로 응수하는 수가 있을 듯 하지만, 이때는 흑3의 먹여침이 교묘한 수. 백4라면 흑5·7로 빠져나와 백이 양자충으로 꼼짝없이 잡히고 만다.

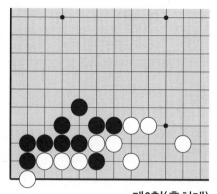

【제6형】

실전에서 흔히 나오는 형태. 귀의 백에 대한 최선의 끝내기는 무엇일까?

제6형(흑차례)

1도(정해)

흑1로 젖히는 수가 교묘한 맥점. 백2의 후퇴가 부득이할 때 흑3의 먹여침이 준비된 수순이다. 5까지 백 한 점을 따내어 상당한 득.

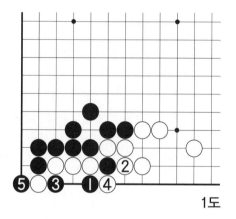

1도

2도(후절수)

흑1 때 백2로 잇는 것은 무리. 흑에게는 3으로 단수하고 5에 잇는 묘수가 있다. 이하 11까지 보기좋게 후절수가 성립한다.

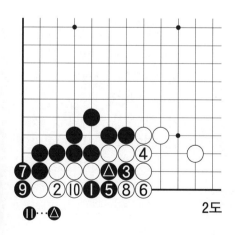

2도

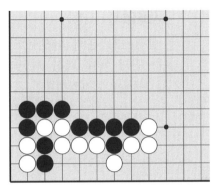

제7형(흑차례)

【제7형】

역시 실전에 자주 나오는 형태. 최선의 끝내기는 무엇일까?

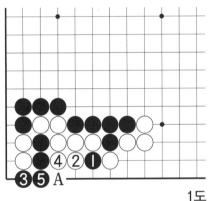

1도

1도(정해)

흑1의 끊음이 날카로운 맥점. 백2로 잡으면 흑3으로 젖히는 수가 성립한다. 백4, 흑5면 백은 자충으로 A에 단수칠 수 없는 점이 뼈아프다.

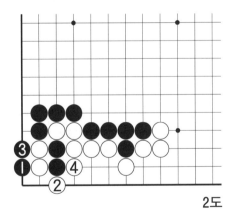

2도

2도(부족)

흑1의 붙임(2의 一)은 흔히 나오는 끝내기의 맥점이다. 백2에 흑3을 선수하여 상당한 끝내기를 했지만, 정해와는 천양지차.

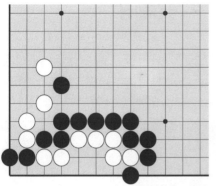

【제8형】

귀의 흑 두점을 이용하여
큰 득을 보는 수가 있다. 어
떤 수단이 있을까?

제8형(흑차례)

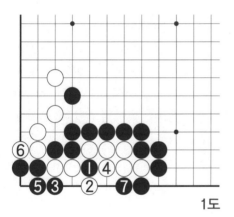

1도(호수순)

흑1로 끊는 것이 백의 단
점을 추궁하는 첫 수. 백2
때 흑3·5가 어려운 수순이
다. 이때 백은 욕심을 버리
고 백6으로 막는 것이 최
선. 흑7까지 빅.

1도

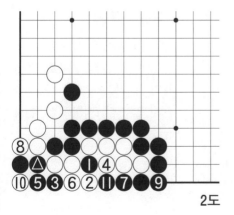

2도(후절수)

백6은 욕심이다. 백10으로
따내 안심일 것 같지만, 흑11
로 몰아가는 순간 후절수가
된다. 흑▲의 단점 때문에 백
은 이을 수가 없다.

2도

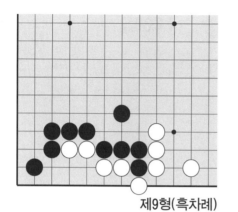

제9형(흑차례)

【제9형】

백이 1선으로 넘어간 상황이지만 그리 좋은 모양은 아니다. 어떤 끝내기 맥점이 있을까?

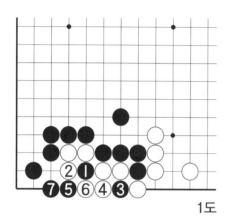

1도

1도(정해)

흑1로 끊는 수가 성립한다. 백2 때 흑3의 먹여침은 수순. 이하 7까지면 백 석 점이 몰아떨구기로 잡히게 된다.

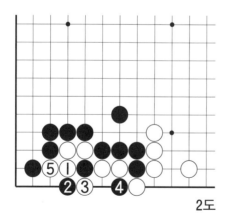

2도

2도(수순착오)

백1 때 흑2를 서두르는 것은 잘못. 백3에 흑4로 먹여치면 이제는 백이 한점을 잡지 않는다. 백5로 살게 되면 흑은 손해.

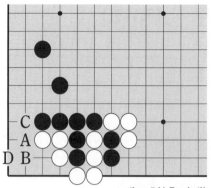

제10형(흑차례)

【제10형】

흑A로 젖혀 백B, 흑C, 백 D로 선수 끝내기를 했다고 만족해서는 곤란하다. 어떤 끝내기가 있을까?

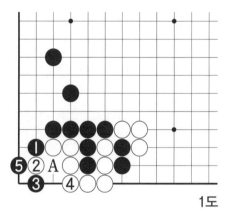

1도

1도(정해)

흑1로 젖힌 다음 백2 때 흑3의 붙임이 용이주도한 맥점. 백4의 후퇴가 부득이 할 때 흑5로 건너 대성공. 다음 A의 곳은 흑의 절대 권리이다.

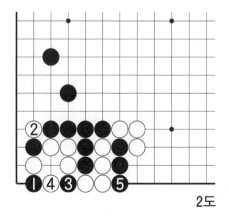

2도

2도(백, 무리)

흑1 때 백2로 반발하고 싶 은 마음이 굴뚝 같지만, 그 러면 흑3으로 먹여치고 5에 모는 수순이 준비되어 있 다. 흑1이 절묘하게 자충 역 할을 한 것이다.

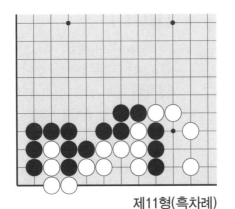

제11형(흑차례)

【제11형】

귀쪽 백 넉점을 잡는 문제. 방법은 여러 가지 있으나 요는 어떤 방법이 최선이냐는 것.

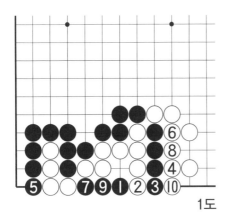

1도

1도(정해)

흑1의 치중이 날카로운 끝내기 맥점. 백2면 흑3으로 막아 이 흑 넉점을 모두 사석으로 9까지 선수 끝내기한다.

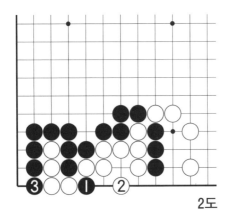

2도

2도(하수 끝내기)

단순히 흑1로 먹여치는 것은 백2가 멋진 수. 이렇게 되면 흑은 후수로 백 넉점을 잡을 수밖에 없다. 더구나 집으로도 3집 손해.

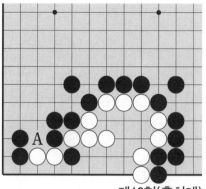

제12형(흑차례)

【제12형】

흑A로 막아 마무리짓는 것으로 만족해서는 하수. 백의 외부 공배가 모두 채워져 있는 점을 생각한다면 뭔가 수가 있을 법하다.

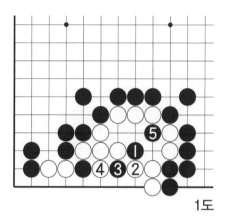

1도

1도(붙임 일발)

흑1로 붙이는 수가 재미있는 맥점. 백2가 최선일 때 흑3이 크린히트. 백4에 흑5로 끊으면 환격과 자충을 동시에 맞보게 된다.

2도(수순 미스)

흑1부터 붙여가는 것은 백2로 실패. 흑3에는 백4의 응수가 있다. 흑5면 백6. 흑1의 수가 A의 자충 역할을 한 것이다. 물론 흑3으로 4의 곳을 끊어 백 두점을 선수로 먹는 수단이 있는데, 정해보다는 1집 손해임을 확인할 것.

2도

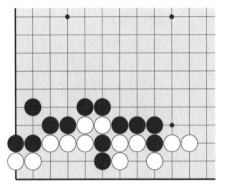

제13형(흑차례)

【제13형】

잡혀 있는 흑 두점을 이용하여 끝내기를 해 보자. 백의 덩치가 큰 만큼 성공하면 수중에 들어오는 몫도 클 것이다.

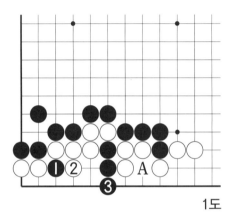

1도

1도(정해)

흑1로 끊어두는 수가 빈틈없는 수. 백2의 단수를 기다려 흑3으로 가만히 뻗는 수가 A의 먹여침을 보아 호수이다.

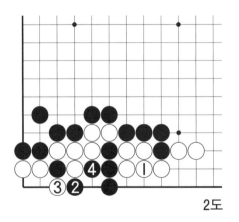

2도

2도(엄청난 패)

일단 백이 1로 몰아떨구기를 방지하면, 흑2·4로 돌려쳐서 패가 나는 모양. 이만하면 자충의 묘를 실감했을 것이다.

3도(정해 계속)

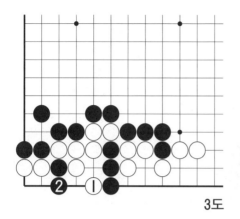

3도

실전이라면 백1로 두어 귀의 백 두점을 버리고 둘 공산이 크다. 물론 오른쪽 흑석점은 양쪽이 모두 자충으로 잡혀 있는 모습이다.

4도(수순착오)

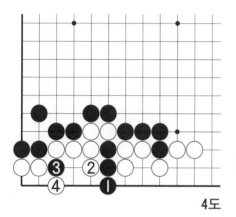

4도

미리 흑1로 뻗는 것은 백2로 막아 이제는 어떠한 수단도 생기지 않는다. 흑3에는 백4로 잡아 그만. 흑으로선 거꾸로 자충 때문에 눈물을 머금을 수밖에.

5도(하수 끝내기)

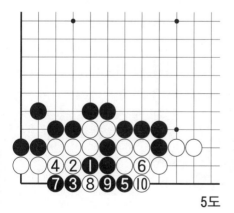

5도

하수라면 단순하게 흑1 이하 선수로 처리하기가 십상이다. 그러나 이 결과 흑은 백집에서 놀았을 뿐 1집도 득을 보지 못했다.

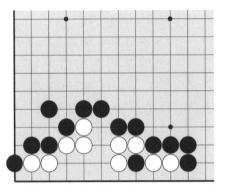

제14형(흑차례)

【제14형】

실전에서 흔하게 나오는 모양. 약간의 공작으로 적잖은 성과를 거둘 수가 있다.

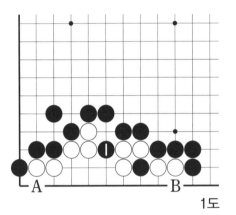

A━━━━━━━━━━B

1도

1도(정해)

A, B를 활용하기 전에 흑1로 끼우는 수가 수순이다. 다분히 백의 자충을 노리는 맥. 계속해서—

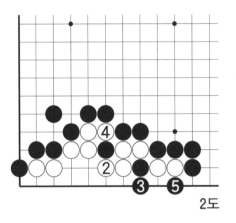

2도

2도(정해 계속)

백은 2로 응수할 수밖에 없으며, 이때 흑3으로 뻗는 수가 백의 자충을 엿본 기민한 수순. 흑5까지 백 두 점을 잡는 의외의 소득을 올렸다.

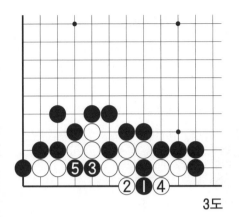

3도

3도(백, 전멸)

흑1 때 백2로 덥썩 잡는 것은 경솔한 행동. 흑3의 단수에 이어 5라면 백 석점이 환격으로 잡혀버린다. 백 전체가 몰살.

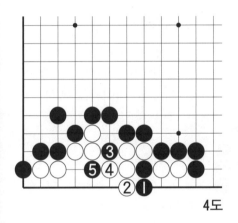

4도

4도(쌍방 미스)

흑1로 먼저 키워버리는 것은 수순착오. 그러나 흑3 때 백4는 흑5로 끊겨 **전도**의 상황으로 돌아간다. 그러므로—

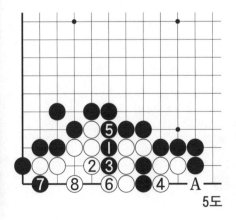

5도

5도(백의 대응)

흑1에는 백2로 늦춰받는 수가 좋다. 흑3은 선수가 되겠지만 그것으로 상황 끝. 백8까지 산 결과는 정해에 비해 백이 5집 정도 득이며, A의 젖히는 맛도 생긴다.

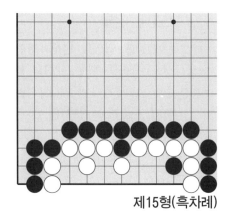

【제15형】

이대로 상황종료라면 백은 무려 13집이나 된다. 바깥 공배가 모두 메워진 상황을 이용하여 뭔가 수단을 구해 야겠는데….

제15형(흑차례)

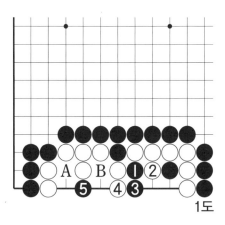

1도

1도(정해)

흑1로 단도직입적으로 끊는 수가 출발점이다. 백2에 흑3으로 내려서고 백4를 기다려 흑5로 붙이는 맥점이 통렬. A, B의 환격을 맞본다. 결국 백B, 흑A로 귀의 백 두점이 잡히는 것으로 낙착될 곳.

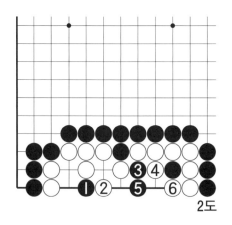

2도

2도(실패)

흑1로 먼저 붙여가는 것은 수순착오. 백2로 응수하는 순간 흑은 다음 수가 없다. 백6까지 보듯이 흑 자신이 자충으로 꼼짝못하는 모습이다.

제 3 부

끝내기의 실전형

- 선후수에 따른 끝내기의 계산법과
실전 수순에 대하여 -

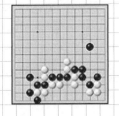

實戰形

양선수 끝내기

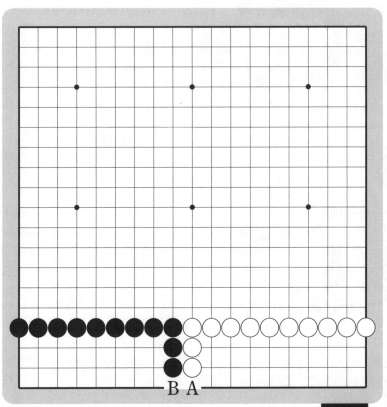

B A

장면도

양선수 끝내기란 흑A나, 백B로 누구나가 두어도 선수가 되는 끝내기를 말한다. 여기서 '선수(先手)' 라는 것은 상대적인 개념으로, 상대가 손을 빼면 그에 상응하는 손해를 보게 된다는 뜻. 더구나 양쪽이 선수이므로 그 가치는 선수의 2배 가까이나 된다.

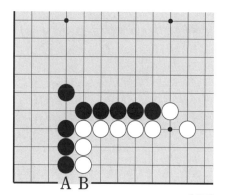

제1형

【제1형】

어느 쪽이 두더라도 피차 놓쳐선 안 될 선수 끝내기이다. 백A, 또는 흑B의 크기는 몇 집에 해당할까?

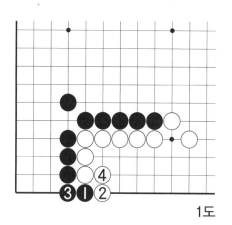

1도

1도(흑차례)

흑1·3으로 젖혀잇는 것이 선수이다. 이러한 선수 끝내기는 누가 빨리 하느냐의 테크닉. 상대가 받아주기만 한다면 먼저 두는 쪽이 임자이다.

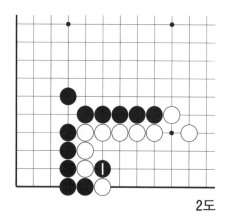

2도

2도(백이 손빼면)

흑의 젖혀이음에 백이 손을 뺀다면 흑1로 끊는 수가 통렬. 백은 하변 백집이 상당히 부서지는 것을 감수해야 한다.

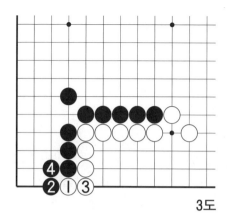

3도(백차례)

백1의 젖힘, 역시 선수이다. 흑은 다른 큰 곳이 있다면 4의 이음을 손뺄 수도 있으나, 여기서는 4에 받는 것으로 본다.

3도

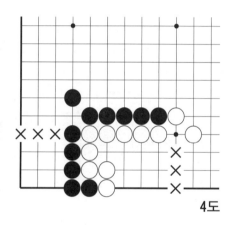

4도(집계산)

자, 1도의 결과를 보자. 편의상 ×로 경계선을 긋는다. 흑은 9집이 나며, 백은 10집이 났다. 이것을 다음의 5도와 비교해 보면 득실을 알 수 있다.

4도

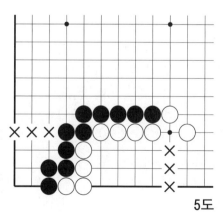

5도(양선수 4집)

이번에는 3도를 옮긴 것이다. 흑은 7집, 백은 12집. 4도에 비해 흑은 2집 줄고 백은 2집이 늘었다. 따라서 백이 끝내기하면 흑의 선수 끝내기를 방지하면서, 선수로 4집을 번 셈. 따라서 양선수 4집 끝내기.

5도

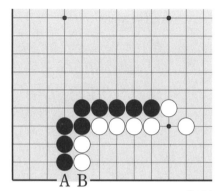

제2형

【제2형】

제1형과 같은 형태이나 끝내기상 약간의 차이가 있다. 백A, 또는 흑B의 크기는 몇 집에 해당할까?

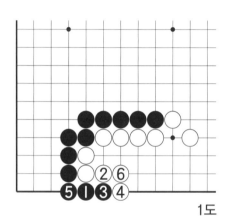

1도

1도(흑차례)

흑1로 젖히면 백은 2로 늦춰받는 것이 최선의 응수. 이하 6까지가 일반적이다. 백2로 3에 막는 것은 흑2로 끊겨 곤란.

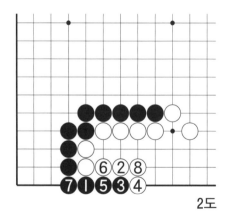

2도

2도(백2, 느슨)

흑1 때 보통 백2의 한칸 뜀이 모양이나, 지금은 흑3의 붙임으로 **전도**에 비해 백이 2집 손해를 본다.

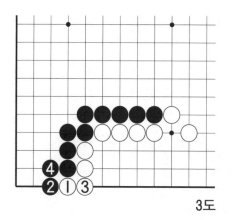

3도

3도(백차례)

백1·3으로 젖혀이음, 역시 선수이다. 흑이 4의 이음을 손빼는 것은 그에 해당하는 끝내기가 있어야 하는 법. 여기서는 지키는 것으로 본다.

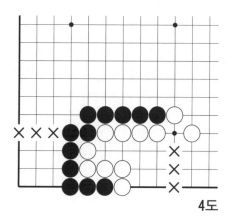

4도

4도(집계산)

자, 1도의 결과를 보자. 편의상 ×로 경계선을 긋는다. 흑은 9집이 나며, 백은 8집이 났다. 이것을 다음의 5도와 비교해 보면 득실을 알 수 있다.

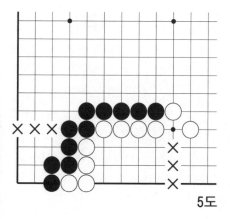

5도

5도(양선수 6집)

이번에는 3도를 옮긴 것이다. 흑은 7집, 백은 12집. 4도에 비해 흑은 2집 줄고 백은 4집이 늘었다. 따라서 백이 끝내기하면 흑의 선수 끝내기를 방지하면서, 선수로 6집을 번 셈. 즉 누가 두나 양선수 6집 끝내기.

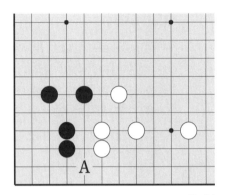

【제3형】

이것 역시 어느 쪽이 두더라도 피차 놓쳐선 안 될 선수 끝내기이다. A의 크기는 몇 집에 해당할까?

제3형

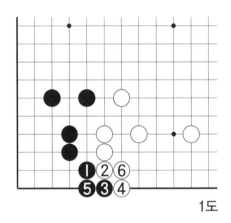

1도(흑차례)

흑1로 두면 백은 2로 받는 것이 최선의 응수. 이하 6까지가 일반적이다.

1도

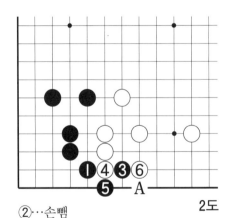

②…손뺌

2도(백, 손빼면)

흑1 때 백이 손을 빼면 흑3으로 한칸 뛰는 수가 크다. 백4·6으로 막는 정도인데, 다음 흑은 A로 젖혀 백집을 상당히 줄일 수 있다. 끝내기 단계에서는 치명적.

2도

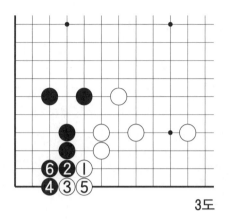

3도

3도(백차례)

백1로 먼저 마늘모해도 큰 자리. 여기에서도 흑이 방치한다면 귀가 많이 부서지므로, 흑4·6으로 막는 것으로 본다.

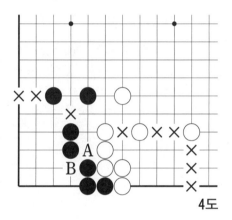

4도

4도(집계산)

자, **1도**의 결과를 보자. 편의상 백A, 흑B로 보고 ×로 경계선을 긋는다. 흑은 16집, 백은 10집이 났다. 이것을 다음의 **5도**와 비교해 보자.

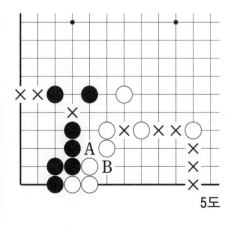

5도

5도(양선수 6집)

이번에는 **3도**를 옮긴 것이다. 흑A, 백B를 흑의 권리로 보아 흑은 13집, 백도 13집. **4도**에 비해 흑은 3집 줄고 백은 3집이 늘었다. 따라서 이 끝내기는 양선수 6집.

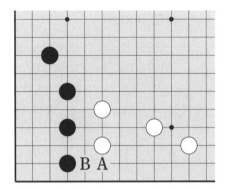

제4형)

【제4형】

흑으로선 A, 백으로선 B가 피차 놓쳐선 안 될 선수 끝내기이다. 흑A, 또는 백B의 크기는 몇 집에 해당할까?

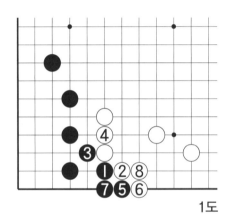

1도

1도(흑차례)

흑1로 붙이면 백은 2로 받는 것이 최선의 응수. 이하 백8까지가 일반적이다.

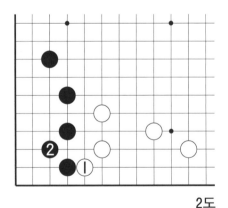

2도

2도(백차례)

백이 둔다면 1로 붙이는 게 정수고, 흑은 2로 보강해 두는 게 침착한 수다.

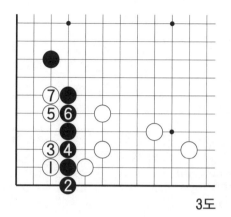

3도

3도(흑, 손빼면)

전도 백의 붙임에 흑이 손을 뺀다면, 백1의 붙임으로부터 7까지 귀가 그야말로 초토화된다. 흑2로는 3의 곳에 물러서겠지만, 백2로 넘는 끝내기가 역시 상당하다.

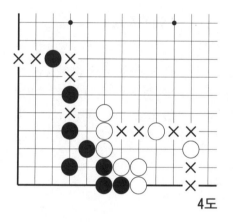

4도

4도(집계산)

자, **1도**의 결과를 보자. 편의상 ×로 경계선을 긋는다. 흑은 25집이 나며, 백은 8집이 났다. 이것을 다음의 **5도**와 비교해 보자.

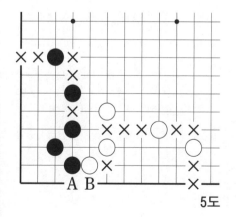

5도

5도(양선수 10집)

이번에는 **2도**를 옮긴 것이다. 흑A, 백B로 보아 흑은 20집, 백은 13집. **4도**에 비해 흑은 5집 줄고 백은 5집이 늘었다. 따라서 양선수 10집 끝내기.

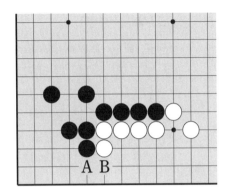

제5형

【제5형】

양쪽 다 젖혀잇는 끝내기
는 후수가 된다. 그렇다면
선수를 잡기 위해선 흑은
A, 백은 B로 내려서는 수
를 본다. 이 크기는 몇 집
일까?

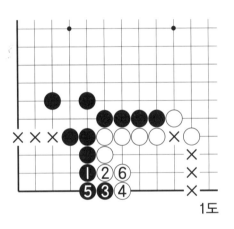

1도

1도(흑차례)

흑1로 내려서서 백2로 막
으면 흑3·5로 젖혀잇는 수
를 선수로 둔다. ×를 경계
선으로 보면 흑은 12집, 백
은 10집이다.

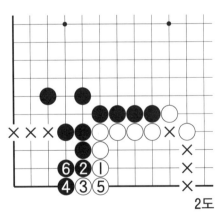

2도

2도(백차례 · 양선수 4집)

백1이면 이하 6까지. 역시
×를 경계선으로 하면 흑은
10집, 백은 12집이다. **1도**
와 **2도**를 비교한 결과로 보
면, 이 크기는 양선수 4집
끝내기가 된다.

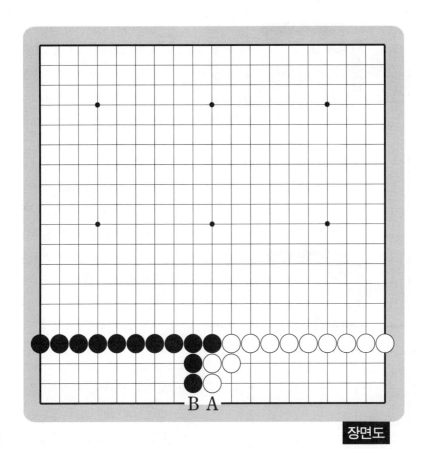

장면도

편선수란 어느 한 쪽만 선수가 되는 끝내기를 말한다. 즉, **장면도**와 같이 흑은 A의 젖힘이 후수지만 백은 B의 젖힘이 선수인 경우이다. 흑A의 끝내기면 이것은 백의 선수 끝내기를 방지하는 역끝내기가 된다. 역끝내기는 후수 끝내기의 2배의 가치가 있다.

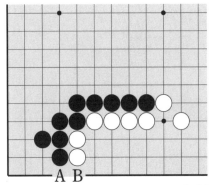

제1형

【제1형】

같은 1선의 젖혀이음이라도 백A의 젖혀이음은 후수인 반면, 흑B의 젖혀이음은 선수이다. 이 끝내기의 크기는 몇 집에 해당할까?

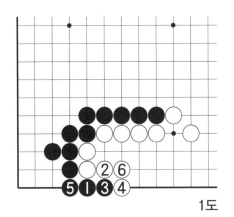

1도

1도(흑차례)

흑1·3으로 젖혀이음은 선수. 백은 6의 가일수가 필요하다. 흑1로 2에 붙여넘는 사람도 많은데, 이것은 후수임을 알 것.

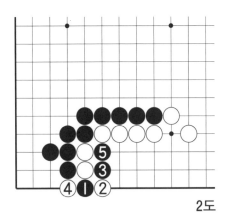

2도

2도(백, 악수)

흑1 때 백2로 바로 막고 싶겠지만, 이것은 흑3으로 끊겨 곤란. 아무 생각없이 우격다짐으로 두어서는 이렇게 큰 화를 초래한다.

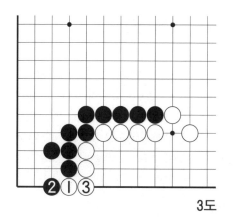

3도

3도(백차례)

백이 이곳을 젖혀 잇는다면, 이것은 흑이 가일수가 필요치 않으므로 후수 끝내기.

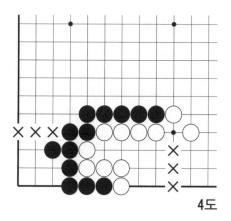

4도

4도(집계산)

자, **1도**의 결과를 보자. 편의상 ×를 경계선으로 보면 흑은 8집, 백도 8집이 났다. 이것을 다음의 **5도**와 비교해 보면 득실(끝내기의 크기)을 알 수 있다.

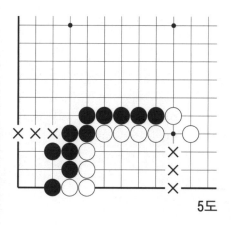

5도

5도(역끝내기 5집)

이번에는 **3도**를 옮긴 것이다. 흑은 7집, 백은 12집. **4도**에 비해 흑은 1집 줄고 백은 4집이 늘었다. 따라서 1+4=5(집). **전도**는 선수 5집 끝내기이며, **본도**는 역끝내기 5집이다.

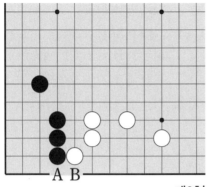

【제2형】

백은 A의 젖혀이음이 선수인 반면 흑이 둔다면 후수. 또 흑의 최선의 끝내기는 A일까, B일까? 또 누가 두든 이 끝내기의 크기는 몇 집에 해당할까?

제2형

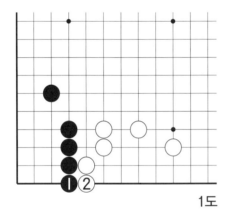

1도(흑차례)

흑1로 가만히 내려서는 수가 최선의 끝내기. 흑이 2로 젖히는 끝내기는 단순하다. 여기에 대해 백2라면 후수. 따라서 백2를 손빼면—

1도

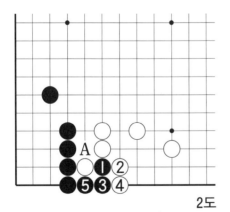

2도(후속수단)

흑1로 껴붙이는 맥이 있다. 흑5까지 후수지만 상당한 끝내기. A는 피차 후수이므로 1집으로 친다. 흑은 1도부터 연속 후수가 되므로 계산이 다소 복잡할 것이다.

2도

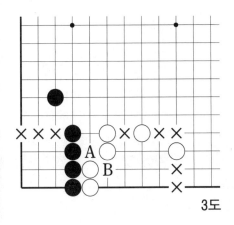

3도

3도(집계산)

자, **1도**의 결과를 계산해 보자. 흑A, 백B는 흑의 권리로 보고 ×를 경계선으로 하면 흑은 9집, 백은 10집이 난다. 이 크기와 **4도**의 크기를 더하여 2로 나누면 **1도** 흑1의 실제 집계산이 나온다.

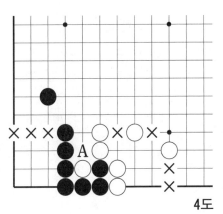

4도

4도(집계산)

2도의 결과를 보자. ×를 경계선으로 흑은 10집(A를 1집으로 봄), 백은 7집이 났다. **3, 4도**에서 흑은 $(9+10) \div 2 = 9.5$집, 백은 $(10+7) \div 2 = 8.5$집이 된다. **5도**와 비교해 보면―

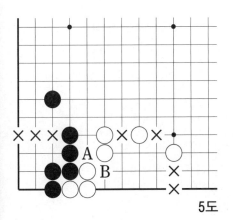

5도

5도(백차례 · 선수 4집)

백이 **기본도**의 A로 젖혀 선수 끝내기를 한 장면이다. 흑A, 백B로 보고 흑 7집, 백 10집. **3, 4도**와 비교하면 흑 2.5집이 줄고 백은 1.5집이 늘었다. 그러므로 **1도**는 역끝내기 4집이며, **본도**는 선수 4집 끝내기.

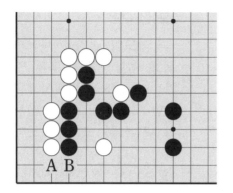

제3형

【제3형】

2선 젖혀이음은 끝내기로
선 상당히 큰 곳에 속한다.
지금 흑A의 젖혀이음은 후
수인 반면 백B의 젖혀이음
은 선수이다. 이 끝내기의
크기는 몇 집에 해당할까?

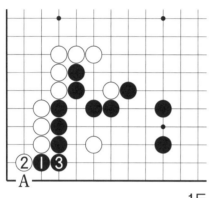

1도

1도(흑차례)

흑1・3으로 젖혀이음은 후
수 끝내기. 왜냐하면 백이
A로 가일수하는 경우는 거
의 없기 때문이다. 따라서―

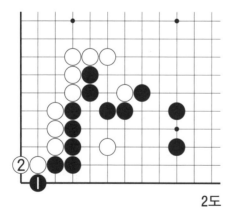

2도

2도(흑의 권리)

흑1로 젖히는 수는 흑의
선수 권리로 봐야 한다.

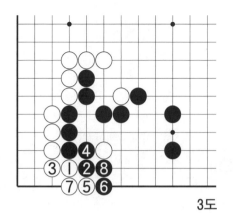

3도

3도(백차례)

백이 이곳을 젖혀 잇는다면 이것은 선수. 백에게 4의 곳을 끊긴다면 흑집이 초토화되기 때문이다. 이하 백7까지 모두 선수.

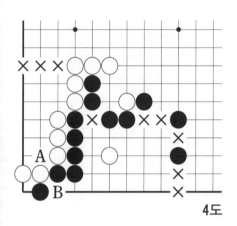

4도

4도(집계산)

자, **2도**의 결과를 보자. 백A, 흑B로 보고, 편의상 ×를 경계선으로 보면 흑은 22집, 백은 11집이 났다. 이것을 다음의 **5도**와 비교해 보면─

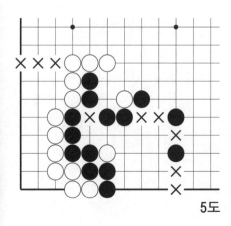

5도

5도(선수끝내기 12집)

이번에는 **3도**를 옮긴 것이다. 흑은 16집, 백은 17집. **4도**에 비해 흑은 6집 줄고 백은 6집이 늘었다. 따라서 $6+6=12$(집). **전도**는 역끝내기 12집이며, **본도**는 선수 끝내기 12집이다.

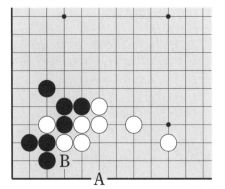

【제4형】

흑A의 눈목자(비마) 달리기는 끝내기상에서는 빼놓을 수 없는 과제. 백B와 비교하여 이 끝내기의 크기는 몇 집에 해당할까?

제4형

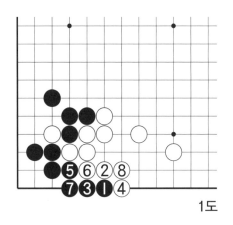

1도(흑차례)

흑이 둔다면 흑1로 눈목자 달리는 것이 기본 끝내기. 이하 8까지가 정형으로 되어 있다.

1도

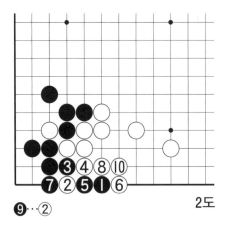

2도(다른 방법)

흑1 때 백2로 응수하는 방법도 있다. 상황에 따라서는 이것이 올바른 응수일 경우도 많다. **1도**와의 득실은 같다.

2도

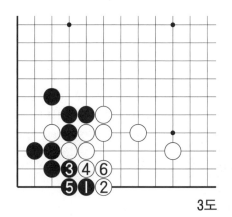

3도

3도(2집 손해)

흑1의 날일자로 달리는 것은 소심한 성격의 소유자. 백2의 막음이 강수여서 이하 6까지, **1도**와 비교해 흑은 2집을 손해본 것이다.

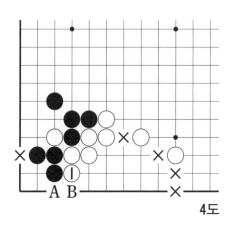

4도

4도(백차례 · 집계산)

자, 백1로 막았을 때의 결과를 보자. 흑A, 백B로 보고, ×를 경계선으로 보면 흑은 4집, 백은 13집이 났다. 이것을 다음의 **5도**와 비교해 보면—

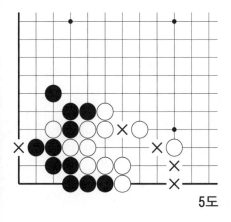

5도

5도(선수끝내기 7집)

1도를 옮긴 것이다. 흑은 5집, 백은 7집. **4도**에 비해 흑은 1집 늘었고 백은 6집이 줄었다. 따라서 1+6＝7(집). **전도**는 역끝내기 7집이며, **본도**는 선수 7집 끝내기이다.

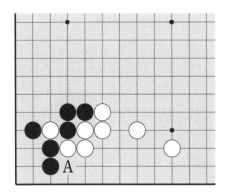

제5형

【제5형】

전형과 같은 모양의 끝내기지만, 다른 점은 백이 A로 막았을 때 다음의 선수권리가 뒤따른다는 것이다. 이 끝내기의 크기는 몇 집에 해당할까?

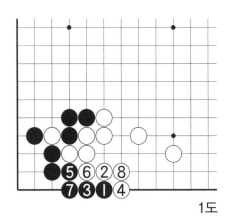

1도

1도(흑차례)

흑의 끝내기는 **전형**과 다를 바가 없다. 8까지 기본적인 끝내기. 흑의 선수 끝내기.

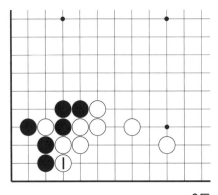

2도

2도(백차례)

백이라면 당연히 1로 막는 한 수이다. 이것은 백의 후수 끝내기.

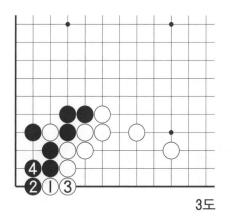

3도

3도(후속수단)

전도에 이어 백은 1·3으로 젖혀잇는 것이 선수. 흑 4를 손빼면 끝내기상 타격이 크므로, 논외로 한다.

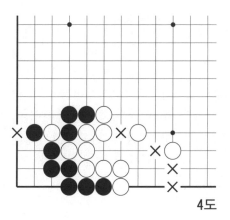

4도

4도(집계산)

자, **1도**의 결과를 보자. 편의상 ×를 경계선으로 보면 흑은 7집, 백도 7집이 났다. 이것을 다음의 **5도**와 비교해 보면—

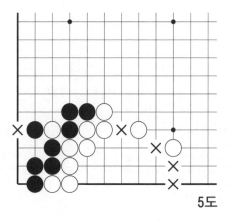

5도

5도(역끝내기 9집)

이번에는 **3도**를 옮긴 것이다. 흑은 4집, 백은 13집. **4도**에 비해 흑은 3집 줄고 백은 6집이 늘었다. 따라서 3+6=9(집). **전도**는 선수 9집 끝내기이며, **본도**는 역끝내기 9집이다.

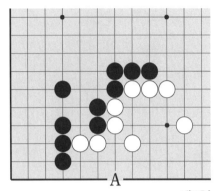

제6형

【제6형】

화점 붙여뻗기에서 나온 모양이다. 이 경우도 과연 흑 A의 눈목자달림이 최선의 끝내기일까? 중요한 것은 흑이 선수를 잡아야 한다는 것이다.

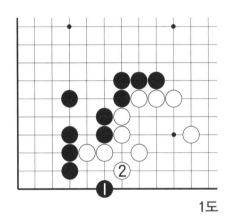

1도

1도(흑차례)

흑1로 날일자하는 수가 이 경우에는 올바른 끝내기이다. 백은 2로 받는 정도로 흑의 선수. 백2를 손빼면 백집이 많이 다치므로, 끝내기 단계에서는 치명적.

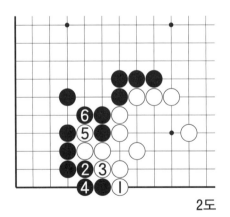

2도

2도(이후 끝내기)

1도에 이어 이곳은 백1로 막아 이하 4까지 될 곳이다. 또한 백5도 백의 선수 권한이므로 이런 정도.

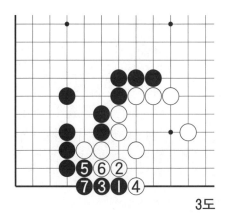

3도

3도(후수)

흑1의 눈목자 달림은 이 경우 선수가 되지 않으므로 찬성할 수 없다. 물론 흑3으로 7에 두면 선수를 뺄 수 있으나 **1도**에 비해 손해이다.

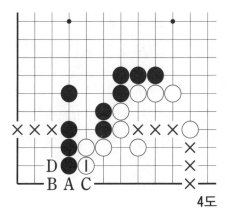

4도

4도(백차례 · 집계산)

백1로 막았을 때를 계산해 보자. 이 경우 흑A 이하로 젖혀잇는 끝내기는 백의 권리로 본다. 편의상 ×를 경계선으로 보면 흑은 7집, 백은 13집이 났다. **5도**와 비교해 보면ㅡ

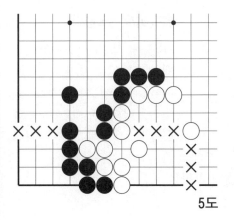

5도

5도(선수끝내기 7집)

이번에는 **2도**를 옮긴 것이다. 흑은 10집, 백은 9집. 이것은 **4도**에 비해 흑은 3집 늘고 백은 4집이 줄었다. 따라서 3+4=7(집). **전도**는 역끝내기 7집이며, **본도**는 선수 끝내기 7집이다.

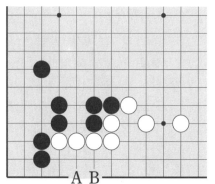

【제7형】

실전에서 날일자 달림이냐, 눈목자 달림이냐를 놓고 헷갈린 적이 없는 사람은 없을 것이다. 흑A냐, 흑B냐인데, 어떤 쪽이 최선일까? 그리고 크기는?

제7형

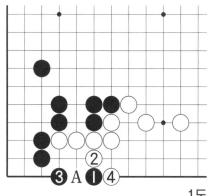

1도

1도(흑차례)

흑1로 눈목자 달리는 것이 최선이다. 백2에는 흑3으로 선수를 잡는 것이 중요. 흑3으로 A에 두어 후수를 잡는 것은 끝내기 실패이다.

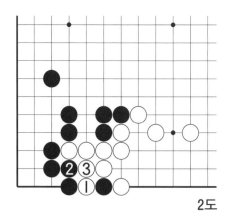

2도

2도(이후 끝내기)

나중에 백1로 따내면 흑2, 백3으로 되는 정도이다. 물론 흑이 1에 이을 수도 있지만, 백의 권리로 봐도 **1도**에서 선수해 둔 이 자체가 흑의 이득이다.

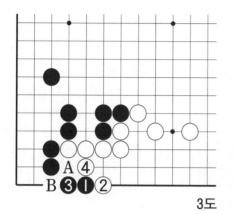

3도

3도(흑, 손해)

흑1의 날일자 달림은 **1도**와 같이 선수를 잡을 수 있지만 손해이다. 백4 다음 백A, 흑B가 백의 선수권리이므로, **2도**에 비해 백집의 증감은 없으나 흑집은 1집이 줄어든다.

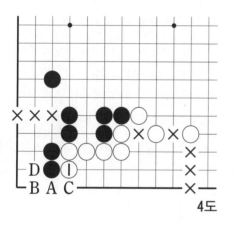

4도

4도(백차례 및 집계산)

백1로 막았을 때를 계산해 보자. 이 경우 흑A 이하로 젖혀잇는 끝내기는 백의 권리. 편의상 ×를 경계선으로 보면 흑 7집, 백 15집이 났다. 이것을 **5도**와 비교해 보면—

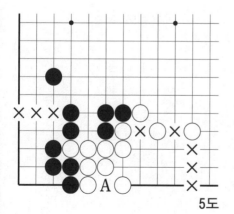

5도

5도(선수끝내기 6집)

2도를 옮긴 것이다. 흑은 10집, 백은 12집(A의 사석 포함). **4도**에 비해 흑은 3집 늘고 백은 3집이 줄었다. 따라서 3+3=6(집). **전도**는 역끝내기 6집이며, **본도**는 선수 6집이다.

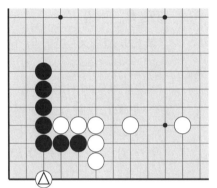

제8형(흑차례)

【제8형】

백△의 눈목자 달리기에 대한 흑의 최선의 응수를 묻는다. 또한 이 끝내기의 크기는 몇 집에 해당할까?

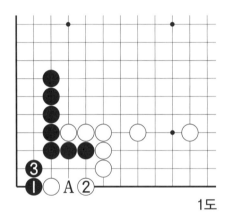

1도

1도(정해)

흑1로 타이트하게 바로 막는 수가 정수. 백2에는 흑3이 또한 훌륭한 응수이다. 백2로 A도 마찬가지.

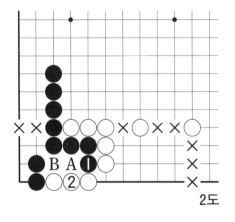

2도

2도(흑의 권리)

이후 흑1이 흑의 절대권리가 된다. 손을 빼면 흑2로 먹여쳐서 백A, 흑B로 두점을 잡는 수단이 있다. ×를 경계선으로 잡는다면, 흑은 4집이며 백은 12집인 셈.

3도(1집 손해)

여태까지는 흑1로 치받는 응수였으나, 이 상황에서는 보다시피 흑집은 증감이 없고 백집만 1집이 더 있다. 따라서 흑1은 실패.

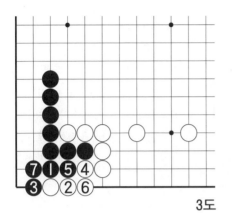

3도

4도(대동소이)

흑1로 받는 수도 생각할 수 있다. 그러나 이것 역시 **2도**와 비교해 보면, 쌍방 집의 증감은 없으나 대신 백은 사석 하나를 얻었다. 역시 흑의 실패.

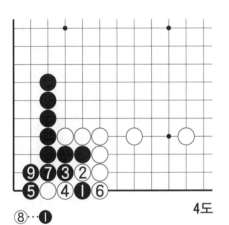

4도

⑧…❶

5도(결론 · 선수 8집)

흑▲면 흑A 이하의 젖혀이음은 흑의 권리. 이렇게 놓고 ×의 집을 계산하면 흑 10집, 백 10집. **2도**와는 흑은 6집 늘었고 백은 2집 줄었다. 따라서 **기본도**는 선수 8집 끝내기인 셈.

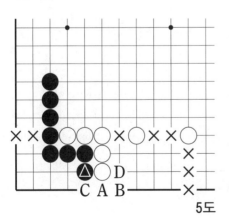

5도

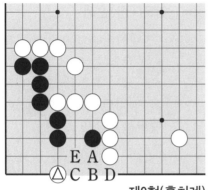

제9형(흑차례)

【제9형】

흑A는 백B부터 E까지 백의 권리로 본다. 문제는 먼저 백△의 눈목자 달리기에 대한 흑의 최선의 응수를 묻는다. 그리고 이 끝내기의 크기는 몇 집에 해당할까?

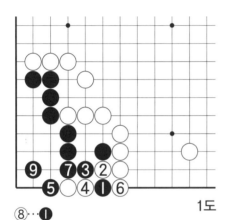

1도

⑧…❶

1도(정해)

흑1로 한칸 뛰는 수가 이 형태에선 최선. 이하 9까지 흑 한점을 사석으로 모양을 결정한다. 꼭 기억해 두도록.

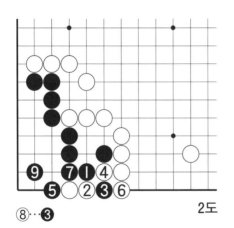

2도

⑧…❸

2도(결론·선수 5집)

흑1로 두어도 마찬가지. 백은 2 이하로 둘 수밖에 없으며, 이하 9까지 정해와 같은 결말이다. 따라서 **기본도**의 크기는 선수 5집의 끝내기.

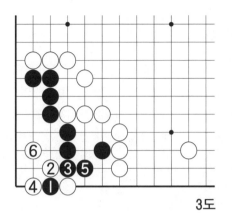

3도

3도(흑, 무리)

흑1로 바로 막는 것은 이 경우에는 무리. 백2 이하의 반격으로 귀에서 크게 수가 난다. 이것이야 말로 서푼이득 보려다가 집문서 날린 꼴이다.

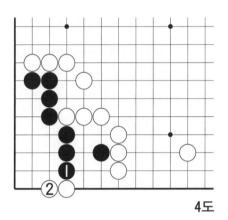

4도

4도(실패)

흑1로 치받는 수도 곤란하다. 백2로 나가는 수가 성립하기 때문.

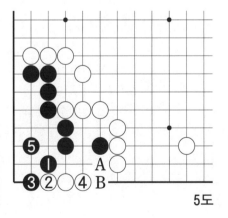

5도

5도(느슨하다)

흑의 사활이 문제되어 흑1로 늦춰받는 것은 속수. 흑5까지가 보통인데, 다음 흑A, 백B로 보아 이 결과는 정해보다 흑이 1집 손해이다.

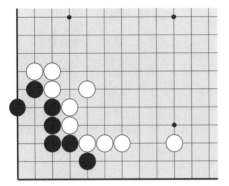

제10형(흑차례)

【제10형】

역시 흑의 최선의 끝내기를 묻는 문제. 실전이라면 실패하기가 십상이다. 또한 이 끝내기의 크기는 몇 집에 해당할까?

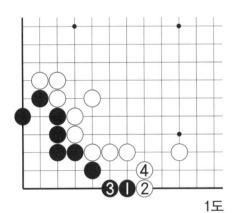

1도

1도(정해)

흑1로 날일자 달림이 멋진 끝내기. 여기에 대해 백2의 응수가 최선으로 4까지 마무리된다.

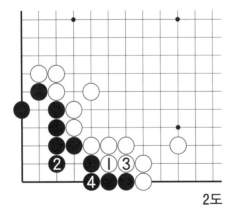

2도

2도(이후 끝내기)

1도에 이어 백1과 3은 백의 당연한 선수권리이다. 이것을 5도와 비교하면 끝내기의 크기를 알 수 있다.

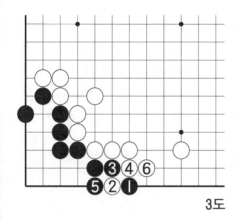

3도(백, 손해)

흑1에 대해 백2로 건너붙이는 수법도 있으나, 이것은 **1도** 흑3으로 4에 젖혀나오는 수가 있을 때 쓰는 수법. 지금은 약간 손해이다.

3도

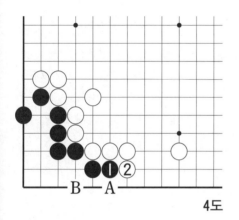

4도(실패)

실전이라면 대부분 흑1, 백2를 교환하고 말 것이다. 이것은 백A, 흑B가 백의 권리가 되므로, 정해보다 흑의 2집 가량 손해이다.

4도

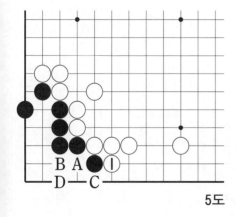

5도(결론 · 선수 9집)

반대로 백1은 상당히 큰 끝내기. 흑이 손빼면 백A, 흑B, 백C, 흑D가 예상되는데, **2도**와 비교해 보면 엄청난 차이이다. 흑D를 손빼면 귀가 위험해진다. **본도**는 역끝내기 9집 정도. 그러므로 **2도**는 선수 9집 가량.

5도

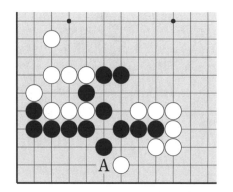

제11형

【제11형】

흑A의 막음은 몇 집의 크
기일까? 또한 백이 둔다면
어떻게 두는 것이 최선의
끝내기일까?

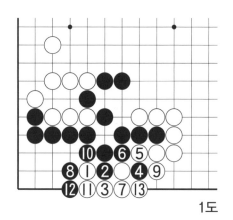

1도

1도(하수 끝내기)

백1로 한칸 뛰는 것이 눈
에 띄나 이것은 흑2 다음
이하 12까지 선수로 조임당
해 끝내기를 했다고 할 수
가 없다.

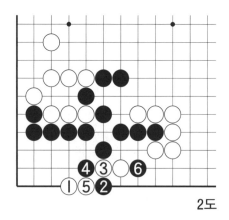

2도

2도(백, 위험)

백1의 눈목자도 생각되나
이것은 흑2로 차단당해 곤
란. 백3·5로 끊으면 흑6의
건너붙임에 아웃이다.

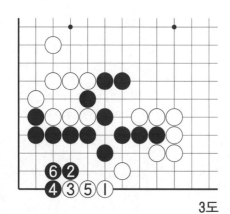

3도

3도(백의 최선)

　백1의 마늘모가 멋진 끝내기 맥점. 여기에 대해 흑2가 최선의 응수로, 이하 6까지가 보통이다.

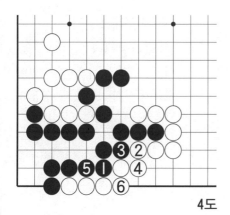

4도

4도(이후 끝내기)

　3도에 이어 흑1 이하는 흑의 권리이다. 이것을 다음의 5도와 비교해 보면 득실을 알 수 있다.

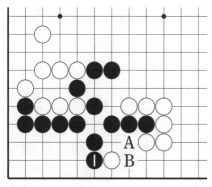

5도

5도(결론·역끝내기 8집)

　흑1이면 다음 백A냐, 흑B냐는 권리가 반반이므로 평균 계산을 해야 한다. 흑의 입장에서 백A면 4집 득이며, 흑B라면 12집 득이다 (4도와 비교). 따라서 (4+12)÷2=8집이 된다.

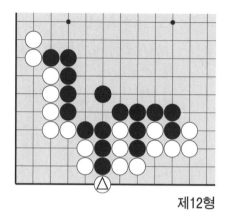

제12형

【제12형】

마지막으로 간단한 계산 문제를 보자. 백△의 넘는 수는 몇 집에 해당하는 끝내기일까? 이것 역시 역끝내기에 해당된다.

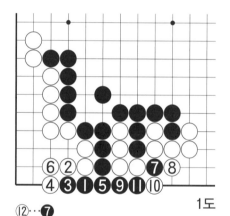

⑫…❼

1도

1도(흑차례였다면)

흑차례였다면, 흑1로 젖혀 백은 2로 늦춰받을 수밖에 없고, 이하 11까지 선수로 마무리지을 수 있다.

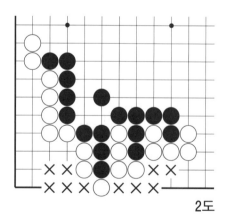

2도

2도(결론 · 역끝내기 9집)

백이 **기본도**처럼 넘어가면 **전도**에서 선수로 파괴되었던 곳이 모두 집으로 변한다. 따라서 ×의 10군데가 모두 집. **전도**에서 사석(死石) 하나가 있으므로, 백이 넘는 수는 역끝내기 9집이다.

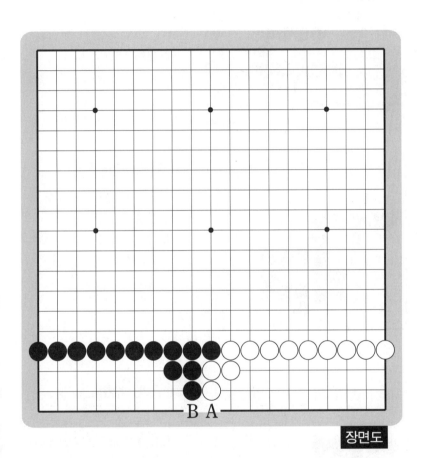

장면도

양후수란 어느 쪽이 두어도 후수가 되는 것을 말한다. 종반이라도 보통 선수를 다투는 것이 중요하므로, 이런 끝내기는 가급적 나중에 두는 것이 요령. 다만 후수를 두고 난 다음 끝내기가 무엇이냐에 따라 그 가치가 달라진다. 집계산시 그냥 후수 몇 집이라는 말을 사용한다.

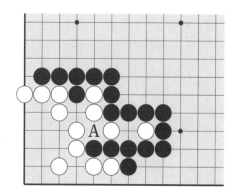

제1형

【제1형】

간단한 계산 문제를 보자.
지금 A의 곳은 누가 두든
지 후수로서 그 크기는 같
다. 이 끝내기는 몇 집의 크
기일까?

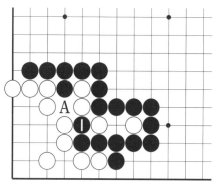

1도

1도(흑차례)

흑1로 끊는다. 이것으로 백
두점을 포획, 흑은 5집을 벌
었다. 그러나 이것만으로는
부족. A의 곳도 생각해야
한다.

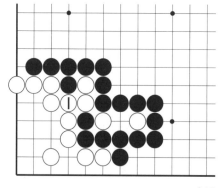

2도

2도(백, 후수)

백1로 두점을 잇는 것은
백으로선 후수 4집 끝내기
이다.

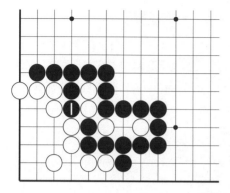

3도

3도(흑, 후수)

흑1로 두점을 잡는 것 역시 후수 4집 끝내기이다. 따라서 이곳은 누가 두든지 후수이므로 4÷2＝2(집)으로 계산한다.

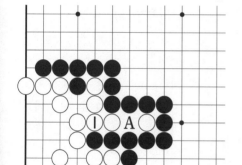

4도

4도(백차례)

백이 둔다면 1로 이을 것이고 이제는 A의 곳이 반반의 권리로 남는다. 흑A면 2집, 백A면 0집. 따라서 A는 후수 1집 끝내기(이 자체로 흑 1집이란 뜻).

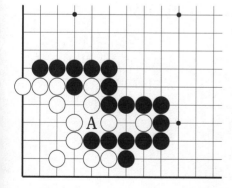

5도

5도(결론·후수 6집)

1~4도를 추리해 보면 A의 곳은 1도＋(2도 혹은 3도 ÷2)−4도의 결과가 된다. 계산해 보면 5집＋2집−1 집＝6집이라는 답이 나온다. 따라서 A의 곳은 후수 6집 끝내기.

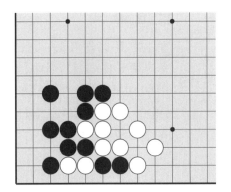

【제2형】

쌍방 각각 두점이 단수에 몰릴 처지에 놓여 있다. 과연 이 끝내기는 몇 집의 크기일까?

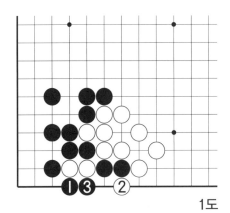

1도(흑차례)

흑1이면 백2, 흑3으로 백 두점을 잡는 형태이다. 이런 곳의 끝내기 계산하는 방법은 간단하게 이루어진다.

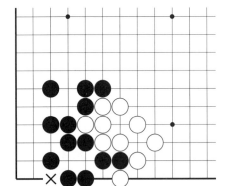

2도(계산)

백 두점을 따낸 모양을 옮긴 것이다. 이 결과 ×의 곳도 집이 되었으므로 흑은 5집을 번 셈.

3도(백차례)

백1로 젖히면 이제는 오히려 흑 두점을 잡은 형태이다.

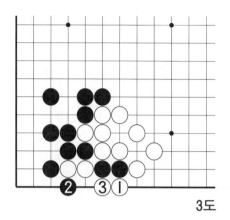

3도

4도(결론 · 후수 10집)

3도의 흑 두점을 따낸 것을 옮긴 것이다. ×의 곳이 집이 되었으므로 이번에는 백이 5집을 번 셈. 따라서 **기본도**는 5+5=10(집)이다.

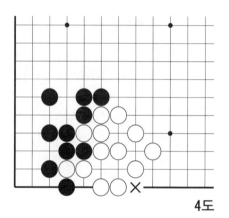

4도

5도(미묘한 차이)

흑1로 변쪽에서 몰아도 어차피 똑같다고 생각하는 것은 오산. 백은 당장 단수로 몰지 않을 것이다. 후일 패가 나서 백A의 단수에 흑이 받지 못할 경우가 되면 흑1의 한점을 보태주기 때문.

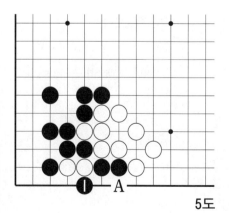

5도

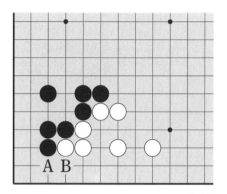

【제3형】

2선의 젖혀잇기는 큰 끝내기에서 빼놓을 수 없는 비중있는 끝내기. 백A의 젖힘이나 흑B의 젖힘이나 그 가치는 같은데, 이 끝내기는 몇 집의 크기일까?

제3형

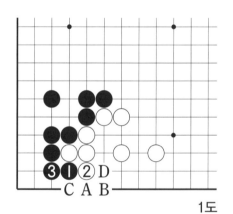

1도(흑차례)

흑1·3으로 젖혀잇는다. 물론 후수. 이후 흑A 이하의 젖혀이음은 흑의 권리. 계산에서는 다음 수가 선수일 경우, 상정도에 포함시켜야 한다.

1도

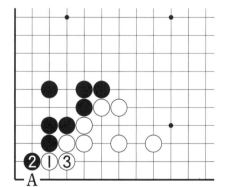

2도(백차례)

백1·3으로 젖혀잇는다. 다음 흑A로 받아주면, 이것은 백의 젖혀이음이 선수가 되므로 흑도 손을 빼는 것으로 한다.

2도

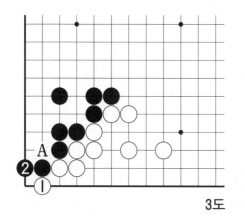

3도

3도(이후 끝내기)

백1로 젖히면 이제는 흑 한점을 잡는 수가 크므로 흑은 2로 받을 것이다. 흑은 A의 곳에 가일수가 필요하다.

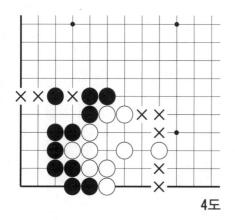

4도

4도(계산)

1도의 결과를 옮긴 것이다. ×를 경계선으로 한다면 흑은 13집, 백은 9집이 났다. 이것을 다음의 **5도**와 비교해 보면—

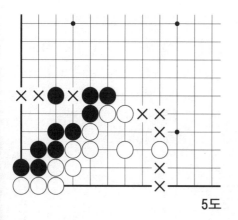

5도

5도(결론·후수 11집)

3도의 결과를 옮긴 것이다. ×를 경계선으로 보면 흑은 7집, 백은 14집. **4도**와 비교한 결과는 흑은 6집 줄고 백은 5집이 늘었다. 결국 **기본도**의 끝내기 크기는 후수 11집.

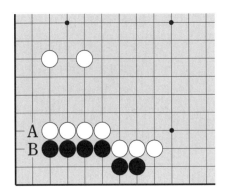

【제4형】

흑A나 백B의 2선의 젖혀 잇기는 보통 10집 이상이 되는 큰 끝내기. 이 형태는 실전에서 흔히 나오는데, 초중반에 두어지는 경우도 있다.

제4형

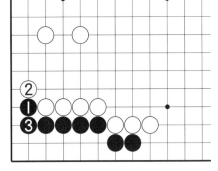

1도(흑차례)

흑1·3은 후수지만 그 가치는 실로 엄청나다. 왜냐하면 나중에 다음과 같은 끝내기를 보장하기 때문.

1도

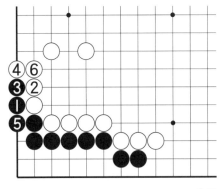

2도(이후 끝내기)

흑에게는 1로 젖혀 이하 6 까지의 선수 끝내기가 권리로 보장되어 있다. 이것은 5도와 비교해 보면 그 크기가 나오게 되는데―

2도

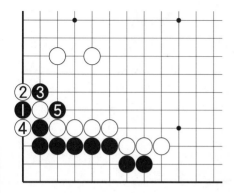

3도

3도(백의 무리)

흑1 때 강력하게 백2로 막
는 것은 무모하다. 흑3으로
끊는 수가 성립되어, 백4 때
흑5로 패가 되어선 큰 낭패
가 아닐 수 없다. 강하면 부
러지기 마련.

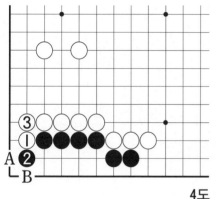

4도

4도(백차례)

백1·3으로 젖혀이음. 비
록 후수지만 다음 백A, 흑
B의 권리를 보장받고 있다.
이런 젖혀이음은 필쟁점이
되는 경우도 적지 않다.

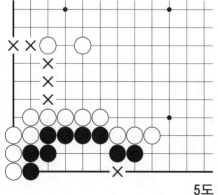

5도

5도(결론·후수 13집)

4도의 결과를 옮긴 것이
다. 편의상 ×를 경계선으
로 삼아서 2도와 비교해 보
면, 흑집은 6집이 줄었고 백
집은 7집이 늘었다. 따라서
이 끝내기는 후수 13집이다.

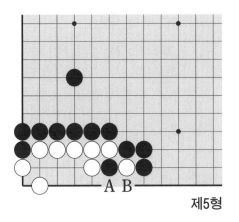

【제5형】

백A 또는 흑B로 상대의 돌 한점을 끊어잡는 수는 몇 집의 크기일까? 하수라면 단순히 2집 끝내기로 보기가 십상인데….

제5형

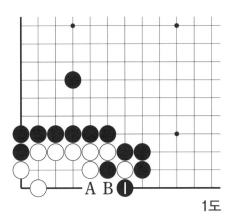

1도(흑차례)

흑이 둔다면 1로 따내는 것으로 끝이다. 이후는 백A, 흑B로 된다고 보면 **2도**와 같은 그림이 된다.

1도

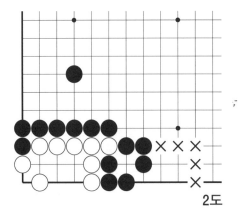

2도(계산)

×를 경계로 보면 흑은 7집(사석 1개)이 생겼고 백은 6집이다. 이것을 **4도**와 비교해 보면—

2도

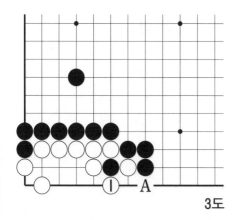

3도(백차례)

　백이 둔다면 역시 1로 따낼 것이다. 그러나 이후의 끝내기가 다르다. 즉, A의 곳은 백의 권리로 남아ㅡ

3도

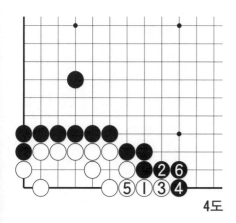

4도(결론 · 후수 10집)

　3도에 이어 백1 이하는 백의 권리이다. 2도와 같은 경계선을 한다면, 백집은 9집 (사석 1개)이 난 반면 흑집은 제로. 따라서 이 끝내기는 후수 10집이다.

4도

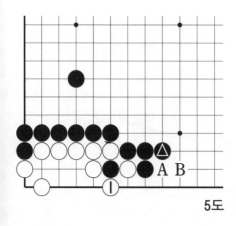

5도(참고 · 후수 6집)

　흑의 외곽에 ◢나 A 또는 B 등이 있어 백1 다음의 선수권한이 없다면 이 끝내기는 후수 6집이 된다.

5도

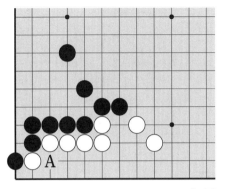

제6형

【제6형】

 귀쪽의 끊어잡는 수가 있을 경우는 같은 후수 끝내기일지라도 그 가치가 달라진다. A로 끊어잡는 수의 크기는?

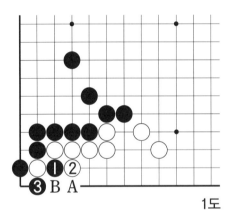

1도

1도(흑차례)

 흑1로 끊어잡는다. 다음 백A, 흑B로 볼 때 **제5형**과 무슨 차이가 있는지 살펴보도록.

2도(계산)

 편의상 ×를 경계로 보면 흑은 10집(사석 1개)이 생겼고 백은 8집이 났다. 이것을 **4도**와 비교해 보면―

2도

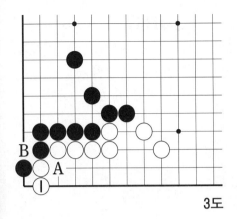

3도

3도(백차례)

백이 둔다면 1로 내려설 것이다. 백1로 백A로 잇는 것은 반집 가량 손해. **본도** 다음 백A와 흑B는 각각 잇는다고 보면—

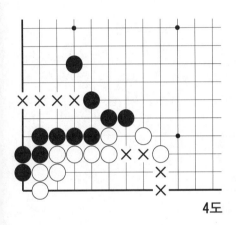

4도

4도(결론·후수 7집)

3도의 결과를 옮긴 것이다. ×를 경계선으로 보면 흑 6집, 백 11집이 났다. 이것을 2도와 비교해 보면, 흑은 4집이 줄었고 백은 3집이 늘었음을 알 수 있다. 따라서 후수 7집 끝내기.

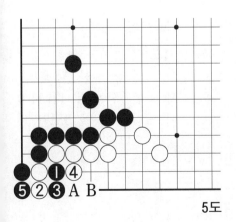

5도

5도(백의 악수)

흑1 때 두점으로 키워버리는 것을 가끔 보게 되는데, 물론 악수이다. 흑5로 잡힌 다음에는 흑A, 백B는 흑의 권리. 따라서 이것은 2도에 비해 백이 2집 손해이다.

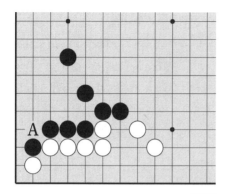

【제7형】

흑A로 잇는 수나 백A로 끊어잡는 수의 크기는 같다. 과연 이 끝내기는 몇 집에 해당할까?

제7형

1도(흑차례)

흑이 둔다면 흑1로 잇는 수가 크다. 다음 흑A, 백B는 흑의 권리일 경우가 많으므로, 계산도 흑의 선수로 본다.

1도

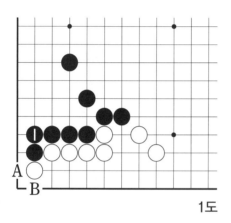

2도(계산)

1도의 결과를 옮긴 것이다. 편의상 ×를 경계선으로 보면 흑 14집, 백 11집이 났다. 이것을 **5도**와 비교해 보면―

2도

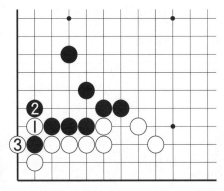

3도

3도(백차례)

흔히 '빵따냄은 30집'이라
고 하는데, 그것은 세력적
가치까지 계산된 것. 여기
서는 그런 가치는 없으나
끝내기 크기로서는 상당하
다.

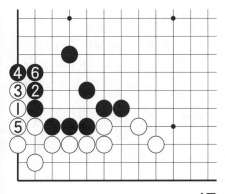

4도

4도(이후 끝내기)

3도에 이어 백1 이하는 백
의 권리이다. 흑의 집이 현
저하게 줄어듦을 알 수 있
다.

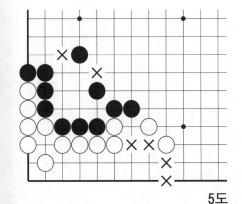

5도

5도(결론 · 후수 13집)

4도의 결과를 옮긴 것이
다. 편의상 ×를 경계선으
로 보면 흑 7집, 백 17집
(사석 1개)이 났다. 이것을
2도와 비교해 보면, 흑은 7
집이 줄었고 백은 6집이 늘
었음을 알 수 있다. 따라서
후수 끝내기 13집.

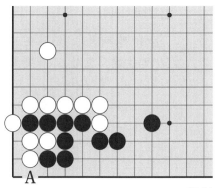

【제8형】

흑A의 젖힘을 후수로 본
다면 이 끝내기는 몇 집의
크기일까? 마찬가지로 백
이 A에 가일수한다면 몇 집
일까?

제8형

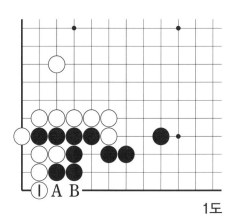

1도(백차례)

백1이 침착한 끝내기. 이
수로 A에 젖히는 것은 흑1
의 먹여침을 당해 상당한
손해를 본다. 백1 이후 백
A, 흑B는 백의 권리.

1도

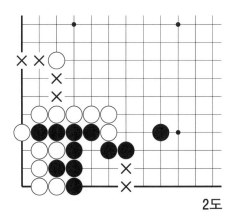

2도(계산)

1도의 결과를 옮긴 것이
다. 편의상 ×를 경계선으
로 보면 흑 5집, 백 8집이
났다. 이것을 4, 5도와 비
교해 보면―

2도

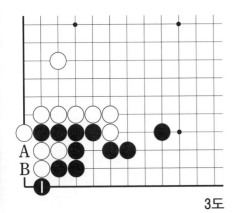

3도

3도(흑차례)

흑1로 젖히면 백은 손을 빼던가 아니면 A로 받던가 인데, 손을 뺄 경우 흑B로 백 석점을 잡는 것이 후수 이므로, 계산은 백A로 둔 것과 비교하여(**5도** 참조) 반으로 하는 것이 옳다.

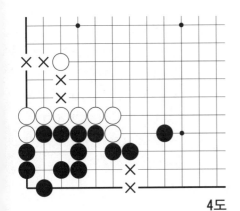

4도

4도(결론 · 후수 9집)

3도에 이어 흑이 백 석점을 따낸 것을 상정한 것이다. 백 4집, 흑 14집(사석 3개 포함). **2도**와 비교할 때 백집은 4집 줄었고, 흑집은 (**5도**＋**4도**)÷2＝10집으므로 5집 늘었다. 따라서 **기본도** A의 곳은 누가 두나 후수 9집 끝내기.

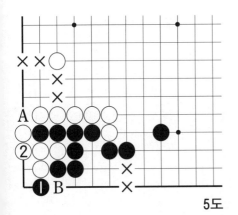

5도

5도(참고 · 선수 5집)

애초 흑1 때 백2로 받는 것으로 한다면 ×를 경계선으로 흑 6집, 백 4집(A, B는 공배)이 났다. 이것을 **2도**와 비교해 보면, 흑은 1집이 늘었고 백은 4집이 줄었다. 따라서 선수 5집 끝내기. 백1이면 역끝내기 5집.

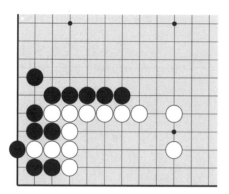

제9형(흑차례)

【제9형】

흑으로서 최선의 끝내기는 무엇이며, 또한 이 끝내기의 크기는?

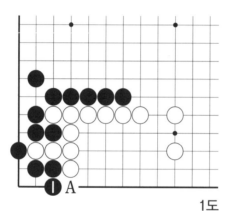

1도

1도(정해)

흑1로 가만히 내려서는 수가 올바른 끝내기. 이것은 다음 후속수단을 보고 있는 것이다. 여기에서 백A면 후수이므로 손빼는 것으로 가정하면―

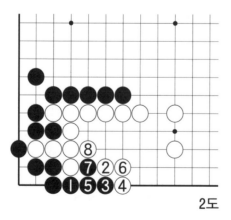

2도

2도(후속수단)

흑1로 밀고들어가는 큰 수가 있다. 백은 2로 늦춰받을 수밖에 없고, 흑은 이하 7까지 선수권리를 행사할 수 있다.

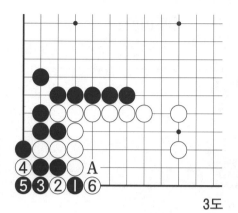

3도(흑1, 악수)

흑1은 백6이면 선수로 크게 이득을 보겠다는 의도이나, 백2·4로 먹여친 후 백6이면 손해. 만약 백6 때 흑A의 패가 겁나면 백6은 A로 물러나면 된다. 그래도 백이 약간 이득.

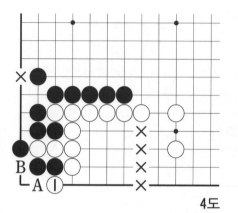

4도(백차례)

백이 둔다면 1로 젖히는 수가 좋다. 다음 백A, 흑B로 보아 ×선을 경계로 흑은 3집, 백은 12집이다. 이것을 다음의 **5도**와 비교해 보면 득실을 알 수 있다.

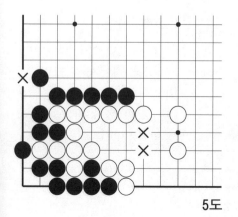

5도(결론·후수 11집)

2도를 옮긴 것이다. ×선을 경계로 흑은 7집, 백은 5집이 났다. **4도**와 비교하면, 흑은 4집이 늘었고 백은 7집이 줄었다. 따라서 이 끝내기는 후수 11집이 된다.

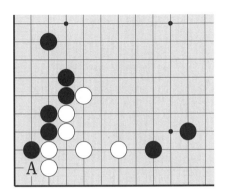

【제10형】

소목에서 자주 나오는 정석 형태. 흑백 누가 두든 A의 막음은 몇 집의 크기일까?

제10형

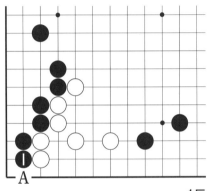

1도(흑차례)

흑이 둔다면 1로 막게 되는데, 여기에서 백이 A로 받아준다면 선수로서 만족이다. 따라서 백은 손을 뺄 것이고—

1도

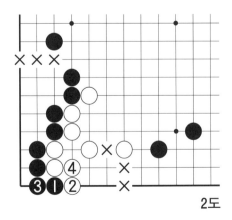

2도(후속수단)

흑1·3으로 젖혀잇는 것은 흑이 둘 가능성이 많다. 여기에서도 흑의 권리로 본다. ×를 경계선으로 보면 흑은 13집, 백은 5집.

2도

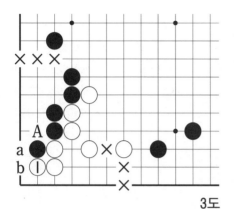

3도

3도(백차례)

백1이면 다음 A의 곳은 누가 두든지 흑수이다. 따라서 흑A로 이었을 때와 **4도**처럼 백이 끊었을 때를 합하여 2로 나눠야 한다. 흑A의 경우 흑 9집, 백 10집(흑a, 백b로 가정).

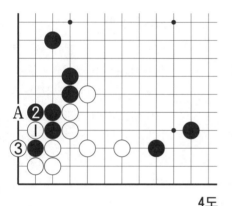

4도

4도(상정도)

이번에는 백1로 끊어잡았을 때인데, 백은 여기에서 끝나는 것이 아니라 A의 선수 젖힘까지 포함시켜야 한다. 물론 흑이 둘 수도 있지만, 후수이므로 논외. **4도** 다음 백이 A를 선수했다고 보면 —

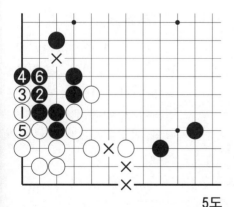

5도

5도(결론 · 후수 14집)

×를 경계선으로 흑 2집, 백 13집(사석 1개). **3도**와의 계산이면 흑은 (9+2)÷2=5.5집, 백은 (10+13)÷2=11.5집. 이것을 **2도**와 비교하면 흑은 7.5집 줄었고 백은 6.5집 늘었다. 따라서 후수 14집 끝내기.

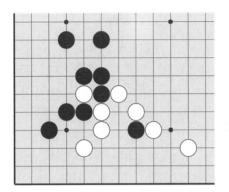

【제11형】

소목에서 백이 걸쳐오자 두 칸높은 협공하여 생긴 모양. 여기는 굉장히 큰 끝내기가 남는 것으로 유명하다. 과연 몇 집일까?

제11형

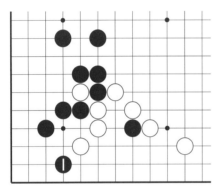

1도(흑차례)

흑1의 날일자 달리기. 보기만 해도 큰 수이며, 종반까지 이런 수가 남아 있다면 의심스러울 정도이다. 하지만 사활과 관계가 없고 보면 중반전에는 외면당할 수도 있다.

1도

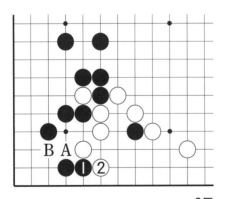

2도(후속수단)

1도에 이어 백은 손을 빼는 것이 보통이며, 흑은 1로 밀어가는 수를 선수하는 정도이다. 이후 백A, 흑B는 백의 권리로 보는 것이 좋겠다.

2도

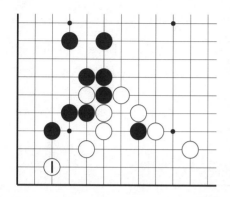

3도

3도(백차례)

백이 둔다면 역시 1로 날일자 달리는 것이 멋지다. 여기에서도 흑이 응수하는 것은 후수이므로 손을 빼는 것으로 보고—

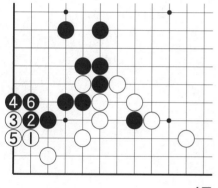

4도

4도(이후 끝내기)

3도에 이어 백1로 마늘모하여 5까지는 백의 권리로 본다. 물론 백1이 오기 전에, 흑이 응수한다면 역끝내기가 되겠지만.

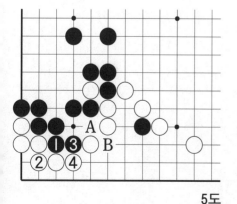

5도

5도(결론 · 후수 20집)

2도와 비교해서 계산해 보자. 흑집은 10.5집(A의 곳＝0.5집 증가) 줄었으며, 백집은 9.5집(**2도**와 비교해서 B의 곳이 확실한 집이 됨)이 늘었다. 따라서 이 끝내기는 후수 20집인 셈이다.

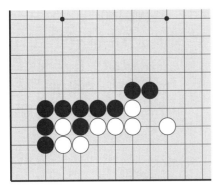

제12형(흑차례)

【제12형】

흑의 끝내기를 묻는다. 실전에서 흔히 나오는 끝내기 형태인데 잘못두는 경우가 많다. 최선은 어떤 수순이고 몇 집인지?

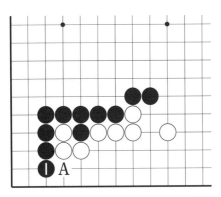

1도

1도(정해)

흑1로 가만히 내려서는 수가 최선이다. 가끔 A로 젖히는 사람이 많은데, 이것은 흑1보다도 2집 손해임을 알아둘 것.

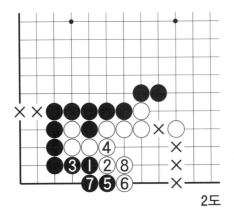

2도

2도(후속수단)

1도에 이어 백은 손을 빼는 것이 보통이며, 흑은 1로 붙이는 수가 최선의 끝내기이다. ×를 경계선으로 보면 흑은 10집, 백은 7집이 났다.

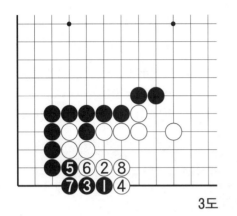

3도

3도(2집 손해)

흑1의 눈목자 달리기가 좋을 것 같지만, 백8까지 된 모양을 **2도**와 비교해 보면, 흑은 1집 줄고 백은 1집 늘었으므로 2집이 마이너스.

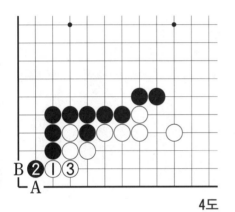

4도

4도(백차례)

백이 둔다면 1·3으로 젖혀이을 것이다. 그리고 이후 백A, 흑B를 백의 선수 권리로 보자. 그러면 **5도**에서—

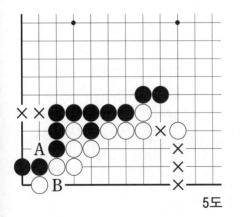

5도

5도(결론·후수 15집)

2도와 비교해서 계산해 보자. 흑집은 7집 줄었으며, 백집은 8집(A, B는 공배)이 늘었다. 따라서 이 끝내기는 후수 15집인 셈이다.

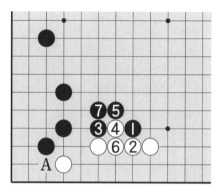

제13형

【제13형】

화점 정석의 기본형에서 흑이 백의 두칸 벌림에 흑1 이하로 처리한 장면이다. 문제는 A의 끝내기. 과연 몇 집일까?

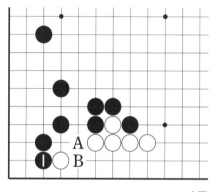

1도

1도(흑차례)

흑1로 막는 수. 다음 백A면 선수, 백이 손을 빼면 B로 잡는 수를 보고 있다. 백A나 흑B나 둘 다 후수이므로, 계산은 나눈다는 것은 상식.

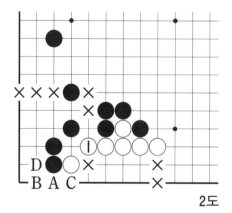

2도

2도(상정도 · 백 후수)

백1로 받으면 다음 백A 이하로 젖혀가는 수는 백의 권리. 물론 이 젖혀이음은 선수가 안 될 수도 있지만 지금은 선수로 간주한다. ×를 경계선으로 흑11집, 백 7집.

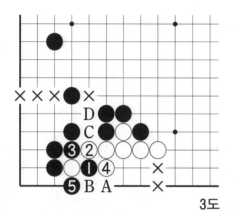

3도

3도(상정도 · 흑 후수)

또 하나는 흑1 · 3으로 끊어먹는 수. 다음 백A, 흑B로 예상해도 좋다. 백C, 흑D도 백의 권리. ×를 경계선으로 흑 16집(사석 1개), 백 4집이 났다.

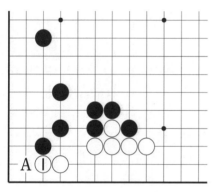

4도

4도(백차례)

백이 둔다면 1로 밀어간다. 다음 흑이 A에 막는 것은 후수이므로 손을 뺀다고 보자. 참고로, 백1로 A에 뛰어드는 것은 엉터리.

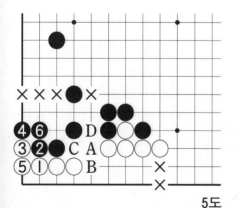

5도

5도(결론 · 후수 13집)

전도 다음 백1 이하로 끝내기했다면 흑은 6집, 백 11집(흑A, 백B 다음 백C, 흑D로 본다). 이것과 **2, 3도**를 비교해서 계산해 보자. 흑집은 7.5집 줄었으며 백집은 5.5집이 늘었다. 따라서 이 끝내기는 후수 13집인 셈이다.

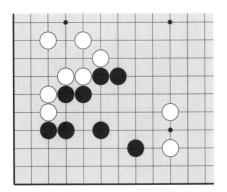

제14형

【제14형】

화점에서의 붙여뻗기 정석의 기본형이다. 여기에서도, 귀에서 매우 큰 끝내기가 남는 것으로 유명하다. 과연 몇 집 끝내기일까?

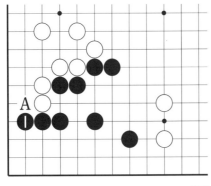

1도

1도(흑차례)

흑1로 가만히 내려서는 것이 다음 끝내기를 보아 좋은 수이다. 흑A로 젖혀잇는 것은 다소 손해임을 알아둘 것. 흑1 다음 백A는 후수가 되므로 백은 여기서 손을 빼는 것으로 본다.

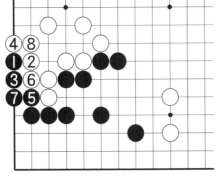

2도

2도 (후속수단)

1도에 이어 흑의 끝내기는 1의 눈목자 달리기. 이하 8까지 많이 해 왔던 선수 끝내기이다.

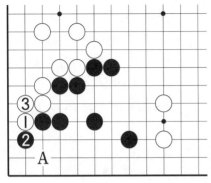

3도

3도(백차례)

백이 둔다면 1·3으로 젖혀잇는 것이 상당한 끝내기이다. 이어 흑A로 지키면 무난하나 이것은 후수. 백에게 선수 끝내기를 당하는 것이므로 흑은 기세상 손을 빼는 것으로 한다.

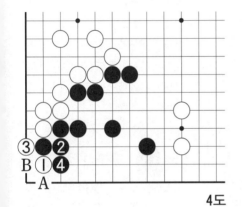

4도

4도(이후 끝내기)

3도에 이어 백은 1로 붙이는 수가 날카로운 끝내기이다. 흑2는 부득이하며 이하 4까지 선수로 처리한다. 이후 흑A, 백B로 되는 정도이다.

5도(흑, 위험)

전도 흑4는 선수를 잡기 위해 손을 뺄 수도 있다. 그러나 끝내기상 너무 피해가 크다. 더군다나 백1로 나간 후 A, B 등의 노림을 당하므로, 커보였던 집은 고사하고 자칫 곤마로 몰릴 위험도 있다.

5도

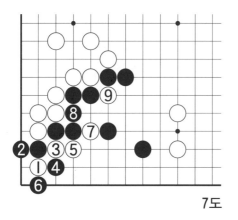

7도

7도(상전벽해)

백1의 붙임에 흑2로 빠져 저항하는 것은 위험천만의 수. 백3으로 끊는 수가 성립한다. 흑4·6으로 잡으면 백7·9로 아웃.

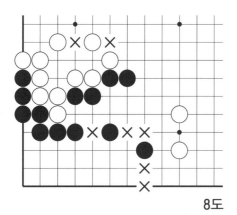

8도

8도(계산)

2도를 옮겨온 것이다. 편의상 ×를 경계선으로 하여 끝내기의 크기를 상정하여 보자. 흑은 22집, 백은 4집인데 이것을 9도와 비교해 보면―

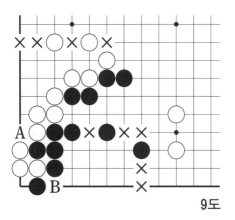

9도

9도(결론·후수 17집)

4도를 옮긴 것이다. 역시 ×를 경계선으로 한다면 흑은 12집, 백은 11집(A, B는 공배)이 났다. 8도와의 차이는 흑은 10집이 줄었고, 백은 7집이 늘었다. 따라서 후수 17집 끝내기. 물론 선수로 계산하는 방법도 있으나, 선수편에서 공부했으므로 여기서는 생략. 어디까지나 실전(實戰)에서 응용하고 선택해야 한다.

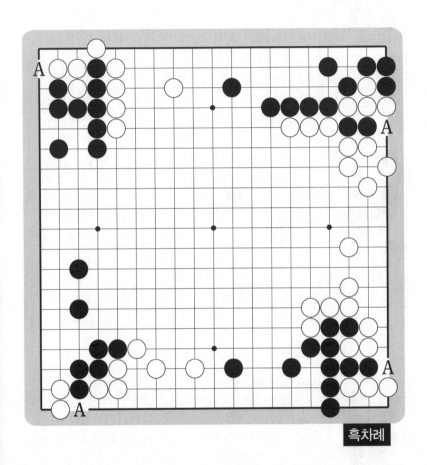

흑차례

주변 상황을 배제하고 각 귀퉁이의 네 군데 끝내기밖에 없다고 가정하자. 각각 흑으로선 A가, 백으로서도 A의 곳이 큰 끝내기이다. 이 각각의 끝내기 크기를 계산하고, 흑은 어떤 수순으로 끝내기하는 것이 최선인지 알아보자.

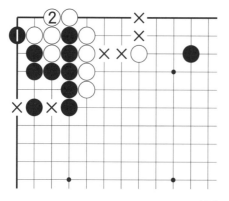

1도

1도(좌상-흑, 선수일 때)

흑1로 젖히면 다음 백이 두느냐 흑이 두느냐에 따라 집이 달라진다. 백2로 잇는 다면 이것은 흑의 선수 끝내기. ×선을 경계로 흑 4집, 백 4집이다.

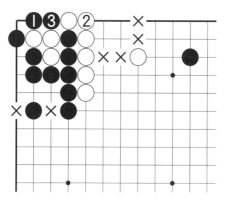

2도

2도(상정도 · 흑 후수)

흑이 둔다면 흑1·3으로 백 석점을 잡는다. 선을 경계로 보면 흑은 12집(사석 3개), 백은 4집.

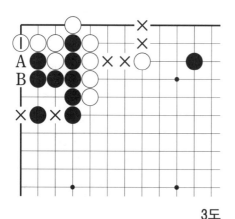

3도

3도(백차례 · 후수 9집)

백1이면 다음 백A, 흑B는 백의 권리이므로 ×를 경계로 흑 3집, 백 8집이 난다. 흑은 $3-(4+12)\div2=-5$(집), 백은 $8-(4+4)\div2=4$(집). 계산은 흑백의 차이를 더해야 하므로 9집이다. 따라서 이곳은 후수 9집 끝내기.

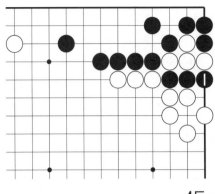

4도(우상-흑차례)

흑1로 백 넉점을 따내면 흑 8집이다.

4도

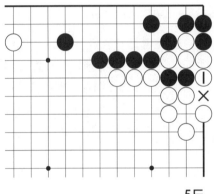

5도(백차례)

백이 흑 두점을 따내면 백 4집. 그리고 ×곳에 1집이 더 생겼으므로 총 5집이다.

5도

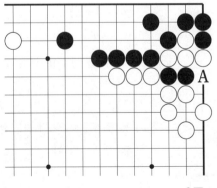

6도(후수 13집)

따라서 A의 곳 크기는 1, 2도를 더하면 된다. 8+5= 13(집). 따라서 후수 13집 끝내기.

6도

7도(좌하-흑차례)

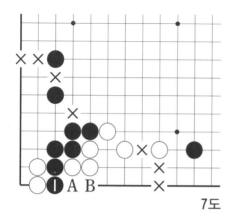

7도

흑1로 둔다. 다음 흑A, 백 B는 흑의 권리로 본다. 편의상 ×를 경계선으로 보게 되면 흑은 18집, 백은 7집이다.

8도(백차례)

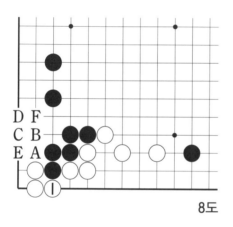

8도

백1이면 다음 백A 이하는 백의 권리. 이 결과를 옮긴 것이 **9도**이다. 백A로 D의 눈목자 달리기는 이득이라고 할 수 없다.

9도(후수 16집)

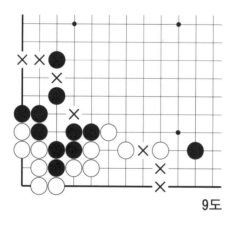

9도

×를 경계선으로 보아 흑은 6집, 백은 11집이다. 이것을 **7도**와 비교해 보면, 흑은 12집이 줄었고 백은 4집이 늘었다. 따라서 이 끝내기는 후수 16집.

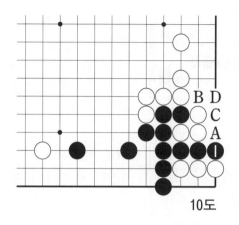

10도

10도(우하-흑차례)

흑1로 둔다. 다음 흑A 이하는 흑의 권리로 본다. 흑A로 B에 끊고 조여도 결과는 마찬가지.

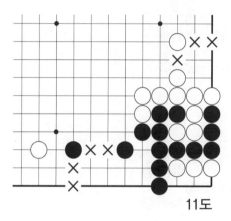

11도

11도(집계산)

자, **10도**의 결과를 보자. 편의상 ×를 경계선으로 보게 되면 흑은 18집, 백은 4집이다. 이것을 다음의 **12도**와 비교해 보면 득실을 알 수 있다.

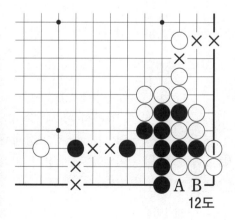

12도

12도(후수 14집)

백1로 둔다. 다음 흑A, 백B는 흑의 권리로 본다. 편의상 ×를 경계선으로 보아 흑 9집, 백 9집이다. **11도**와 비교해 보면 흑 9집이 줄었고 백 5집이 늘었다. 따라서 후수 14집 끝내기.

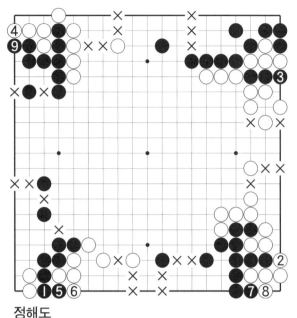

정해도

정해도(좌하부터)

좌하귀 흑1부터 두는 것이 옳다. 다음 백2부터 흑9까지가 정확한 수순.

편의상 ×를 경계로 집을 세어 보자.

좌상＝흑4집, 백8집.

우상＝흑20집, 백1집.

좌하＝흑18집, 백7집.

우하＝흑9집, 백9집.

따라서 합계는 흑 51집, 백 25집.

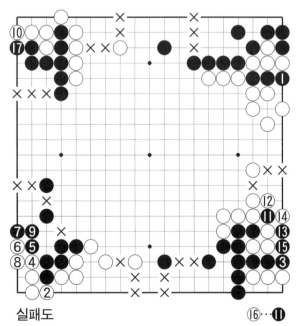

실패도

⑯…❶

실패도(2집 손해)

백 넉점이 커보여 흑 1부터 둔다면 이하 17까지 된다. 좌상과 우상은 정해와 같으므로 생략하고 집계산하면,

좌하＝흑6집, 백11집.

우하＝흑18집, 백4집

（사석 1개）.

따라서 합계 흑 48집, 백 24집. 정해에 비해 흑은 2집이 손해이다.

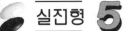
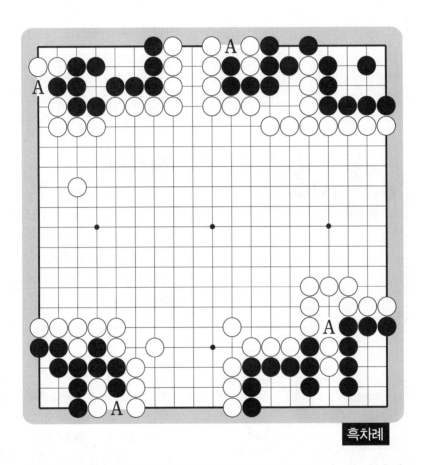

흑차례

주변 상황을 배제하고 각 귀퉁이의 네 군데 끝내기밖에 없다고 가정하자. 각각 흑으로선 A가, 백으로서도 A의 곳이 큰 끝내기이다. 이 각각의 끝내기 크기를 계산하고, 흑은 어떤 수순으로 끝내기하는 것이 최선인지 알아보자.

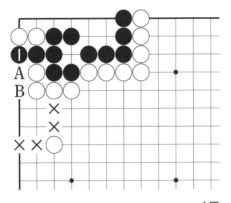

1도

1도(좌상-흑차례)

흑1로 차단하면 다음 흑A, 백B는 흑의 권리이다. ×를 경계선으로 보면, 흑집은 13집, 백집은 4집.

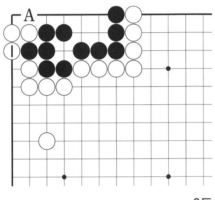

2도

2도(백차례)

백이 둔다면 백1로 두점이 살아온다. 그리고 이것에서 끝나는 것은 아니다. 다음 A의 곳이 피차 후수 끝내기이므로 평균을 계산해야 한다.

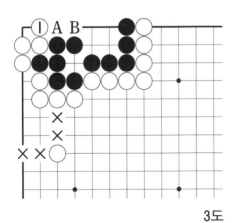

3도

3도(후수 9.5집)

백1이면 다음 백A, 흑B는 백의 권리. ×를 경계로 흑 1 때와 비교 계산하면 흑 5.5집, 백 6집이다. 이번에는 **1도**와 비교, 흑은 5.5-13=-7.5(집), 백은 6-4=2(집). 계산은 흑백의 차이를 더해야 하므로 후수 끝내기 9.5집이다.

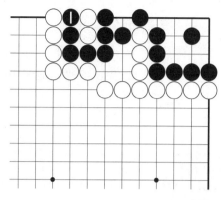

4도

4도(우상-흑차례)

흑1로 백 두점을 따내면 흑 4집이다. 그러나 끝내기는 주변 상황을 고려하지 않으면 안 된다. 전체 흑집은 14집(사석 2개)이다.

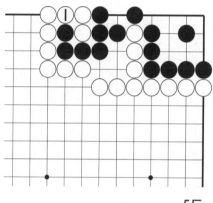

5도

5도(백차례)

백이 두점을 이어간다면 집은 나지 않았으나, 두점을 살렸으므로 **전도**에서 새로 생길 흑집을 없앴다. **6도**를 보면—

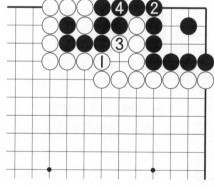

6도

6도(후수 7집)

백1·3이 백의 선수권한이어서 여기서 1집이 난다. 흑집은 8집이나 결국 7집인 셈. **6도**에서의 흑집을 **4도** 흑집에서 빼주면 된다. 14−7=7(집)이 이곳 후수 끝내기의 크기다.

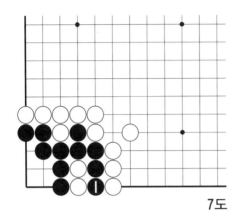

7도

7도(좌하-흑차례)

흑1로 두점을 잡는다. 이
것으로 흑집은 총 9집이 난
것이다.

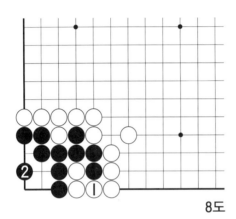

8도

8도(백차례 · 선수 5집)

백1이면 흑은 2로 살아야
하는 것이 절대. 따라서 1
은 백의 절대 선수 끝내기
이다.

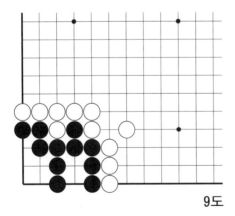

9도

9도(역끝내기 5집)

7도를 옮긴 것이다. 이 흑
집은 9집(사석 2개). 이것
을 **8도**와 비교해 보면, 흑
은 역끝내기 5집인 셈.

참고로 알아둘 것은 사활
이 걸린 끝내기는 절대적이
므로, 그 가치를 따질 수가
없다.

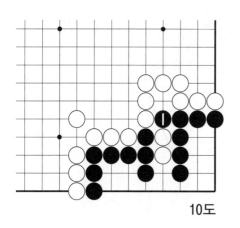

10도(우하-흑차례)

흑1로 백 두점을 잡는다. 이것으로 흑집은 20집.

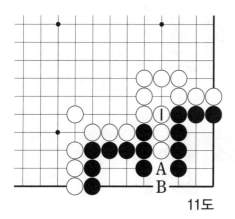

11도(백차례)

백1이면 백 두점이 살아왔을 뿐 아니라 중앙에서 1집을 만들었다. 그리고 백A, 흑B가 백의 권리.

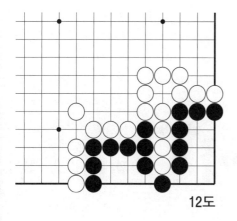

12도(후수 7집)

11도의 결과이다. 흑은 14집이며 백은 1집. 따라서 흑 13집인 셈. 이것을 10도와 비교하여 계산해 보자. 20－13＝7(집). 결국 10도의 흑1이나 11도의 백1은 후수 7집 끝내기.

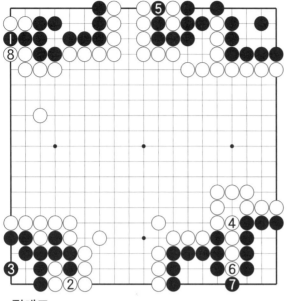

정해도

정해도(좌상부터)

역끝내기는 선수의 2배 가치. 그러나 지금은 우상과 우하가 맞보기라는 점에 주목.

따라서 우상과 우하를 맞보기로 하고 좌상귀부터 끝내기한다. 백8까지 완료. 집을 계산해 보자.

좌상＝흑13집.

우상＝흑14집.

좌하＝흑4집.

우하＝흑14집, 백1집.

합계 흑45집, 백1집.

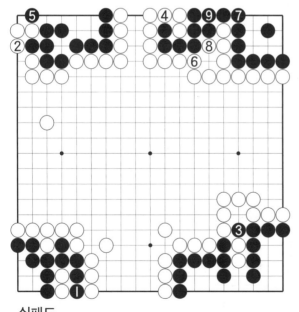

실패도

실패도(2집 손해)

흑1부터 두는 것은 실패. 그러면 후수로는 가장 큰 좌상을 백2로 선점한다. 우상과 우하는 거의 맞보기. 흑9까지 완료. 집계산을 해 보자.

좌상＝흑6집.

우상＝흑8집, 백1집.

좌하＝흑9집.

우하＝흑20집.

합계 흑43집, 백1집.

정해에 비해 흑은 2집이 손해이다.

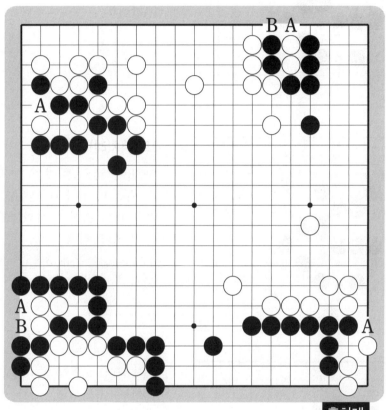

흑차례

주변 상황을 배제하고 각 귀퉁이의 네 군데 끝내기밖에 없다고 가정하자. 각각 흑으로선 A가, 백으로선 B(좌상·우하는 A)의 곳이 큰 끝내기이다. 이 각각의 끝내기 크기를 계산하고, 흑은 어떤 수순으로 끝내기하는 것이 최선인지 알아보자.

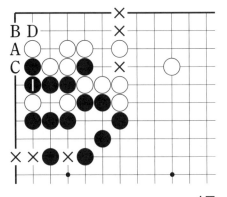

1도

1도(좌상-흑차례)

흑1이면 다음 흑A 이하의 젖혀이음은 흑의 권리. × 선을 경계로 흑 15집, 백 15집이다.

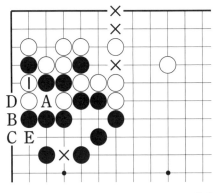

2도

2도(백차례)

백1로 끊으면 다음 누가 또 두느냐가 문제. 백A면 다음 백B 이하의 젖혀이음은 백의 권리가 된다. ×를 경계선으로 흑은 5집, 백은 26집이 난다.

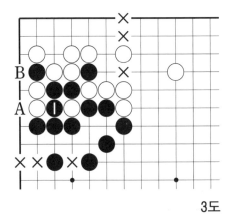

3도

3도(후수 16집)

흑1이면 다음 흑A, 백B는 흑의 권리이므로, ×를 경계로 흑 9집, 백 20집이 난다. 흑은 $15-(5+9)÷2=8$(집), 백은 $15-(26+20)÷2=-8$(집). 계산은 흑백의 차이를 더해야 하므로 16집. 따라서 후수 16집 끝내기.

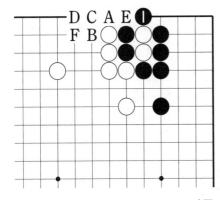

4도

4도(우상-흑차례)

흑1로 백 두점을 따낸다. 다음 흑A 이하로 젖혀잇는 것은 흑의 권리. 이 결과를 일단 기억한 다음 -

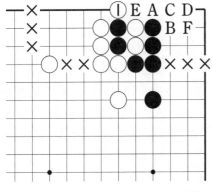

5도

5도(백차례)

백1로 두점을 따내면 다음 백A 이하의 젖혀이음은 백의 권리가 된다. ×곳을 경계선으로 보면 흑은 5집, 백은 14집.

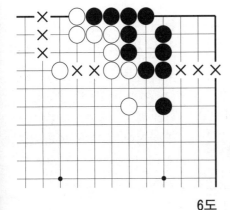

6도

6도(후수 18집)

4도를 옮긴 것이다. ×곳을 경계선으로 보면 흑은 14집, 백은 5집. 따라서 이곳 크기는 5도와 비교하여 흑은 9집이 늘고, 백은 9집이 줄었으므로, 합계 18집이 된다. 흑백 각각 후수이므로 후수 18집 끝내기.

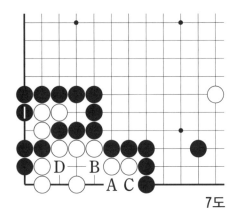

7도(좌하-흑차례)

흑1로 둔다. 다음 흑A로
붙이면 백은 B, 흑C, 백D로
살아야 하므로, 흑의 권리
로 본다.

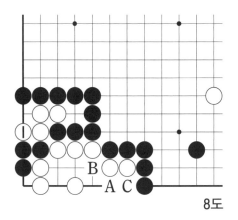

8도(백차례)

백1이면 다음 흑A, 백B,
흑C로 될지 아니면 백A로
될지는 반반의 권리. 따라
서 평균하면 백집만 (9+
11) ÷2=10(집)이 된다.
흑집은 제로.

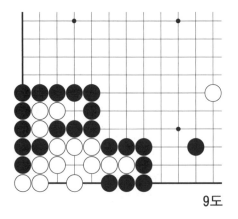

9도(후수 15집)

7도의 결과를 옮긴 것이
다. 흑은 7집, 백은 2집이
다. 이것을 8도와 비교해 보
면, 흑은 7집이 늘었고 백
은 8집이 줄었다. 따라서 이
끝내기는 후수 15집.

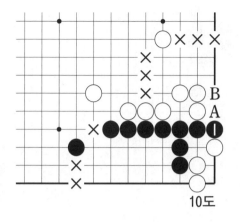

10도

10도(우하-흑차례)

흑1로 둔다. 다음 흑A, 백 B는 흑의 권리로 본다. 편의상 ×를 경계선으로 보아 흑집은 25집, 백집은 9집이다.

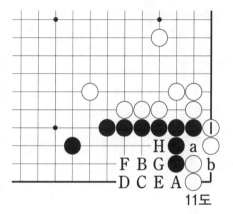

11도

11도(백차례)

백1로 넘어가면 백A 이하의 끝내기는 백의 권리이며 흑a, 백b는 흑의 권리로 본다. 물론 백1 때 흑A로 받는다면 백의 선수가 되며, 그 크기는 **10도**와 비교하여 선수 13집. 어느 쪽으로 계산하느냐는 실전 상황에 따라 적절히 선택해야 할 것. **본도**의 결과를 보면—

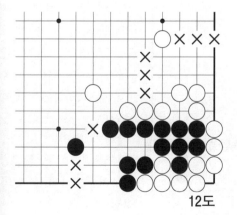

12도

12도(후수 20집)

편의상 ×를 경계선으로 보아 흑 8집, 백 12집이다. **10도**와 비교해 보면, 흑 17집이 줄었고 백 3집이 늘었다. 따라서 이 끝내기는 후수 20집.

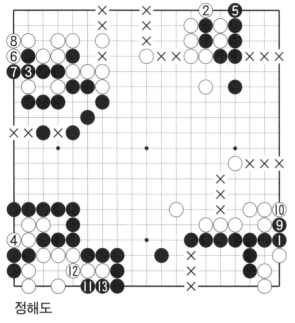

정해도

정해도(우하부터)

집으로 가장 큰 우하귀 흑1부터 시작한다. 백2 때 흑3으로 가는 게 정확한 수순. 이하 13까지 끝내기 완료. ×를 경계선으로 집계산하면,

좌상＝흑14집, 백17집.

우상＝흑9집, 백11집.

좌하＝흑0집, 백9집.

우하＝흑19집, 백9집.

합계는 흑 42집, 백 46집. 4집 차로 백 우세.

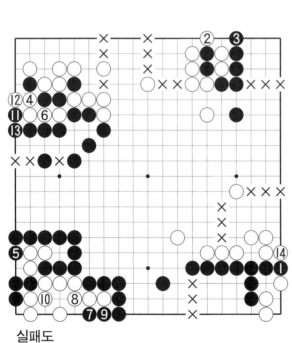

실패도

실패도(2집 손해)

우상귀 백2에 흑3으로 받는 것은 집계산을 등한시한 수순 미스. 백2의 시점에서 가장 큰 4의 곳을 백이 차지하면, 14까지 끝내기 완료. 편의상 ×를 경계로 집을 세어 보자.

합계만 보면 흑 42집, 백 48집. 이번에는 6집 차이. 따라서 흑의 2집 손해.

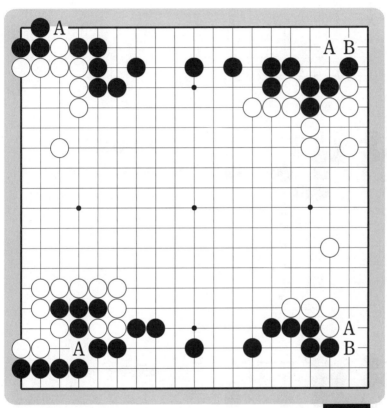

흑차례

주변 상황을 배제하고 각 귀퉁이의 네 군데 끝내기밖에 없다고 가정하자. 각각 흑으로선 A가, 백으로선 B(좌상·좌하는 A. 우하는 흑B의 끝내기도 있다)의 곳이 큰 끝내기이다. 이 각각의 끝내기 크기를 계산하고, 흑은 어떤 수순으로 끝내기하는 것이 최선인지 알아보자.

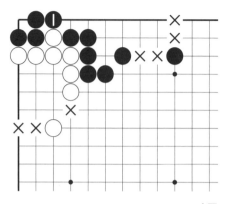

1도

1도(좌상-흑차례)

흑1이면 흑 석점이 살아간다. 이것은 석점이 살아간다고 해서 단순히 6집 크기라고 생각하면 오산이다. 편의상 ×를 경계선으로 흑은 12집, 백은 9집.

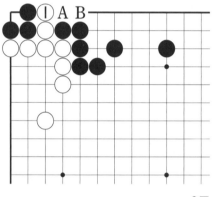

2도

2도(백차례)

백1이면 다음 백A, 흑B는 백의 권리. 이 결과를 본다면 —

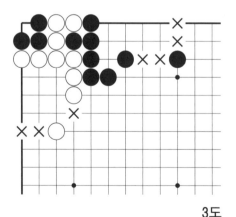

3도

3도(후수 10집)

편의상 ×를 경계로 한다면 흑 9집, 백 16집이 난다. 1도에 비해 흑은 9-12 = -3(집), 백은 16-9=7(집). 계산은 흑백의 차이를 더해야 하므로 10집이다. 따라서 후수 10집 끝내기.

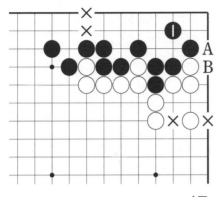

4도

4도(흑차례)

흑1이면 다음은 흑A, 백B로 본다. 편의상 ×를 경계선으로 보면 흑 16집, 백 4집.

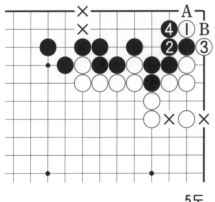

5도

5도(백차례 · 선수 6집)

백1이면 흑2, 백3으로 되는 것은 당연. 흑4로 막으면 흑A, 백B로 보고, 편의상 ×를 경계선으로 하여 흑은 10집, 백은 4집이 났다. 이 결과라면, **전도**에 비해 선수 6집 끝내기.

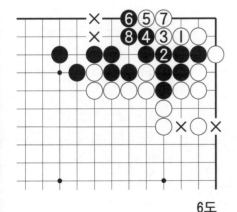

6도

6도(후수 18집)

5도에서 흑이 손을 뺀다면 백1 이하의 끝내기가 크다. 편의상 ×를 경계선으로 하면 흑은 3집, 백은 9집이 났다. 이 크기는 **4도**와 비교하여, 흑은 13집이 줄었고 백은 5집이 늘었다. 따라서 후수 18집 끝내기.

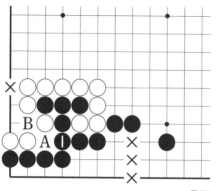

7도

7도(좌하-흑차례)

흑1로 둔다. 다음 흑A, 백 B는 흑의 권리로 본다. 편 의상 ×를 경계선으로 보게 되면 흑은 11집, 백은 2집 이다.

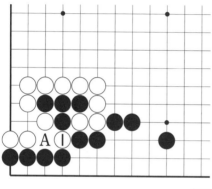

8도

8도(백차례)

백1이면 다음 A는 흑의 권 리. 이 결과를 옮긴 것이 **9 도**이다.

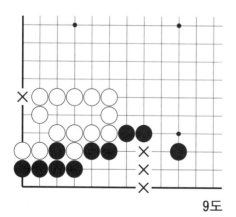

9도

9도(후수 8집)

×를 경계선으로 보아 흑 은 11집, 백은 10집(사석 4 개)이다. 이것을 **7도**와 비 교해 보면, 흑은 변함이 없 고 백집만 8집이 늘었다. 따 라서 이 끝내기는 후수 8집.

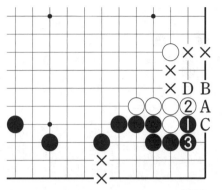

10도

10도(우하-흑차례)

흑1·3으로 젖혀이으면 다음 흑A 이하의 끝내기는 흑의 권리. ×를 경계선으로 하면 흑은 15집, 백은 2집이다. 경우에 따라 흑1로 3에 둔 후 B까지의 비마 선수도 있다. 그러면 **본도**보다 2집 이득인데, 흑3 때 백1로 막을 수도 있으므로 상황에 따라 선택한다.

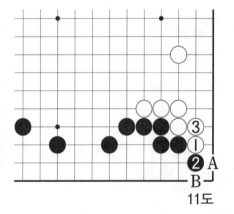

11도

11도(백차례)

백이라면 1·3으로 젖혀잇는다. 다음 백A, 흑B는 백의 권리가 된다. 이 결과를 보면—

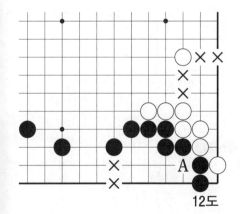

12도

12도(후수 11집)

편의상 ×를 경계선으로 보아 흑은 9집(A는 가일수), 백은 7집이다. 이것을 **10도**와 비교해 보면, 흑은 6집이 줄었고 백은 5집이 늘었다. 따라서 이 끝내기는 후수 11집.

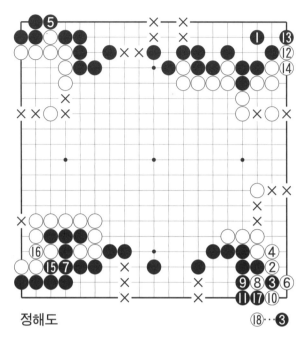

정해도

정해도(우상부터)

 맞보기가 여러 군데 생겨, 몇 가지 정해 수순이 나오는데, 계산상 가장 큰 우상귀 흑1부터 두는 수순을 제시한다. 이하 백18까지 끝내기 완료. 편의상 ×를 경계로 집을 세어보자.

 좌상=흑12집, 백9집.

 우상=흑15집, 백4집.

 좌하=흑11집, 백2집.

 우하=흑6집, 백10집.

 합계 흑44집, 백25집.

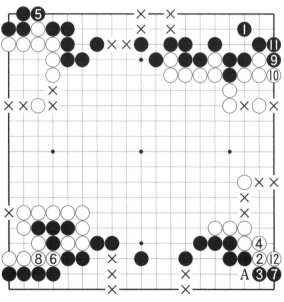

실패도

백의 실패도(2집 손해)

 흑5 다음 흑 넉점이 커보여 백6부터 둔다면, 이하 12까지 된다. **전도**와 같이 계산해 보면―

 합계 흑 51집, 백 30집. 정해에 비해, 백은 2집이 부족하다.

 백6으로 7에 젖힌 후 6과 A 끊음을 맞보기로 하는 것이 중요한 수순임을 알 수 있다.

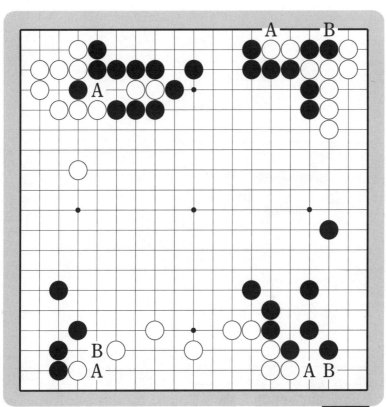

흑차례

주변 상황을 배제하고 각 귀퉁이의 네 군데 끝내기밖에 없다고 가정하자. 각각 흑으로선 A가, 백으로선 B의 곳(좌상은 A)이 큰 끝내기이다. 이 각각의 끝내기 크기를 계산하고, 흑은 어떤 수순으로 끝내기하는 것이 최선인지 알아보자.

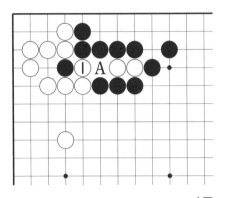

1도(좌상-백차례)

백1로 두면 일단 백은 3집이 생긴다. 그 다음이 문제인데 A의 곳을 누가 두느냐에 따라 계산이 달라진다.

1도

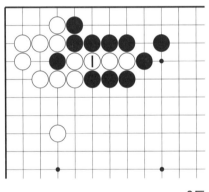

2도(상정도)

백1이면 흑집은 제로. 흑1이면 흑집은 4집. 따라서 이곳에서 2집은 흑의 권리가 되는 것이다.

2도

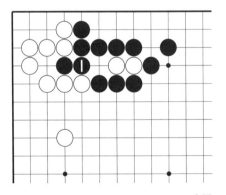

3도(흑차례 · 후수 6집)

흑1이면 5집이 난다. 계산하면 (3+5)−2(* **전도**에서의 흑의 권리)=6(집). 이것이 이 곳의 끝내기 크기가 되는 것이다.

3도

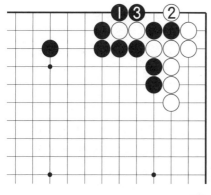

4도

4도(우상-흑차례)

흑1로 백 두점을 단수치면 백2, 흑3으로 될 곳이다.

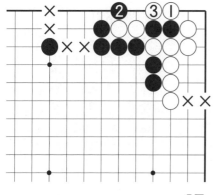

5도

5도(백차례)

백1이면 흑2, 백3으로 되는 것은 당연. 편의상 ×를 경계선으로 하면 흑은 4집, 백은 12집이 났다.

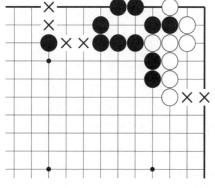

6도

6도(후수 10집)

4도를 옮긴 것이다. 편의상 ×를 경계선으로 하면 흑은 9집, 백은 7집이 났다. 따라서 이 크기는 5도와 비교하여, 흑은 5집이 늘었고 백은 5집이 줄었다. 따라서 후수 10집 끝내기.

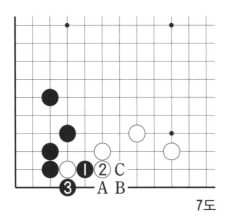

7도(좌하-흑차례)

흑1로 둔다. 백2면 흑3이 좋은 수. 다음 흑A 때 백이 B로 바로 막느냐, 아니면 C로 늦추느냐에 따라 끝내기가 달라진다. 여기에선 C로 늦췄다고 본다.

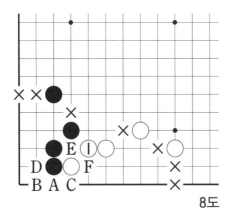

8도(백차례)

백1이면 다음 백A 이하 D까지의 젖혀이음은 백의 권리이며 흑E, 백F는 흑의 권리이다. ×를 경계선으로 하여, 흑10집이고 백은 11집.

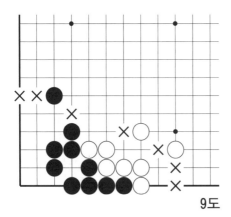

9도(후수 12집)

7도를 옮긴 다음, ×를 경계선으로 보아 8도와 비교해 보면, 흑은 5집(사석 1개)이 늘었고 백은 7집이 줄었다. 따라서 이 끝내기는 후수 12집.

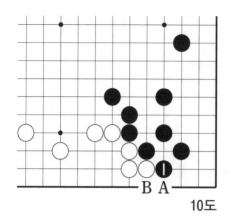

10도(우하-흑차례)

흑1로 둔다. 다음 어느 쪽이든지 젖혀잇는 끝내기가 남는데 계산은 흑A, 백B로 본다.

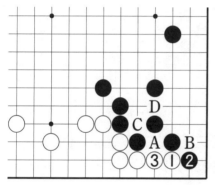

11도(백차례)

백이 둔다면 1로 붙이는 수가 올바른 끝내기. 흑2에 백3으로 잇고 다음 백A 이하가 백의 권리로 봐도 무방하다.

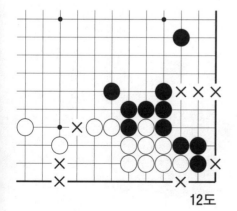

12도(후수 14집)

11도의 결과를 상정한 것이다. 편의상 ×를 경계선으로 보아 10도와 비교해 보면, 흑은 11집이 줄었고 백은 3집(사석 1개 포함)이 늘었다. 따라서 이곳의 끝내기는 후수 14집 가량.

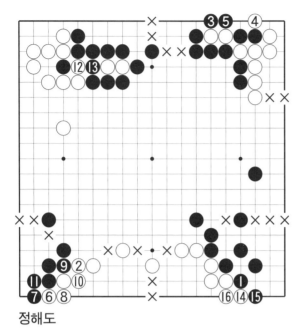

정해도

정해도(우하부터)

우하귀 흑1이 가장 큰 끝내기다. 이하 큰 순서대로 수순을 거치면 백16까지 끝내기 완료. 편의상 ×를 경계선으로 집계산을 하면—

좌상＝흑4집, 백3집.

우상＝흑9집, 백7집.

좌하＝흑9집, 백12집.

우하＝흑17집, 백10집.

합계 흑39집, 백32집.

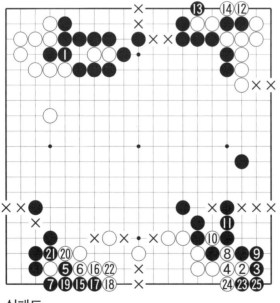

실패도

실패도(4집 손해)

백돌을 많이 잡는 것이 좋아보여 흑1부터 둔다면 이하 25까지가 예상된다. **전도**와 마찬가지로 ×를 경계선으로 집을 세어보면—

좌상＝흑5집, 백0집.

우상＝흑4집, 백12집.

좌하＝흑14집, 백5집.

우하＝흑9집, 백12집.

합계 흑32집, 백29집.

따라서 이 그림은 흑이 4집 손해이다.

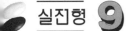
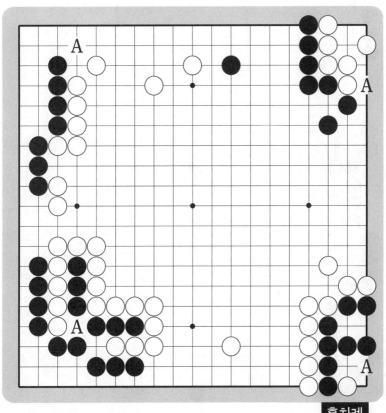

흑차례

　주변 상황을 배제하고 각 귀퉁이의 네 군데 끝내기밖에 없다고 가정하자. 각각 흑으로선 A가, 백으로서도 A의 곳이 큰 끝내기이다. 이 각각의 끝내기 크기를 계산하고, 흑은 어떤 수순으로 끝내기하는 것이 최선인지 알아보자.

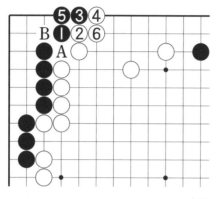

1도(좌상-흑차례)

흑1로 마늘모하면 백은 2로 막을 수밖에 없고, 다음 흑3·5의 젖혀이음이 흑의 권리가 된다. 물론 백A, 흑B는 백의 권리이다.

1도

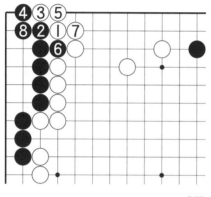

2도(백차례·양선수 6집)

백이 1에 둔다면 3·5의 젖혀이음이 백의 권리. 흑8로 받아주면 선수이다. 1도와 비교해 보면 흑은 3집이 줄었고 백은 3집이 늘었다. 따라서 이 끝내기는 양선수 6집 끝내기.

2도

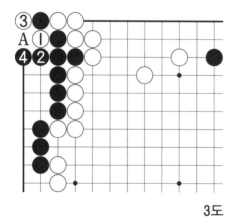

3도(역끝내기 11집)

전도에서 흑이 꼭 8에 받아준다는 보장은 없다. 만일 손빼면, 본도 백1로 끊어먹는 수가 선수 5집 끝내기. 흑2로 A의 패는 위험하다. 따라서 2도의 백1은 역끝내기 11집이 되기도 한다.

3도

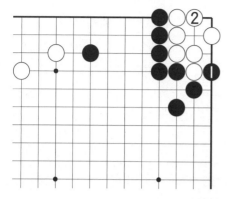

4도

4도(우상-흑차례)

흑1이면 백은 사활이 걸려 있으므로, 2로 받는 것이 보통이다.

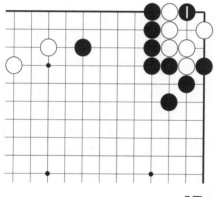

5도

5도(백, 죽음)

백이 손을 빼어 흑1로 잡힌다면 이것은 후수 18집짜리.

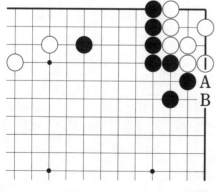

6도

6도(백차례 · 역끝내기 3집)

백이 둔다면 백1로 둔다. 다음 백A, 흑B가 백의 권리. **4도**와의 계산은 역끝내기 3집이다.

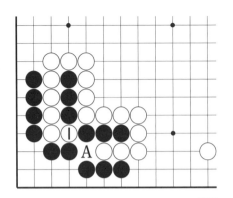

7도

7도(좌하-백차례)

백1로 흑 석점을 따내면 백집은 6집이 늘어난다. 문제는 다음 A의 곳을 누가 두느냐인데….

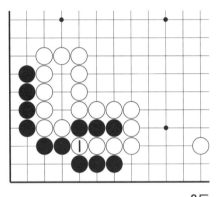

8도

8도(다음의 권리)

백1이면 6집이 또 늘어난다. 만약 흑이 1에 잇는다면 제로. 따라서 반반의 권리로 보아 백은 3집의 권리를 예약한 셈이다.

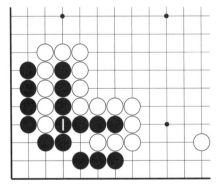

9도

9도(흑차례 · 후수 9집)

흑1로 두면 백집은 늘어날 요소가 없다. 물론 흑집의 증감도 없다. 따라서 이 끝내기는 6+3=9(집). 따라서 **7도**의 백1이나, **본도**의 흑1은 후수 9집 끝내기.

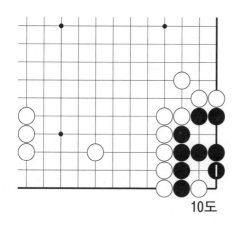

10도(우하-흑차례)

흑1로 둔다. 이것으로 흑은 6집이 났다.

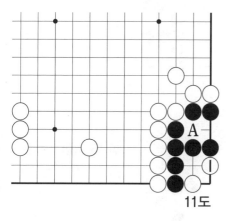

11도(백차례·후수 6집)

백1로 두면 이곳은 빅이다. 따라서 쌍방 집의 증감은 없다. 따라서 이 끝내기는 후수 6집. 백1로 먼저 A에 먹여치는 것은 1집 손해이다.

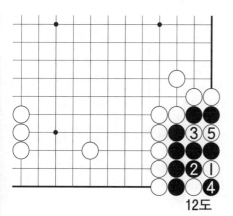

12도(이유)

백1 때 흑2로 단수쳐봐야 백3이면 흑4, 백5로 될 수밖에 없다. 흑이 4집 생긴 반면 백도 4집이 났다. 따라서 득실은 없는 것.

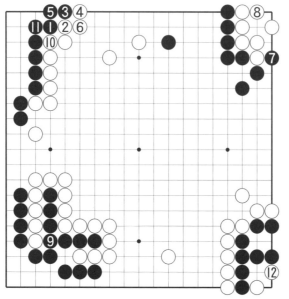

정해도

정해도(좌상부터)

좌상귀 흑1부터 두는 것이 옳다. 이하 12까지 되는 정도. 끝내기 크기의 차가 명확하므로, 비교적 쉬운 수순이었을 것이다. 흑1로는 7을 먼저 선수한 다음 두어도 마찬가지.

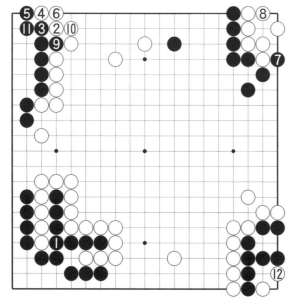

실패도

실패도(6집 손해)

흑 석점이 커보여 흑1부터 둔다면 이하 12까지 된다. 그러나 이것은 선후수 관계를 도외시한 것. 정해도와 비교하면 좌상귀만큼 차이가 있다. 따라서 흑은 6집이 손해이다.

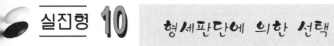
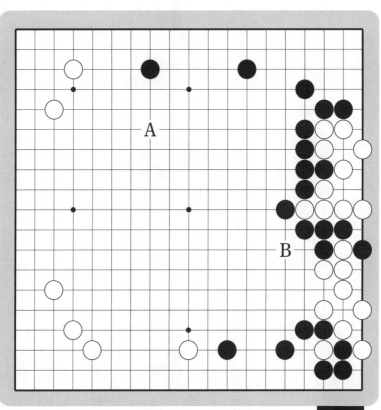

흑차례

　우상 일대에 구축된 흑의 세력이 돋보이는 가운데 백의 실리가 맞서고 있는 국면이다. 흑으로선 이 세력을 어떻게 활용하느냐가 승패의 관건이 될 것 같다. 자, 흑의 다음 한 수를 A, B 중에서 선택한다면?

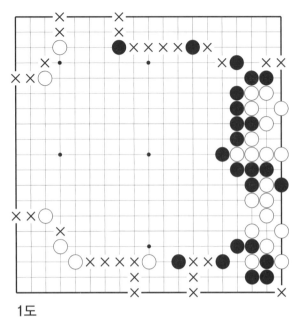

1도

1도(형세판단)

선택에 앞서 이 상황에서 형세판단을 해보자. 흑집은 우상과 우하를 합쳐서 28＋11＝39(집). 백집은 좌상과 좌하, 우변과 덤을 합쳐서 11＋26＋10＋덤6.5＝53.5(집). 실리가 부족하지만, 대신 흑은 우상변에 막강한 세력이 있는데, 백도 좌변이 세력권이다.

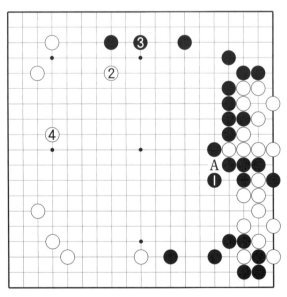

2도

2도(소탐대실)

A의 단점이 두려워 흑1로 보강하는 것은 형세판단의 미스. 백2, 흑3으로 상변을 제한시킨 뒤 백4로 큰 곳에 달려가면, 백 우세가 완전히 굳어져버린다.

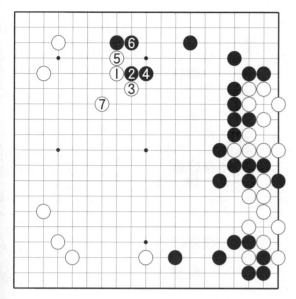

3도

3도(이적수)

백1의 삭감 때 우상 변을 지키고자 흑2·4 로 붙여뻗는 것은 속 수. 흑집이 좀 늘어나 긴 했지만, 그 대신 좌 변 백을 더욱 강화시 켜 주어 이적수라고 하겠다.

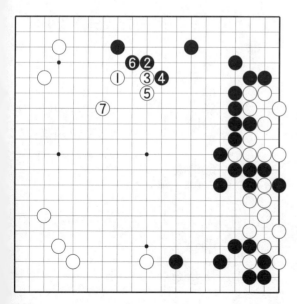

4도

4도(볼품없는 세력)

백1 때 흑2로 받는 것은 백3·5의 붙여뻗 음이 제격이어서 역시 백의 만족. 이런 식으 로 중앙 백을 강화시 켜 주면 기껏 쌓아놓 았던 흑세가 빛을 잃 게 된다.

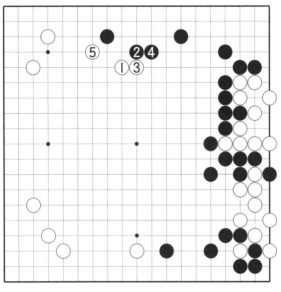

5도

5도(백의 주문)

 이런 형태에서는 백 1의 삭감수를 많이 볼 수 있다. 이것이 흑의 세력을 한층 더 지울 수 있는 수단. 흑2로 받아주면 백3을 활용한 다음 5로 씌워 백의 대만족이다. 그러나—

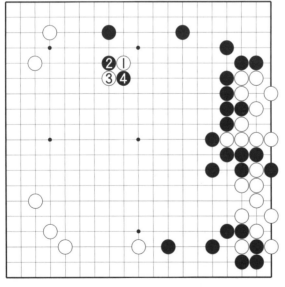

6도

6도(시비를 걸어)

 흑은 주위의 흑세가 강한 만큼 당연히 흑 2·4로 반발할 것이다. 이것은 형세가 좋은 백으로선 자청해서 수렁에 빠져든 격.

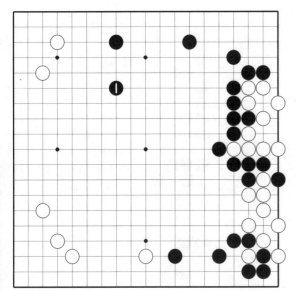

7도

7도(정해)

 흑1로 한껏 지키는 것이 흑의 세력을 극대화시키는 수이다. 또한 이 수는 좌변 백의 세력도 견제하고 있다.

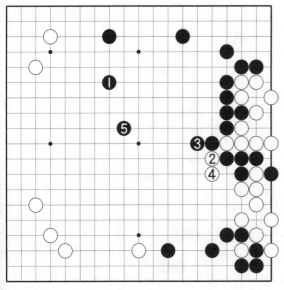

8도

8도(흑, 우세)

 흑1 때 백2로 끊어잡는 것은 작다. 흑3・5로 중앙을 크게 굳혀 졸지에 흑에게로 대세가 기울어버린다.

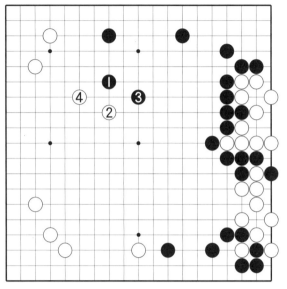

9도

9도(백의 삭감)

흑1 때 백으로서는 2의 씌움이 좋은 수단. 흑의 중앙 팽창을 막고 좌변확장을 노리는 일석이조의 수이다. 흑3이면 백4. 자, 여기에서 다시 형세판단을 해 보자.

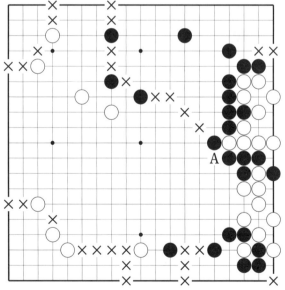

10도

10도(형세판단)

흑은 우상과 우하를 합쳐 $60 + 11 = 71$ (집)이며, 백은 좌상과 좌하 그리고 우변을 합쳐 $11 + 26 + 10 + 덤6.5 = 53.5$(집). 실리의 차이는 있지만, 백의 세력도 만만치 않고, 또한 A의 단점도 남아 있어 이제부터의 바둑이라 하겠다.

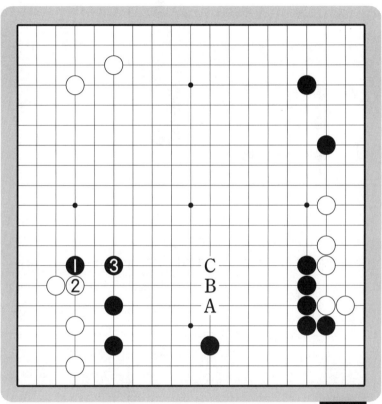

백차례

흑의 미니중국류 포진에서 흑1·3으로 리듬을 구해 하변을 확장해 온 장면이다. 백으로선 하변의 골이 더 깊어지기 전에 지금이 바로 삭감의 기회인데, 과연 A, B, C 중 어느 곳이 가장 적당할까?

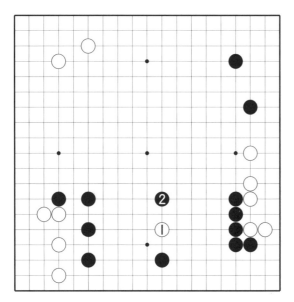

1도

1도(너무 깊다)

'삭감은 모자'라는 격언을 믿고 백1로 씌워 가는 것은 흑2의 씌움을 당해 위험천만이다. 비록 산다 할지라도 대세를 잃을 가능성이 높다.

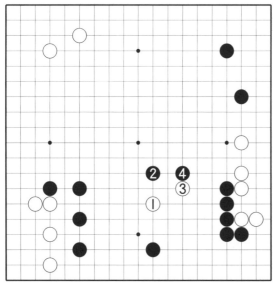

2도

2도(대동소이)

백1로 한칸 덜 들어가는 것도 흑의 공격 대상에 놓여 역시 곤란. 흑2의 씌움으로 답답한 모습이다.

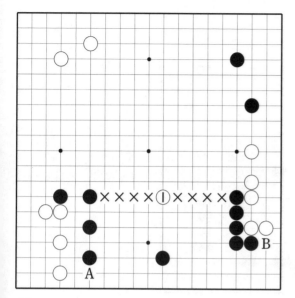

3도

3도(정해)

백1의 삭감이 주변
흑세의 경계선(×선)
을 기준으로 한 적정
선이다. 하변 흑진에
는 A와 B의 끝내기 수
단이 있어 굳이 더 깊
이 들어갈 필요가 없
는 것이다.

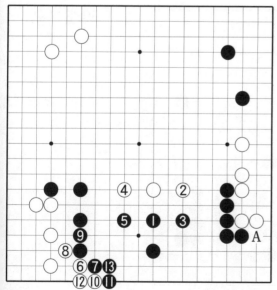

4도

4도(지나친 굴복)

백의 삭감에 흑1로
받는 것은 너무 나약
한 태도. 흑13까지 선
수 끝내기를 당하는데
다, 중앙 백세가 좋아
지는 것을 생각하면
별로 남는 것이 없다.
아직 백A의 끝내기도
남은 상황.

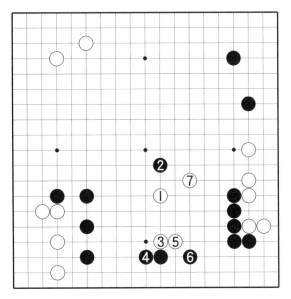

5도

5도(백의 주문)

 백1 때도 흑2로 씌우는 것이 기세이자 정수. 이 때 백3이 익혀 두어야 할 상용의 타개수법이다. 흑4로 침착하게 늘면 백5·7로 무난하게 수습한다.

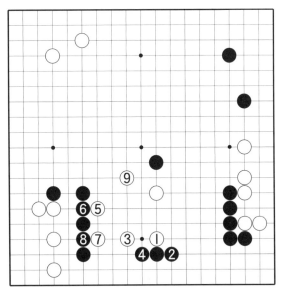

6도

6도(모양을 갖춤)

 백1 때 흑2쪽으로 받아도 전도와 크게 다를 바가 없다. 백5·7을 선수하고 9로 날아가면 역시 흑은 초라한 몰골이다.

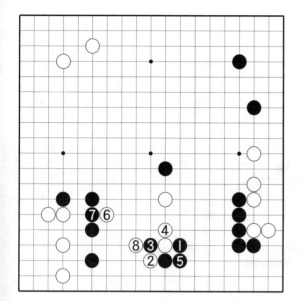

7도

7도(축 조심)

 그럼 흑1로 젖히면 어떨까? 여기에는 백2로 되젖히는 수가 좋다. 흑3·5로 버텨오면 백6이 선수이므로 8에 몰려 축이 되어 버린다.

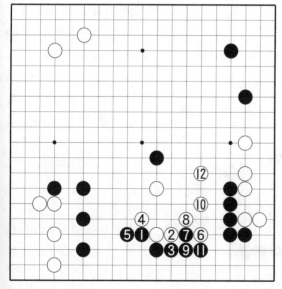

8도

8도(백, 타개 성공)

 따라서 흑1쪽으로 젖히는 수가 최강의 응수이다. 그러나 백2 이하 12까지 틀을 잡으며 빠져나가게 되면 너무 쉽게 수습한 모습이다.

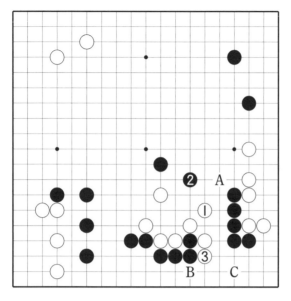

9도

9도(위험한 공격)

백1 때 흑2로 역습을 하고 싶은 마음이 굴뚝같지만, 백3으로 막히고 나면 흑도 A로 연결해야 하는 부담이 있어 만만치 않다. 백은 중앙에 안형이 풍부한 데다가 B, C 등이 있어 삶에는 걱정이 없는 모습. 공연히 흑집만 깨질 공산이 크다.

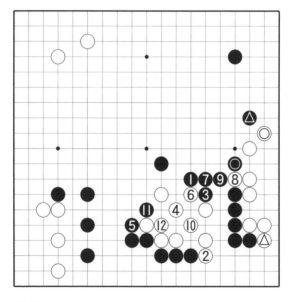

10도

10도(유사형)

미니중국류에서 흑▲로 바싹 다가오는 형태도 있다. 그러면 백은 ▲로 밀어가며 흑은 ◉의 들여다봄이 선수로 듣기 때문에 백◯와 교환된다.

이런 경우 흑1의 씌움은 강수. 결국 여기선 백12까지 쌈지를 뜬 꼴이므로 흑의 성공이다.

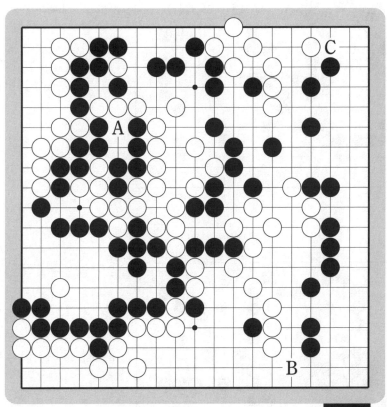

흑차례

중반의 전투가 끝나고 끝내기에 접어든 장면이다. 지금 좌변 중앙에 흑 다섯점이 잡히게 되는 모양. 여기서 흑은 이 돌을 살리는 것이 최선일까? 큰 곳은 대략 A, B, C의 세 곳이라 할 수 있는데….

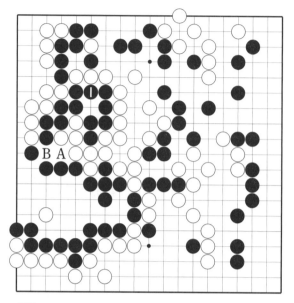

1도

1도(10집 끝내기)

흑1로 다섯점을 살리는 것은 급하지 않다. 백A, 흑B가 백의 절대권리이므로 후수 10집 끝내기.

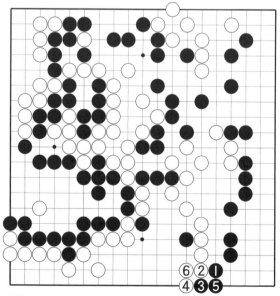

2도

2도(양선수 6집)

흑1로 마늘모하는 수는 양선수 6집의 큰 끝내기. 백2를 손빼면 6으로 뛰어듦이 너무 커서 무리.

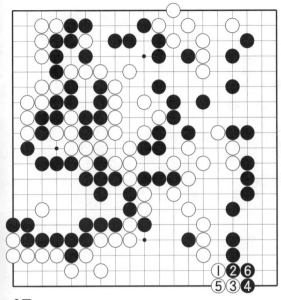

3도

3도(백이 두면)

백1로 두는 것이 역끝내기이면서 선수 끝내기. 흑2를 손빼면 흑6으로 뛰어드는 수로 선수 9집에 해당하는 끝내기를 당하게 된다. 2, 3도를 비교하면 안팎으로 6집에 불과하지만, 쌍방이 선수가 되는 큰 끝내기로 20집 정도의 가치가 있다.

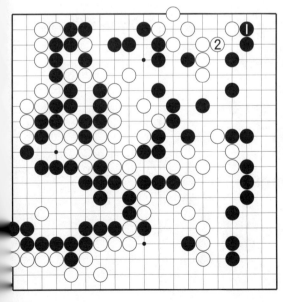

4도

4도(선수끝내기)

흑1로 두면 백대마의 사활 때문에 백2를 생략할 수 없는데, 보통 흑1은 16~17집 정도의 큰 끝내기이다. 그것도 선수이므로, 이 정도면 한 살림 할 정도의 엄청난 크기다.

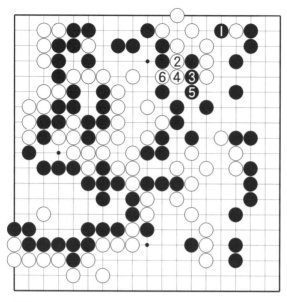

5도

5도(흑, 실패)

전도 백2를 손빼는 것은 대마가 위험하다. 그러나 흑1로 백 한점을 잡는 것은 공격실패. 백6까지 탈출하게 된다.

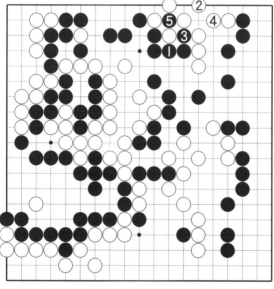

6도

6도(사활의 급소)

흑1로 잇는 것이 쌍방간에 사활의 급소이다. 다음 흑5까지 쌍방 최선의 수순에 의하여, 백대마가 꽃놀이 패가 되므로 **4도**의 가일수가 불가피하다.

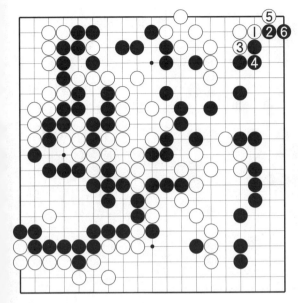

7도

7도(후수끝내기)

흑이 우상귀 부근을 소홀히 하면 백1을 당해 이하 6까지 후수로 귀를 수비해야 하는데, **4도**와 비교해서 흑집은 4집 감소하고 백집은 2집 증가한다. 백에게 6집을 선수로 허용한 꼴이므로, 흑이 심하게 당한 결과.

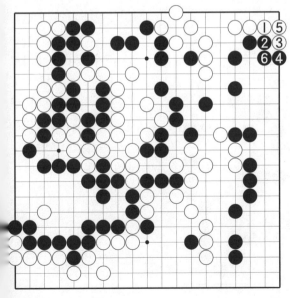

8도

8도(선수끝내기)

흑이 1의 곳을 막지 않으면 백1로 뻗어 이하 흑6까지면 백의 선수 5집짜리 끝내기다. 그러나 이것은 백이 미흡하다.

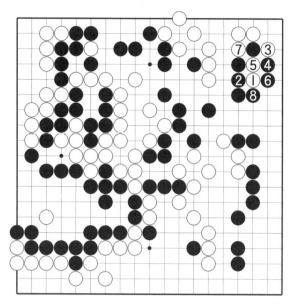

9도

9도(치중수)

백1로 들여다보고 3으로 건너는 수가 있다. 흑8까지 되는데 **4도**처럼 흑이 귀를 막아서 선수한 결과와 비교하면, 이것 역시 안팎으로 16~17여 집에 달한다. 백의 입장에서는 엄청난 역끝내기다. .

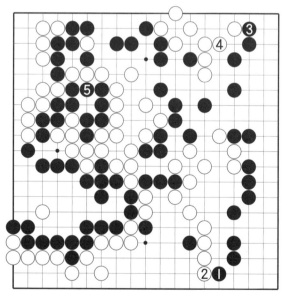

10도

10도(끝내기의 요령)

흑1·3을 선수하는 것이 최선의 끝내기로 백2·4는 불가피하다. 역으로 흑1로 5에 먼저 두어 백1과 백3을 당하는 것과는 엄청난 차이가 난다.

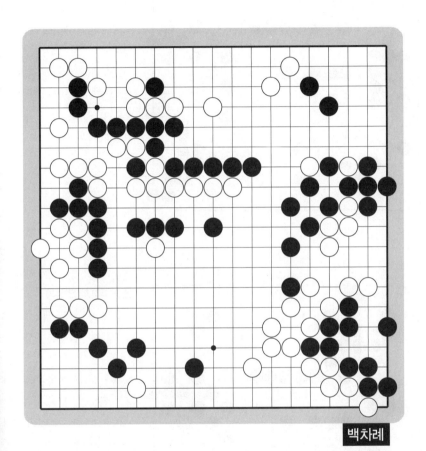

백차례

형세는 미세하나마 백이 약간 두터운 국면. 그러나 안심하기에는 변수가 많은 박빙의 차이라 마무리가 중요한 종반이다. 여기에서 백은 아무도 예상치 못한 기습으로 확실한 승기를 잡는다. 자, 어디일까?

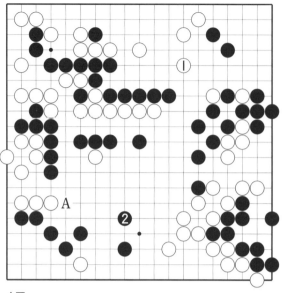

1도

1도(방향착오)

백1로 한칸 뛰어 흑
의 우상쪽이 부풀어
오르는 것을 방지하는
것은 방향착오. 흑2가
좋은 수로 흑이 좋은
국면이다. 다음 흑A면
상당한 흑진이 형성된
다. 따라서 초점은 하
변일텐데….

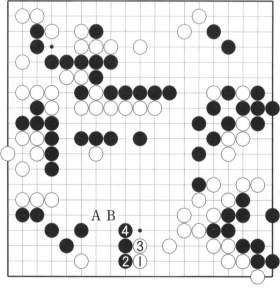

2도

2도(형세불명)

보통이라면 백1로 달
리기가 십상. 그러나
그것은 무미건조한 단
순한 끝내기에 불과하
다. 흑4까지 흑집의 살
이 최대한 두텁게 되
면서 이제는 A, B 등
의 선수도 듣지 않는
다.

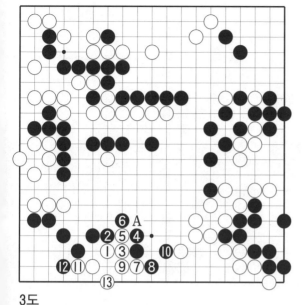

3도(흑, 망하다)

백1의 마늘모가 흑의 뒷맛을 최대한 이용하는 끝내기의 맥점. 흑 2로 막으면 이하 13까지 흑진에서 알뜰하게 두 집을 내고 산다. 더구나 A의 단점까지 남아서는 흑이 망한 결과.

3도

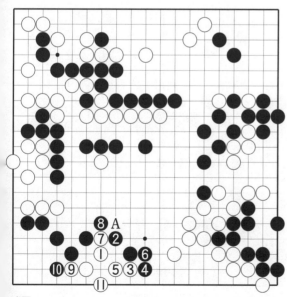

4도(안방살이)

백1 때 흑2의 마늘모가 일견 정수같지만, 이것 역시 백3·5를 선수한 다음 이하 백 11까지 거뜬히 살아버린다. A의 단점도 남아 **전도**와는 대동소이.

4도

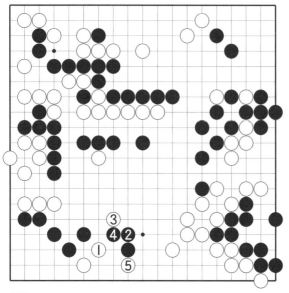

5도

5도(수순의 묘)

백1 때 흑2로 쌍점하는 것이 부분적으로는 최선. 그러나 백3의 '잽' 한방으로 흑을 빈삼각으로 유도한 다음, 백5로 붙여가는 수가 기막힌 묘착으로 흑의 괴로움이 가중되고 있다.

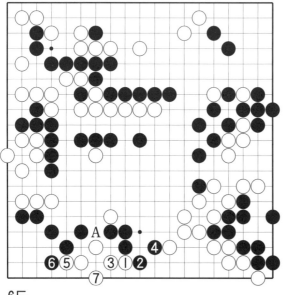

6도

6도(흑, 무리)

백1 때 흑2로 젖히는 것은 백3으로 늘어 가뿐하게 산다. 더구나 훗날 백A로 나와 끊는 수가 강력하여 흑의 무리가 역력하다.

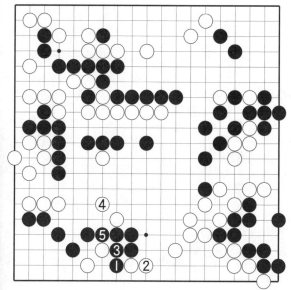

7도

7도(백, 성공)

5도에 이어 흑은 1로 물러설 수밖에 없다. 그러나 백2, 흑3을 교환시키자 흑은 볼썽사나운 우형의 극치가 되어버렸다. 백4를 활용하여 좌하 중앙쪽 흑진이 무너져 상황종료.

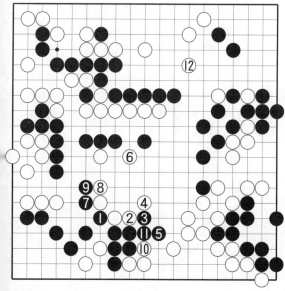

8도

8도(백, 승세확립)

전도 흑5로는 **본도 1**에 호구치는 것이 최강이지만, 이하 백8까지 중앙 흑의 두터움마저 효과적으로 소멸시킨 다음, 반상최대의 곳 백12로 달려가 백승이 확정되었다.

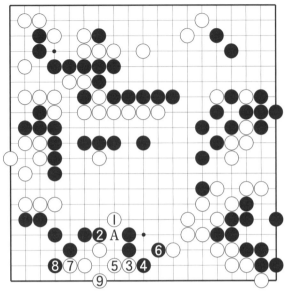

9도

9도(백, 대만족)

백1 때 흑2로 차단하려고 하는 것은 백3의 붙임으로 간단히 수가 난다. 흑4면 이하 9까지 삶. 차후에 백A도 남아 흑이 견딜 수 없다.

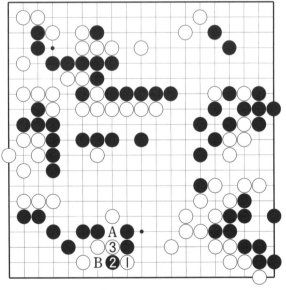

10도

10도(흑, 파탄)

그렇다고 백1 때 발끈하여 흑2로 젖히는 것은 백3으로 끊겨 파탄이다. 다음 백A와 B가 맞보기.

끝내기의 요령(2)

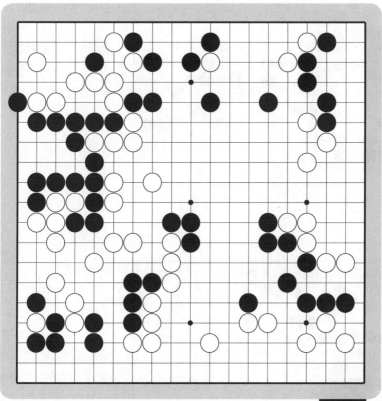

흑차례

본격적으로 끝내기에 접어든 장면. 전체적인 형세는 상변 흑진의 폭이 넓어 흑이 다소 유리한 국면이다. 그러나 흑이 우세를 지속시켜 승리의 기쁨을 만끽하기 위해선 아직도 넘어야 할 산이 몇 군데 있다.

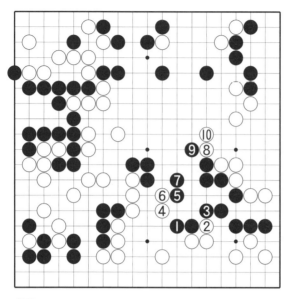

1도

1도(중앙 끝내기)

 흑1로 뻗는 것이 모양의 급소처럼 보이지만, 백2 이하 10까지 진행되고 나면 흑집보다 백집이 더 커진 모습으로, 흑1이 기분에 치우친 완착임을 알 수 있다.

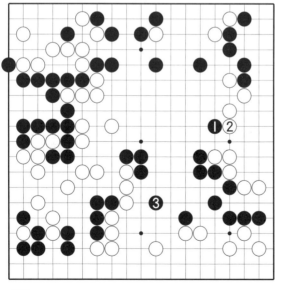

2도

2도(수순)

 흑1로 백2를 응수케한 다음 흑3으로 양날일자하여 지키는 것이, 허술하지만 중앙에서 집을 마무리짓는 최선의 끝내기이다.

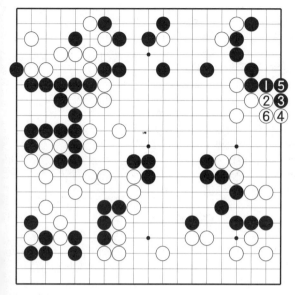

3도

3도(우상-수비 필연)

이번에는 우상쪽의 끝내기를 알아보자. 흑1로 내려선 다음 3·5로 젖혀잇는 것이 정확한 끝내기 요령. 만일 백이 손빼어 흑 6을 허용한다면 백은 두 집 내기에 바빠진다.

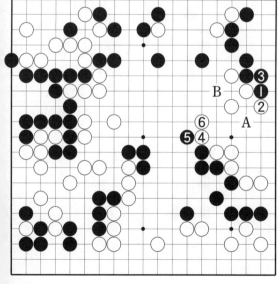

4도

4도(변화)

흑1·3으로 젖혀잇는 것은 후수지만 A나 B의 뒷맛을 노린 끝내기. 그러나 백이 4·6으로 보강하면서 중앙을 넓히면 중앙 흑돌이 엷어지므로 신통치 않다.

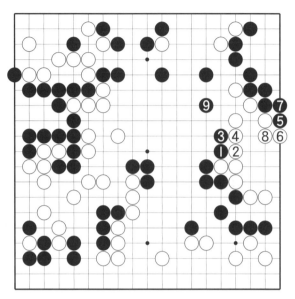

5도

5도(최대한 압박)

 전도의 백4를 생략하면 흑1·3을 활용한 다음 5·7로 젖혀잇는다. 백8 때 흑9로 중앙을 부풀려 흑 성공.

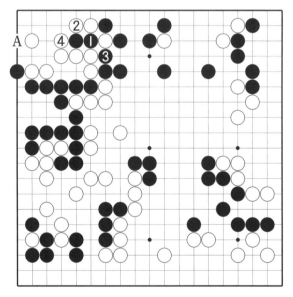

6도

6도(좌상-백 불만)

 이번에는 좌상쪽 끝내기를 보자. 흑1 때 백2·4로 수비하는 것이 일반적이나, 이것은 후수일 뿐만 아니라 상변 흑진을 굳혀주게 되고 A의 끝내기도 남아 백이 불만이다.

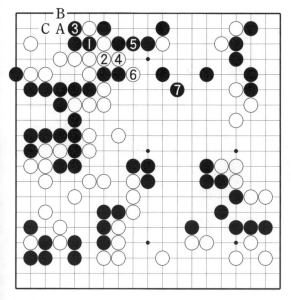

7도

7도(백, 기세)

흑1에는 백2로 잇는 것이 기세의 한 수. 흑 3으로 귀가 파괴되지만, 백6까지 선수로 흑 두점을 잡을 수가 있다. 차후 귀를 마무리한다면 백A, 흑B, 백 C이며 흑이 둔다면 흑 C이다. 백6이 오면 흑 도 7 등으로 상변을 지켜야 한다. 좀더 효과적인 방어수단이 뒤에 나오지만….

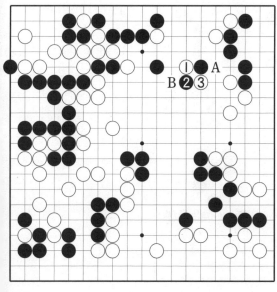

8도

8도(흑의 약점)

만일 **전도** 흑7처럼 보강이 없으면, 백1 ·3의 수단에 의해 흑 진영이 뚫려 흑의 손해가 막심해진다. 계속해서 백은 A와 B를 맞보기로 하고 있다.

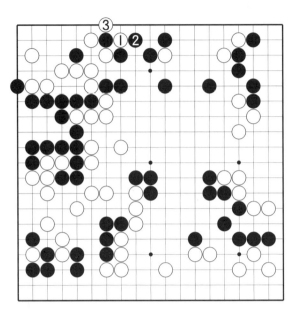

9도

9도(큰 끝내기)

백이 1·3으로 흑 한 점을 잡으면 좌상귀의 뒷맛을 없애면서 백집을 크게 늘릴 수가 있다. **7도**와 비교해 볼 때 20여 집의 큰 끝내기이다.

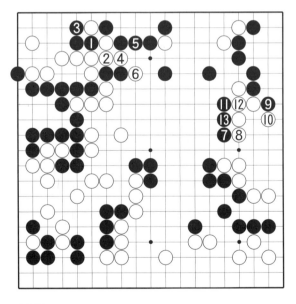

10도

10도(최선의 수순)

흑은 먼저 가장 큰 좌상쪽을 선수 처리하고, 다음 흑7 이하 13까지 우변 백을 압박하면서 중앙을 키우면, 상변 흑진의 약점도 자연스럽게 보강할 수 있는 만큼 낙승을 거둘 수 있다.

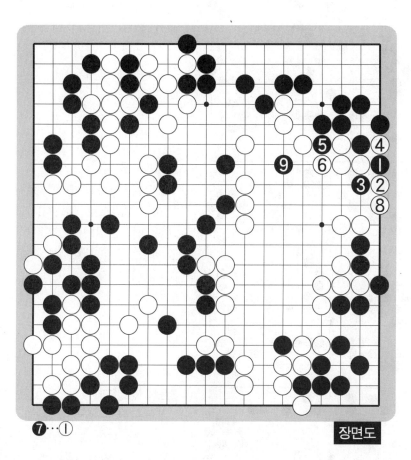

❼…① 　　　　　　　　　　　장면도

　끝내기 달인인 이창호 九단(백)과 양재호 九단의 대국[제3기 박카스배 천원전 본선·덤 5집반]. 지금 형세는 백이 약간 두터운 국면에서 흑이 1·3에 젖혀 끊어왔다. 이 패는 백이 이길 수 없으므로 백8로 물러났는데, 그 순간 흑9로 급소을 짚어간 국면이다.

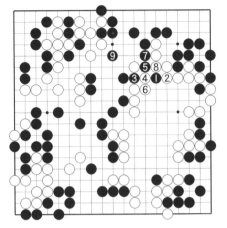

1도(흑승)

흑1에 대해 백2로 잇는다면, 흑3 이하 9까지 생각지도 않던 중앙에서 도톰하게 살이 붙게 된다. 이렇게 되면 백은 더이상 해볼 데가 없어 손을 들 수밖에 없다.

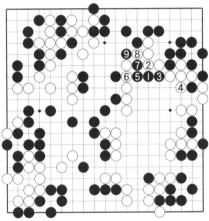

2도(백, 망함)

그렇다고 흑1 때 백2로 잇는다면 흑3으로 끊는다. 패를 피해 백4로 지키면 흑5 이하로 나와끊겨 백이 한 수 부족이 된다.

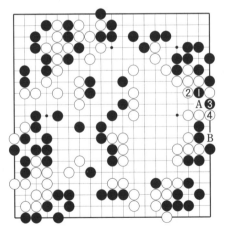

3도(이상없다)

애초 흑1로 끊어왔을 때 백2로 물러서면 별 탈이 없었다. 백4로 막은 다음 A, B를 맞보면 여전히 국면은 백이 두터웠었다.

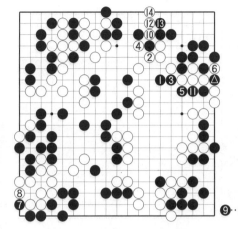

4도(실전1·최선)

흑1 때 백2·4는 최선이다. 결국 팻감이 없는 백은 14까지 바꿔치는 정도. 이 결과는 백이 다소 손해여서 백으로선 절망적인 국면이 되었다. 이제부터 끝내기에 접어드는데….

⑨…△

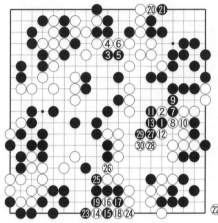

5도(실전2)

흑1까지 침입한 것은 좋지 않았다. 흑13까지 부분적으로 급소이긴 하나 오른쪽 흑 두 점이 잡히는 수가 남아 오히려 손해를 본 것이다.

㉒…⑮

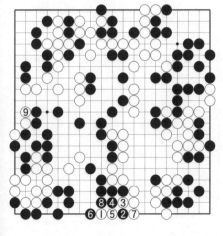

6도(선수를 빼앗김)

백1에 대해 흑2 이하의 수단은 잘 알려진 수법. 그러나 지금은 후수를 잡게 되어, 백9를 허용해서는 흑도 그리 유리하다고 할 수 없는 형세이다.

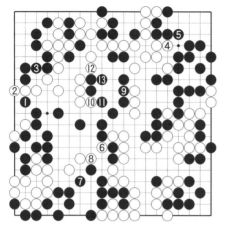

7도(실전3)

백이 정교한 수순을 앞세워 집차이를 많이 줄였다. 아직도 흑이 약간 앞서 있는 것은 사실이나, 이제는 한 수만 삐끗해도 뒤집힐 위험이 있다. 백6의 끊음이 좋은 수였다.

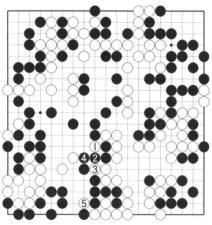

8도(생불여사)

백1 때 흑2로 두점을 살리는 것은 어떨까? 그것은 손해. 백3으로 단수친 다음 백5로 흑 한점이 잡히기 때문에 살려도 이득이 없다.

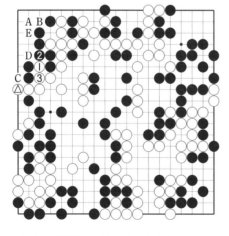

9도(흑, 난처)

백△ 때 흑은 이곳을 손뺄 수는 없다. 이곳을 소홀히 해 백1·3을 거꾸로 당하면 난처해진다. 다음 백A, 흑B, 백C, 흑D, 백E의 수단이 있어 흑이 견딜 수가 없다.

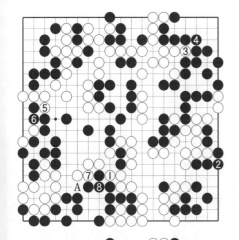

10도(실전4)

백1은 보기와는 딴판으로 역 끝내기 3집짜리(백A도 선수 이기 때문)이다. 오른쪽 흑 두점을 살리는 것보다 크다. 백이 흑 두점을 탐하다가 흑 1을 역으로 당하게 되면 힘 이 빠질 것이다.

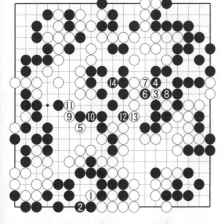

11도(실전5)

백의 교묘한 끝내기 수순에 형세는 박빙의 계가바둑. 백 5 때 흑6이 최후의 패착으로 지목되었다. 백7 이하 삶을 추궁당하여 형세가 뒤집혔다.

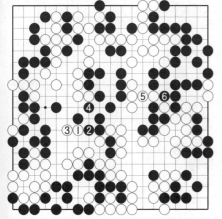

12도(이기는 수순)

백1의 붙임에 흑은 2·4로 두는 게 최선. 이랬으면 아마 흑의 승리가 부동이었다. **전 도** 실전은 흑이 2집을 손해 본 그림이다.

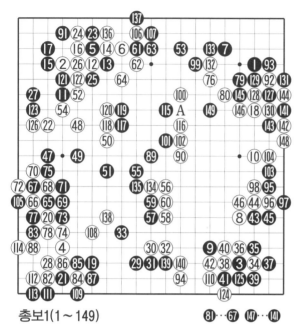

총보1(1〜149)

81 … 67 147 … 141

[총보1]

장면도의 실전 수순이다. 백116은 A로 지키는 것이 정수. 흑141·143의 승부수에 이어 흑149의 침입수가 성립하여선 흑의 페이스가 되었다.

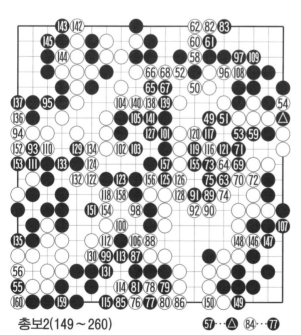

총보2(149〜260)

57 … ▲ 84 … 77

[총보2]

한때 절망적이었던 국면을 끝내기로써 역전을 시킨 일국이다. 상대의 빈틈을 놓치지 않는 이창호九단의 집중력이 놀라웠다.

260수 끝, 백 1집반승

* 마지막 반패(좌하귀)는 흑 이음.

Ⓜ 성안당

국가기술자격 수험서는 **44**년 전통의 성안당 책이 좋습니다.

베스트셀러 『칭찬은 고래도 춤추게 한다』의 켄 블랜차드가 전해주는, 강력한 멘토링 관계를 만드는 궁극적인 실전 가이드!

멘토를 찾아내고 멘토와 함께 성공하는 방법

1분 멘토링

누구도 혼자만의 힘으로 목표를 이루어낼 수 없다!

나아가지도 물러나지도 못하는 상황에서 운명과도 같은 멘토링 관계를 통해 업무와 삶에서 긍정적인 변화를 끌어내는 지혜를 터득하게 된다. 멘토를 구하고 멘토링 관계를 강화하는 데 쉽게 활용할 도구와 지식이 담겨있는 책!

켄 블랜차드, 클레어 디아즈 오티즈 지음
216쪽 ı 15,000원

삼성에서 해외 영업, 주재원, 인사교육까지 20여 년간, 다양한 일을 하며 터득한 저자의 직장생활 노하우!

행복한 직장생활을 위한 인생 특강

꿈꾸는 직장

꿈꾸는 직장인이 행복한 직장인이다!

직장인으로서 원하는 꿈을 향해 한 발 한 발 나아가는 모습을 대기업 삼성에 20여 년간 재직했던 저자의 생생한 경험담을 통해 풀어냈으며, 직장 생활로 힘들어하는 이들에게 행복해지는 원리와 방법을 알려준다.

김동영 지음 ı 240쪽 ı 14,000원

당 04032 서울시 마포구 양화로 127 첨단빌딩 5층(출판기획 R&D센터) TEL_02.3142.0036
10881 경기도 파주시 문발로 112 출판문화정보산업단지(제작 및 물류) TEL_도서:031.950.6300 동영상:031.950.6332 www.cyber.co.kr

성안당

국가기술자격 수험서는 44년 전통의 성안당 책이 좋습니

일본에서 장기불황으로 활기를 잃어버린
직장인들에게 희망을 불러일으킨 바로 그 책!

하룻밤 만에 인생을 180도 바꾸는 변화의 메시지

자네, 일은 재미있나?

일에 대한 고정관념을 확 뒤집는 통쾌한 사고혁명!

이루지도 못할 엉터리 같은 목표의식은 걷어치우고 단 한 가지만 기억하자. '매일 매일 달라지라!' 만일 어제 잘못했다면 오늘은 1%만 잘해보자. 매일 매일 달라지는 실험들을 마음을 열고 이것저것 하면서 흘러가다보면 어느 순간 자기 주변을 스쳐가는 행운을 손에 넣을 수 있을 것이다.

데일 도튼 지음 | 손원재 옮김 | 220쪽 | 14,000원

2016년 상반기 일본 비즈니스, 경제 부분 베스트셀러!
하룻밤 사이에 삼류가 일류가 되는 비법!

하루 수업료 350만 원!!
삼류 사장이 일류가 되는 40가지 비법

역발상을 통해 본질을 꿰뚫는 40가지 사장 수업!

일본에는 아주 특별한 사장수업이 있다. 주식회사 무사시노의 고야마 사장에게 배우는 사장 수업은 하루 350만 원으로 비서처럼 따라다니기만 하는 것임에도 1년 대기 상태라고 한다. 가르친 대로 실천한 회사 중 파산한 곳은 없으며, 20%는 역대 최고 이익을 올렸다. 그가 진행했던 600여 명의 사장 수업을 한 권의 책으로 요약한 것이다.

고야마 노보루 지음 | 김선숙 옮김
220쪽 | 14,000원

BM 성안당　04032 서울시 마포구 양화로 127 첨단빌딩 5층(출판기획 R&D센터)　　TEL_02.3142.0036
　　　　　　　10881 경기도 파주시 문발로 112 출판문화정보산업단지(제작 및 물류)　TEL_도서:031.950.6300　동영상:031.950.6332 www.cybe

Foreign Copyright:
Joonwon Lee
Address: 127, Yanghwa-ro, Mapo-gu, Chomdan Building 6th floor,
         Seoul, Korea
Telephone: 82-70-4345-9818
E-mail: jwlee@cyber.co.kr

바둑 新 사전 시리즈 ⑪
끝내기 新 사전

2001. 10. 19. 초   판 1쇄 발행
2009. 9. 18. 초   판 3쇄 발행
2011. 6. 24. 초   판 4쇄 발행
2014. 10. 27. 장정개정 1판 1쇄 발행
2017. 7. 24. 장정개정 1판 2쇄 발행

저작권
본사
소유

지은이 | 양재호 九단
펴낸이 | 이종춘
펴낸곳 | BM 주식회사 성안당
주소 | 04032 서울시 마포구 양화로 127 첨단빌딩 5층(출판기획 R&D 센터)
       | 10881 경기도 파주시 문발로 112 출판문화정보산업단지(제작 및 물류)
전화 | 02) 3142-0036
       | 031) 950-6300
팩스 | 031) 955-0510
등록 | 1973. 2. 1. 제406-2005-000046호
출판사 홈페이지 | www.cyber.co.kr
ISBN | 978-89-315-7776-1(13690)
       | 978-89-315-7765-5(세트)
정가 | 15,000원

이 책을 만든 사람들
책임 | 최옥현
진행 | 정지현
표지 | 상:想 company
홍보 | 박연주
국제부 | 이선민, 조혜란, 김해영, 고운채, 김필호
마케팅 | 구본철, 차정욱, 나진호, 이동후, 강호묵
제작 | 김유석

이 책의 어느 부분도 저작권자나 BM 주식회사 성안당 발행인의 승인 문서 없이 일부 또는 전부를 사진 복사나
디스크 복사 및 기타 정보 재생 시스템을 비롯하여 현재 알려지거나 향후 발명될 어떤 전기적, 기계적 또는
다른 수단을 통해 복사하거나 재생하거나 이용할 수 없음.

■ 도서 A/S 안내

성안당에서 발행하는 모든 도서는 저자와 출판사, 그리고 독자가 함께 만들어 나갑니다.
좋은 책을 펴내기 위해 많은 노력을 기울이고 있습니다. 혹시라도 내용상의 오류나 오탈자 등이
발견되면 "좋은 책은 나라의 보배"로서 우리 모두가 함께 만들어 간다는 마음으로 연락주시기
바랍니다. 수정 보완하여 더 나은 책이 되도록 최선을 다하겠습니다.
성안당은 늘 독자 여러분들의 소중한 의견을 기다리고 있습니다. 좋은 의견을 보내주시는 분께는
성안당 쇼핑몰의 포인트(3,000포인트)를 적립해 드립니다.
잘못 만들어진 책이나 부록 등이 파손된 경우에는 교환해 드립니다.